基于互联网+大数据的舆情分析

李勇 谭旭 著
杨威 黄格

西安电子科技大学出版社

内 容 简 介

本书在国内外网络舆情分析的相关研究基础上，借助大数据技术、统计学方法、人工智能技术对社会热点事件展开网民的舆情情感实证分析。以微博平台作为获取用户情感挖掘的大数据来源的切入口，通过构建一个较为全面的社会性事件情感分类词典，对社交网络中微博用户情感进行挖掘与可视化；通过对公众情感类型的多维度解析，从情感传播环境、情感传播方式、社会网络结构和用户行为模式四个方面探索社交网络中的舆情传播特征，由此提出合理引导网络舆情的相关对策建议。书中具体内容包括绪论、互联网+用户情感挖掘的技术与方法、互联网+用户情感的识别与计算、基于社会热点事件的微博用户情感挖掘与传播研究、基于社会热点事件的用户情感挖掘与倾向性分析、结论与展望等6章内容。

本书可作为普通高等院校人工智能和大数据专业、经济管理类和计算机类相关专业的高年级本科生或研究生的补充教材，也可作为相关科研人员、新闻从业者、管理人员的参考用书。

图书在版编目(CIP)数据

基于互联网+大数据的舆情分析/李勇等著. —西安：西安电子科技大学出版社，2020.7
(2023.1重印)
ISBN 978 - 7 - 5606 - 5519 - 2

Ⅰ. ① 基… Ⅱ. ① 李… Ⅲ. ① 互联网络—舆论—研究 Ⅳ. ① G206.2

中国版本图书馆 CIP 数据核字(2019)第 240873 号

策　　划　明政珠
责任编辑　雷鸿俊　任倍萱
出版发行　西安电子科技大学出版社(西安市太白南路2号)
电　　话　(029)88202421　88201467　　邮　编　710071
网　　址　www.xduph.com　　　　电子邮箱　xdupfxb001@163.com
经　　销　新华书店
印刷单位　广东虎彩云印刷有限公司
版　　次　2020 年 7 月第 1 版　2023 年 1 月第 3 次印刷
开　　本　787 毫米×1092 毫米　1/16　印张　9.5
字　　数　218 千字
印　　数　1001~1500 册
定　　价　36.00 元
ISBN 978 - 7 - 5606 - 5519 - 2 / G

XDUP 5821001 - 3

＊＊＊如有印装问题可调换＊＊＊

前　　言

随着即时通信工具的普及、"两微一端"（微博、微信、移动客户端）的兴起，以及移动互联网的迅速发展与应用，互联网不再只是具备单纯的信息单向传递功能的平台，而是已演变成为网民发表态度和意见、进行积极深入互动的重要平台。社交网络中，用户的社会参与程度不断加深，用户的观点、态度、情感等信息传播速度也越来越快。人的情感在用户之间的相互感染下极易产生极化现象，而负面情绪的聚集甚至可能导致群体性事件的发生。因此，有必要对社交网络中的用户情感进行分析，判断用户的情感类型和情感极性强度，分析情感传播特征，并提出相关的引导和控制策略。

本书以社会热点事件为例，对社交网络中的用户情感变化和传播特征进行了分析研究。大数据理论和方法的发展为本书的研究提供了思路，微博作为大数据挖掘的良好平台为本书的研究提供了丰富的数据来源。本书主要研究的内容包括：第一，借助网络爬虫工具采集"和颐酒店女生遇袭""成都女司机被打"和"罗一笑"事件相关的微博数据，并进行数据清洗与分析；第二，以国内外学者的研究成果为基础，构建一个尽量全面的情感分类词典，并结合本研究所选的具体案例，对情感词进行扩展，同时对各情感词所表达的情感极性和强度进行识别和标记；第三，提取用户情感信息，判断情感类别和极性强度，实现情感词可视化和情感分类统计；第四，从情感传播环境、情感传播方式、社会网络结构和用户行为模式四个方面入手分析社交网络中用户情感的传播特征。

研究发现用户情感传播有以下几方面的特征：

（1）借助于计算机交流环境，社交网络中用户的情感表达更加自由、开放；

（2）多样化、便捷性的信息传播方式在很大程度上扩大了情感传播范围，加快了情感传播速度；

（3）在线社交网络中关键用户（或意见领袖）具有较高的影响力和广泛的社会网络关系，在一定程度上主导着网络舆论的发展方向；

（4）在线社交网络中的情感聚集将蔓延至现实社会，负面情绪的极化有可能引发线下群体性事件，甚至出现更极端的现象。

基于此，本书进一步给出情感传播的控制策略及建议。

本书的主要脉络如下：第 1 章为绪论，对本书的研究背景及意义进行阐述，总结国内外研究现状，并提出本书的研究思路及方法、研究内容及框架等。第 2 章介绍了互联网+用户情感挖掘的技术与方法，对本书采用的主要数据分析方法及工具进行阐述，主要有情感词典构建方法、网络爬虫技术、文本挖掘技术和倾向性分析技术。第 3 章详述了互联网+用户情感的识别与计算，首先以国内外学者的研究成果为基础，构建一个基于词典的情感分类词表，尽可能地全面反映人的情感特征；同时结合"和颐酒店女生遇袭"事件、"成都女司机被打"事件和"罗一笑"事件的微博语料进行分析，扩展原有的情感词典；再结合微博表情符号构建基于统计的微博表情词典，使本书最终建立的情感分类词典能够较好地反映本书所选的案例；最后提出单条微博文本情感值的计算方法。第 4 章对社会热点事件的微博用户进行情感挖掘与传播研究，根据社会热点事件用户情感生成与传播理论和微博语言的特点分析，对三个事件进行微博数据的收集与分析。第 5 章基于社会热点事件进行用户情感挖掘与倾向性分析，根据前面章节建立的情感分类词典，对"和颐酒店女生遇袭"事件、"成都女司机被打"事件和"罗一笑"事件中的用户情感进行挖掘，对用户情感类型进行判断和统计，并对情感传播过程进行统计分析，得到情感时序变化情况。第 6 章为研究结论与展望，对本书的主要研究结果进行讨论，总结研究的不足之处，提出未来可能的研究方向。

本书的一部分内容是对当前已经较为成熟的有关舆情的研究成果进行系统性总结；另一部分是作者近年来的研究成果。编写本书时，作者查阅了大量的国内外相关文献，力求做到内容新颖，取材丰富。然而由于社会网络与舆情传播的高度复杂性，同时受到研究条件和研究水平的限制，本书难免存在不足之处，敬请广大读者和各界专家批评指正。

本书受到"鹏城学者计划"专项资金、教育部人文社科基金项目"基于深度学习的医疗纠纷突发事件网络舆情预警与干预"（编号 17YJCZH157）、湖南省自然科学基金"社交网络中物理空间与虚拟空间的特征匹配及舆情传播机制研究"（2019JJ40328）的资助。此外，本书的完成还得益于与国内外同行专家的广泛学术交流与探讨，特别是得到了长沙学院、深圳信息职业技术学院、国防科技大学谭跃进教授、湖南第一师范学院曹兴教授的大力支持和深切关怀，在此一并致以谢意。

作　者
2019 年 10 月

目　　录

第 1 章 绪 论

1.1 研究背景及研究意义

1.1.1 研究背景

当今,互联网已渐渐演变为无处不在的计算平台和信息传播平台。微博、博客、论坛、维基等社交网络应用的出现和迅猛发展,使得人类使用互联网的方式发生了深刻变革,即由简单信息搜索和网页浏览转向网上社会关系的构建与维护,基于社会关系的信息创造、交流和共享。

基于互联网的社交网络正逐渐成为人类社会中社会关系维系和信息传播的重要途径与载体,对国家安全和社会发展都会产生深远的影响,具体有:

(1) 社会个体通过各种连接关系在社交网络上构成"关系结构",包括以各种复杂关系关联而成的虚拟社区;

(2) 基于社交网络的关系结构,大量网络个体围绕着某个事件而聚合,并相互影响、作用、依赖,从而形成具有共同行为特征的"网络群体";

(3) 基于社交网络关系结构和网络群体,各类网络信息得以快速发布并传播扩散形成社会化媒体,同时反馈到现实社会,从而使得社交网络与现实社会间形成互动,对现实世界产生影响。

根据欧洲联盟关于社会计算的研究报告《Key areas in the public sector impact of social computing》[1],社交网络大概可以分为四类:

(1) 微博类应用,主要指提供双向发布短信息的平台,如 Twitter、新浪微博、腾讯微博、网易微博、搜狐微博等;

(2) 即时消息类应用,主要指提供在线实时通信的平台,如 MSN、QQ、AIM、飞信、微信等;

(3) 在线社交类应用,主要指提供在线社交关系的平台,如 Facebook、Google+、人人网、开心网、QQ 空间等;

(4) 共享空间其他类,指其他可以相互沟通但结合不紧密的 Web 2.0 应用,如论坛、博客、BBS、视频分享、社会书签、在线购物等。

当前,社交网络应用正处于蓬勃发展期。Facebook 上线不足 9 年,已拥有超过 9 亿的用户,是第三大"人口国"。Twitter 用户数也已超过 5 亿。根据新浪微博数据中心在 2019 年 3 月 15 日发布的《2018 微博用户发展报告》的数据显示,截至 2018 年第四季度财报,微博月活跃用户增至 4.62 亿,截至 2018 年第四季度,微博日活跃用户增至 2 亿。中国产业信息网于 2019 年 2 月 22 日发布的《2018 年社交网络行业渗透率分析及用户规模预测》中的图表显示，2018 年全球社交网络用户规模达到 26.7 亿人次，约占全球人口总数的三分之一，并预计全球社交网络用户规模将在 2019 年和 2020 年分别达到 28.2 亿人次和 29.5 亿人次。社交网络作为全球在线活动的强大力量其影响不可低估。从用户增长规模等数据来看，目前我国的在线社交网站及微博的用户培养已进入成熟阶段。

2009 年 8 月新浪微博正式上线，并迅速成长为中国最流行、最具影响力的微博平台。在新浪微博的带动下，综合门户网站微博、垂直门户微博、新闻网站微博、电子商务微博、SNS 微博、独立微博客网站纷纷成立，电视台、电信运营商也开始涉足微博业务。自此中国真正进入微博时代，微博市场进入激烈的竞争状态。

微博(Micro-blog)，顾名思义，是互联网微型博客的简称。早在 2000 年，Twitter 创始人之一杰克·多尔西(Jack Dorsey)提出了创建微型博客的创意，即利用无线网络、有线网络、通信技术，进行即时通信，允许用户将自己的最新动态和想法以短信形式发送给手机和个性化网站群，将短信与博客相结合，这便是微博的雏形。微博是一个基于用户关系的信息共享、传播及获取平台。在我国，微博用户可以通过电脑网页或者手机客户端等方式登录微博平台，发表 140 个汉字以内的文字信息或者图片信息，并实现即时分享，即"随时随地分享身边的新鲜事儿"。同时，微博用户还可以在微博平台上关注名人、好友等人的动态，了解时事，回复、转发、评论、点赞他人的消息，拓展自己的社交圈等。

目前，微博在中国十分流行，甚至比 Twitter 在美国还要流行。使用微博更加便捷是因为它可与手机紧密联系，成为一个即时采集和发布信息的平台。与传统的 Web 应用及信息媒体应用相比，微博应用主要具有以下新特点：

(1) 信息内容碎片化。微博篇幅简短，口语化严重，书写内容随意且语句结构杂乱，内容可以是一句话、一个短语，甚至可以是一个字、一个表情符号，只要有什么想法都可以发表，有没有逻辑都无所谓。内容的简短、随意性决定了微博初次传播必定是不成系统的碎片化文本，这种碎片化的信息可以被长期存储下来，人与人之间也可以由这种闲言碎语而结成沟通网络，极大地提高了网络表达的真实性。

(2) 信息的发布和接收异常简便、迅速。用户可以通过手机和浏览器随时随地发布和接收信息。2009 年 11 月 5 日 7 时 31 分，西安发生 4.4 级地震，新浪微博在仅 1 分钟后就发布信息，而国家地震台网在 17 分钟后才首次发布信息。

(3) 信息传播如"核裂变"式扩大。消息一经发布即刻被系统推送到所有关注者，一旦被其转发，又立即传播到下一批关注者，呈现"核裂变"式的几何级数扩散态势，为普通网民创造了意见扩散的渠道。

(4) 人人都有机会成为意见领袖。与传统媒体相比，微博应用中的广大网民都有机会通过微博平台成为意见领袖，并在突发事件的产生、发酵、传播、"爆炒"等环节中起到重要作用。

(5) 呈现自媒体形态，能够快速形成虚拟社区。微博应用中的个体用户都具有提供、发布信息的手段和渠道，呈现自媒体形态，并依靠微博平台快速传播信息、快速形成网上的虚拟社区。

观点挖掘与倾向性分析旨在从海量数据中挖掘观点信息，并分析观点信息的情感倾向性，是一个非结构化到结构化的过程。中文微博未出现以前，观点挖掘与倾向性分析技术主要应用在新闻网页、网络论坛、股评分析、博客等应用领域。然而，随着 Web 2.0 技术的逐渐普及，一大批基于互联网的社交网络平台进入高速发展期，其中最具有影响力的产品无疑是微博。微博在如此庞大的微博信息流中囊括了众多话题，涵盖了海量用户表达的观点、意见、态度等主观性信息，企业、普通用户以及政府均对这些主观性信息提出了新的需求。比如微博内容中评价对象抽取及其情感倾向性判定、微博内容的观点倾向性分析、微博信息流中与查询主题相关的观点信息检索结果等。然而，由于中文微博的诸多特性，比如内容短、口语化严重、书写不规范、语句结构杂乱等，使得传统的观点挖掘与倾向性分析技术已经不能完全满足企业、普通用户和政府对微博数据处理的需求。

1.1.2 研究意义

微博作为新兴媒体，除了具有社交媒体的属性外，还有很大的服务价值。很多政府机关、名人、新闻媒体纷纷开通微博，与网民展开互动。政府方面主要利用微博征求民众意见，让民众自由发表观点、建议，尽力在民众心中树立亲民的民主形象；名人们通过微博发表自己积极、有趣的信息以扩大知名度、获得更多支持；新闻媒体则利用微博发表精短新闻消息。总体而言，微博的蓬勃发展，一方面极大地改变了人们的生活方式，另一方面，也给社会带来了一些负面影响。

1. 微博改变人们的生活方式

在中国，微博已经逐步渗透到人们生活的方方面面，影响到了社会政治、教育、经济、文化等多个方面。在政治方面，微博仍是国内最大的政务新媒体平台。根据《2018年上半年人民日报政务指数微博影响力报告》相关数据显示，截至2018年6月，经过认证的政务微博达到17.58万个。伴随着机构改革的推进，政府以及社会各组织的官方微博也相继"改头换面"，在实现政民互动和提供创新为民服务的功能上不断做出改进，政务微博的传播能力、服务意识和运营实效都得到进一步提升，日常的响应、联动、协作更加成熟，民众互动性大大增强，政务信息传播量也大大提升。数据显示，2018年上半年政务微博的总粉丝已经达到29亿，总阅读量达到1523亿次，这为社会的和谐发展做出了巨大贡献。在教育方面，微博可以作为学校图书馆的有力工具，利用微博进行图书信息传播。学校图书馆可以公布一个公共的微博账号，教师和学生都可以通过关注这个账号，及时了解图书馆的最新事件、书刊借阅、新书情况等。另外，微博良好的技术支持可以保证其应用于移动学习的有效性。学生可以在行走的路上、睡觉的宿舍、上自习的教室随时和同学、老师探讨问题，快速形成庞大的网状学习群体。在经济方面，网上购物已经成为主流购物方式之一，超过70%的社交网络成人活跃用户选择了网上购物。在文化方面，微博以其无穷的影响力，潜移默化地影响着我们身边的文化行业行为，使我们逐渐适应新科技所带给我们的便利，改变了我们的生活方式，网民不出家门便可交友、游戏、互动、协作，形成所谓的"宅生活"。

2. 微博给社会带来负面影响

微博在给人们的生活带来便利的同时，也给社会各方面带来了一些负面影响。在政治方面，一些不法分子蓄意制造和传播有损国家和社会利益的谣言，影响社会稳定。例如，我国民众受微博谣言蛊惑而发生的"抢盐"风波就严重影响了社会的稳定。在教育方面，邪恶势力通过微博教唆青年人崇尚暴力，鼓吹破坏性的个人英雄主义。在经济方面，不法分子通过微博发布虚假信息，利用在线购物平台欺诈顾客。例如，网络推手"秦火火"通过新浪微博账户，捏造损害杨澜、张海迪、罗援等人名誉的事实，在网络上传播，引发大量网民转发和负面评论。"秦火火"以造谣博名，以造谣牟利，非法获取经济利益，造成恶劣社会影响，严重危害社会秩序。在文化方面，低俗团伙利用微博关注、即时通信等渠道传播网络色情内容。

从上述分析中可见，微博的本质在于它能够影响人们的思想，影响人们的世界观、价值观和人生观，并能够迅速形成社会舆论。而有害舆情又会给社会稳定带来巨大的影响。2011 年 2 月，美国国务卿希拉里在乔治·华盛顿大学演讲时，曾强调以 Twitter、Facebook、Youtube 为代表的社交网络，是美国政府的一种重要战略力量。

微博的巨大影响力，吸引了越来越多的用户，他们在微博上大量自由地发表自己的观点及情感，比如对某些名人的喜爱或憎恶、对某些电影的评论、对某些品牌的评价及建议、对某些时事的看法、对某些政治人物的评价等。这些信息看似琐碎，其实却具有潜在的社会价值和商业价值。对这些琐碎的微博信息进行观点挖掘与倾向性分析可以发掘这一潜在的社会价值和商业价值，如帮助政府特殊部门获取情报信息、加强国家安全，帮助政府根据网络舆情的走势对事件做出适当的决策，帮助电影院预测电影票房、改进影片及产品、了解用户体验，帮助电商平台改进产品质量、提高服务水平等。除此之外，观点挖掘与倾向性分析技术还有助于问答系统、产品推荐、观点信息检索等研究工作。

然而，遗憾的是目前还没有比较成熟、完善的面向中文微博的观点挖掘与倾向性分析技术，即使现在市面上的搜索引擎，包括新浪公司自己提供的搜索引擎都是基于关键词的，没有考虑任何观点及舆情分析方面的因素。虽然最近两年社会上一些学术组织机构对中文微博的评价对象抽取和情感分析等任务进行了公共评测，但是评测结果还没有达到我们的期望值。

当今中国处于经济快速发展、思想文化多样化的社会发展期，针对中文微博的观点挖掘与倾向性分析成为较为迫切的需求。开展微博的观点挖掘与倾向性分析技术研究，有助于我们更好地了解用户的观点及情感，发现社会发展中存在的问题，从中发掘更大的社会价值和商业价值。

1.2 文献综述

1.2.1 社交网络分析

社交网络(Social Network)的起点是电子邮件，1967 年，斯坦利·米尔格拉姆(Stanley Milgram)提出的六度分隔理论(Degrees of Separation)[2]，率先对社交网络展开了相关研究。随着即时通信技术和互联网技术的发展，社交网络形式不断丰富，除电子邮件网络外，更涌现出即时聊天网络、P2P 内容共享网络等多种形式。随后，基于社交网络服务架构的社交网络受到大量互联网用户的青睐，如 Facebook、Myspace、微博、QQ 空间等，社交网络用户成为信息的接收者兼制造者、发布者兼传播者。目前，社交网络正逐渐成为网络中信息传播的重要工具，同时也正深入影响和改变着人们的生活方式。最新研究表明，著名的六度分隔理论在 Facebook 中被改写，借助于移动计算和信息技术，社交网络中用户的地域性、真实性与交互实时性得到极大的增强,人们的平均路径在 Facebook 中仅为 4.74。

国内外学者对社交网络进行了广泛研究,并取得了较为丰富的成果,这些情况可以从三个方面进行总结:

(1) 对社交网络的引入、发展及影响的分析与探讨。

Ellison 等人研究了社交网络与社会资源的关系及影响[3],Boyd 和 Ellison(2008)对 SNS 的定义、发展历程及研究现状进行了总结,并认为社交网络的使用能够极大增加生活满意度低的网民的社会福利[4];Cardona 等人研究了 11 个国家的 SNS 用户,对社交网络与人际交往的关系进行了探索,并发现崇尚个人主义的国家中 SNS 用户拥有较多的线下朋友,而崇尚集体主义的国家中 SNS 用户拥有较多的线上朋友[5];Subramani Mani R 和 Rajagopalan Balaji 分析了 SNS 使用对青少年线下关系的影响,并发现青少年使用 SNS 的主要目的是和线下朋友联系[6]。

(2) 基于社交网络的人际传播研究。

Jackson 的研究发现,社交网络促使封闭性传播向开放性和互动性传播发展[7];Mitkov[8] 和 Wheeler 认为校园 SNS 网站通过实名制可以将大学生带入真实的人际传播环境中;郑宇钧和林琳从用户、媒介、受众、动机、内容、情景、效果等七个方面分析了校内网的人际传播模式[9];郑百灵认为 SNS 模式是人们日常生活中的人际交往在网络世界中的模拟再现[10]。

(3) 基于复杂网络的社交网络结构特性与传播行为研究。

结构特性方面,Kumar[11]、Mislove 等人[12] 对在线社交网络的拓扑结构进行了研究,并分析了群聚系数、聚类系数、度分布、顶点度相关系数等网络属性;Chun 等人[13]、Ahn 等人[14] 则对几个大型的 SNS 网络进行对比分析。传播行为方面,国内外学者对传染病传播[15]、谣言传播[16]、计算机病毒传播[17]、网络信息传播[18] 以及社交网络传播模型[19] 等社交网络行为进行了深入而广泛的研究。

1.2.2 情感分析研究

情感(Sentiment)包括带有情绪的评价信息和带有感情的态度信息,如对某事物是否满意等;情感分析(Sentiment Analysis)又称倾向性分析,是基于微博、论坛、Twitter 等在线社交网络对用户主观性文本内容进行观点挖掘、情感分析以提取有用数据的研究[20],主要关注用户内心体验中的心境、情绪和情感等。Picard Rosalind W 最早在 1995 年提出情感分析的概念,将其定义为对情绪、情感和意见的计算分析与研究[21]。2000 年初,情感分析和观点挖掘(Opinion Mining)迅速发展,其相关理论与技术成为国内外学术界的研究热点,对文本挖掘与分析、网页信息挖掘与分析、数据挖掘等领域的研究也越来越多。对情感进行分析必须在大量数据的基础上进行,而大数据时代的到来使搜集大量包含情感信息的数据成为现实。

1. 情感分类方法

情感分类,即对主观性文本内容进行总体情感类别判断,目前情感类别主要有二类别体系、三类别体系和多类别体系。其中,二类别体系将情感分为正向和负向,正向即正面的情感偏向,负向即负面的情感偏向;三类别体系将情感分为正向、中性和负向,中性即不具备明显的情感偏向;多类别体系同时区分情感偏向以及情感偏向的程度。目前,传统的情感分类方法有两种：一种是无监督学习方法；一种是有监督学习方法。

（1）无监督学习方法运用情感词等相关信息而不利用类别标注数据来进行情感倾向性判断。Ekman 等人在情感分析中引入特殊标点符号特征、POS 特征和情感词特征等，借助 SVM 分类器抽取文本特征并进行分类，最终将情感划分为六个类型[22]；Turney 将评论文章分为正向（Thumbs Up）和负向（Thumbs Down），提出了一种简单的无监督学习算法[23]；Dave 通过对文本中所有情感词进行提取，并进行情感倾向值计算，最终通过情感倾向值之和来判断整篇文章的情感倾向[24]；Ohana 等人则直接利用通用情感词典 SentiWordNet[26] 来识别文章中的情感词和情感分值，并以此估计情感倾向[25]。

（2）有监督学习方法通过对人工标注的数据集进行训练，然后判断文本情感倾向性。主要情感分类算法有朴素贝叶斯、最大熵模型和支持向量机等。目前，有监督学习方法引起了国内外大量学者的关注，国外方面，Pang 等人使用有监督学习算法分类器将电影评论分为正向和负向两类[27]，Goldberg 和 Zhu 的研究发现在标注数据集不足时，可以基于图的半监督方法利用未标注的数据来提高情感分值预测的性能[28]；Liu 等人第一次在微博情感分析中应用多标签分类方法的理论与技术[29]；Devi 等人在进行情感分析时，引入卡方统计特征和互信息特征等来对情感进行分类[30]；也有一些学者通过挖掘文本中的单词、句法、语义模板等特征来分析多类别体系中的情感倾向。国内方面，刘勇华利用朴素贝叶斯分类器对中文段落中的主客观句进行分类，将文本情感极性分为褒义、贬义或者中性[31]；缪茹一等人提出一种融合微博显性和隐性特征的情感聚类方法，利用细粒度情感分析方法将情感划分为七类，并开发出微博情感分析与监控系统[32]；唐晓波等人构建了基于情感本体和 KNN 算法的在线评论情感分类模型，通过对情感词数量和情感程度进行加权，提出了褒义量和贬义量的概念[33]；杨欢基于传统的 k 最近邻算法，并结合一定的关联规则，提出了一种基于主题-情感相关联的 k 最近邻算法，并验证了该方法在挖掘微博情感倾向性中的有效性和准确性[34]；刘春雨等人采取了两种双目标函数支持向量机 NPSVM 和 TWSVM进行情感分类应用研究，结果表明 NPSVM 和 TWSVN 在运行分类精确度上较 SVM 分类器要高1％～4％，且具有更快的运行速度和更宽广的使用范围[35]。

2. 情感分析技术

（1）基于机器学习的方法。机器学习方法最先由 Pang 等人于 2002 年提出，主要有最大熵、支持向量机和朴素贝叶斯等算法[27]。随后，Pang 和 Lee 等人从不同角度对不同领域进行了情感研究，如情感转移词特征、上下文特征等[36]；也有学者在情感分析中引入人际关系、符号与表情、主题标签、行文风格[37] 等。机器学习方法主要有监督学习[38]、无监督学习[39] 和半监督学习[40] 三种。Riloff[41]、Nakagawa 等人[42]、McDonald 等人[43] 在进行情感分类时引入文本的子成分信息、依存关系和上下文等；Li 等人利用无监督方法分析了情感分类中倾向性转移的作用[44]。情感分析算法的国内研究起步较晚，但发展迅速，徐琳宏等人基于支持向量机的方法并结合情感词分析了文本的情感倾向[45]；廖祥文等人借助概率推理模型开发出一种在线用户情感极性检索算法[46]；申莹等人利用聚类方法分析了在线用户的情感倾向性[47]；刘志明等人通过实验发现与最大熵和朴素贝叶斯相比，支持向量机在情感分析方面具有更高的准确率[48]。

（2）基于情感词典的方法。情感词典构建是情感分析的基础任务，Hamdan 等人通过计算情感词的自然熵来自动生成情感词典[49];谢松县等人设计了基于连词语言特征和词性特征的中文情感词典扩展算法,计算出词语细粒度的积极和消极情感极性值[50];郜亚辉提出了一个两阶段的领域情感词典构建算法,并在手机和数码相机两种电子产品评论语料库上验证了其有效性[51]。国内外大量学者利用情感词典来进行情感分析,Schneider 等人将情感词分为中性、贬义和褒义三类,并用线性最优理论计算情感词得分[52];Saias 通过基于情感通用词典的监督学习对文本情感进行了判断[53];刘玉娇等人将情感词典与连词结合来进行文本情感倾向性判断[54];张克亮等人用 HowNet 情感词典和自建的形容词配价词典(Valency Dictionary of English Objective,VDEA)作为基础词典资源并结合 HNC 语境框架对文本倾向性分析进行了研究[55]。此外,情感词典在其他领域也得到了广泛应用,如涉军舆情特征提取[56]、跨领域情感分类[57]等。

1.2.3 情感传播特征分析

关于微博信息传播的特征,目前有很多不同的观点,下节将对当前主流的观点进行归纳总结,并结合社会热点事件的特点,简明归纳网络舆情的传播特征。

1. 微博信息传播的主要特征

施怿将微博信息传播特征归纳为两个部分,分别为微博的信息传播特点和微博的关系传播特点[58]。刘丽芳认为,微博的传播方式既不是传统的线性传播结构(One to One),也不是普通网络媒体的网络传播结构(One to N),而应该是一种裂变式的传播结构(One to N to N)。微博的这种传播态势和速度都是呈几何级增长的,超过了之前任何一种形式的媒介的传播速度和广度。吕吟将微博传播的媒介特性概括为三点:一是用户关系特点;二是传播行为特点;三是传播结构特点。殷俊和何芳将微博传播特征归纳为五点:一是从及时发布转变为随时发布;二是从单平台转变为多平台;三是从及时交流转变为实时沟通;四是从个体突出转变为个性张扬;五是从相对离散转变为相对聚合。桂万保基于新浪微博,对政府机构的官方微博传播特征进行了研究,分别从政府机构官方微博的地区分布特征、层级分布特征、职能分布特征、传播动力等四个方面进行了归纳分析。

综合上述学者的观点,笔者发现,当前学者对微博传播特征的关注重点主要集中在用户特征分析、静态拓扑分析、传播过程特征分析、传播行为分析等四个方面。

2. 社会热点事件网络舆情传播过程特征

对社会热点事件网络舆情传播的过程特征进行分析,就是对社会热点事件网络舆情的传播做动态的时序分析,通过该分析可以归纳总结出社会热点事件网络舆情传播时随着时序变化而表现出的一般动态特征。

通过分析,吴文苑提出微博舆情要经历萌芽、扩散、成熟三个发展阶段[59]。谢耘耕和荣婷指出微博舆论的生成演变可以概括为:形成期、爆发期、缓解期和平复期四个周期[60]。刘金荣通过对公共舆情危机事件分析,提出微博舆情的演变路径主要有两条:一是舆情萌芽—舆情形成—舆情爆发—舆情消退—舆情消亡(或残留);二是舆情萌芽—舆情形成—舆情爆发—舆情高潮—舆情消退—舆情消亡(或残留)。第一条路径的演变是因为在舆情爆发前缺少预警,爆发时缺少有效沟通,但在公众舆论压力下政府部门紧急介入,积极处理,使得网络舆情迅速消退;第二条路径的演变是因为在舆情爆发前、爆发时以及爆发后，相关部门应对不积极，反应迟缓，最后导致危机事件愈演愈烈，公信力减弱、扰乱社会秩序等严重后果[61]。张赛、徐恪等人通过对微博转发的研究，将热门微博的转发生命周期粗略地分为潜伏期、激增期和衰亡期三个周期[62]。王晶将企业危机网络舆情阶段划分为事件唤起、事件催化和事件弱化三个阶段[63]。顾明毅等人认为网络舆情包括媒体升级、受众升级和舆情阶段升级等三个阶段[64]。曹劲松提出网络舆情发展具有散播、集聚、热议、流行四个阶段和爆发、升华、延续三个关口[65]。谢科范等人认为网络舆情突发事件的发展表现出生命周期性，任何一个突发事件都会从萌芽阶段最终走向消亡阶段。他们将网络舆情突发事件分为潜伏期、萌动期、加速期、成熟期和衰退期五个阶段。武汉大学的李纲教授将企业网络舆情的传播过程分为潜伏、成长、蔓延、爆发、衰退和死亡等六个阶段[66]，如图1-1所示。

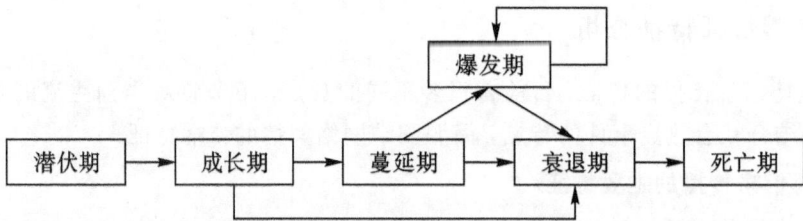

图1-1　李刚教授提出的网络舆情传播的六个阶段

综上所述，可以发现学者对热点事件舆情传播的特征研究几乎都是按照生命周期的演变规律，基于时序进行动态分析的。其中，李纲教授的划分方法较为详尽科学，为网络舆情传播特征研究提供了良好的思路，但是尽管该模型是基于企业负面网络舆情的传播过程分析出来的，却仍然是基于单个网络危机事件"当事企业"进行的研究，没有考虑到企业负面舆情传播的独特特征，难免具有一定的局限性。

通过总结现有学者的研究成果，笔者认为：社会热点事件网络舆情传播的过程特征基本符合图1-1所示的模型。但是，不应独立地考虑单个热点事件的情况，只有在系统化地考虑事件波及的主要利益相关者后，才能得出较为周全的结论。

3. 热点事件负面网络舆情传播者特征

有关微博传播者身份分布特征的问题，目前主流的观点认为：微博信息传播呈现"精英化"特征，平民效应微弱。

对于微博草根性的说法，曹林认为这其实是对于草根的一种心理安慰，或者说是一种自我欺骗的手段。曹林的观点实质上指出了"舆论领袖"和"意见平民"的差别，他认为对于一个没有任何影响力的普通微博用户来说，他发表的信息或者是对于某个社会事件的看法是不会造成蝴蝶效应的，不会在社会上引起大的反响。但是对于一个有社会背景、有一定知名度的微博用户来说，他只要发表一条信息，哪怕是非常无趣的，都会有成千上万的人进行评论和转发。拉扎斯菲尔德在"二级传播论"中首先提出"舆论领袖"这一理论，即信息是先经过舆论领袖再传播给大众的，由于舆论领袖有一定的社会地位，对于信息有辨别筛选的能力，所以大众往往更愿意去追随、相信"舆论领袖"发表的言论。袁立洋指出高关注度是微博进行裂变式和多中心式传播的关键条件。因为每条博文的文本字数被限制在140个字以内，体现了其"微"的特点，但是如果没有高关注度，一般人发表的类似"今天上了一天班，很累"或者是"我特别想吃西红柿炒鸡蛋"之类的生活微博，除了亲朋好友，一般是不会有多少陌生人关注的，这样的微博往往一段时间内就被淹没了。这样就不会形成裂变式的传播，因为大众不会对普通人的隐私生活感兴趣，不感兴趣就不会转发，从而也就形成不了多对多式的裂变式传播。袁毅与袁立洋的观点类似，他通过分析指出用户发表的微博被转发的次数与该用户的粉丝数量高度相关，只有拥有数量众多的粉丝，用户发布的微博才会被大量转发，信息才会得到广泛传播，吸引更多的博友关注、分享，从而增加粉丝数量。经过这样的不断循环，使得该博主成为拥有更多话语权的"舆论领袖"，成为网络的信息中枢。微博和博客信息传播网络以原创帖为中心，沿着多条路径逐级发散，发散的面积大小、路径长度与传播过程中经历的节点有关系，当节点拥有较多的粉丝数时，该节点具有明显的强传播能力，能吸引更多的用户关注并转发。强势节点越早出现在传播早期，越有利于信息的扩散，传播网络的面积将会更大，传播链将更长。传播中强势节点、次强势节点的合理分布有助于构建更大的传播网络。然而，孙卫华、张庆永却表达了不一样的观点。他们认为微博作为自媒体，与博客相比，更进一步地释放了公众的话语权，保证每个人都有话可说，突显微博的平民化和草根性的色彩，一定程度上削弱了博客中一些精英的话语权。用户通过简单的 140 字以内的文本来展示自己、表达自己，这一过程简单、便捷，使得每个人都可以成为信息的传播者，或者说是信息的最初源头。同时，微博也在逐渐削弱传统媒体的影响力和权威性。例如 2008 年 5 月 12 日汶川地震的第一条消息是由用户在 Twitter 微博上发出的，比彭博新闻社还要早 22 秒。尽管微博作为自媒体，其专业性和可靠度都无法与传统的专业新闻机构相媲美，但是它的信息传播速度，特别是在突发事件中表现出的速度和力量是不容小觑的。

综合上述学者的观点，笔者认为，企业负面网络舆情的传播过程中，传统媒体及其从业人员、传统网络媒体(门户网站)、涉事企业及其员工、草根大号、认证名人、政府及监管机构等微博用户具有较强的信息传播能力，部分用户在事件的发展过程中逐渐成为"意见领袖"，而普通的草根微博用户则主要是信息的接受方，并且他们通常在同类性质的用户群体中的小范围内传播信息。

1.3 研究思路及研究方法

本书以"和颐酒店女生遇袭"事件、"成都女司机被打"事件和"罗一笑"事件为例，对社交网络中用户情感进行挖掘和可视化，对情感类型进行判断和统计，分析社交网络中用户情感传播特征，并在此基础上提出有效引导用户情感的相关对策与建议，为政府及相关部门掌握舆情发展、引导网民情感倾向提供依据。

本书的研究思路如下：

(1) 以 2015 年全网关注度最高的网络舆情事件"成都女司机被打"事件以及 2016 年全网关注度最高的网络舆情事件"和颐酒店女生遇袭"事件和"罗一笑"事件为例，采集相关的微博数据，为后续研究提供数据来源。

(2) 以国内外学者的研究成果为基础，构建一个尽量全面的情感分类词典，并结合本研究所选的"和颐酒店女生遇袭"事件、"成都女司机被打"事件和"罗一笑"事件，对情感词进行扩展，同时对各情感词所表达的情感极性和强度进行识别和标记。

（3）基于已构建的情感分类词表，对"和颐酒店女生遇袭"事件、"成都女司机被打"事件和"罗一笑"事件的微博文本进行情感词匹配，提取社交网络用户的情感特征，计算用户情感极性强度，并对情感类型进行判断和识别。

（4）从情感传播环境、情感传播方式、社会网络结构和用户行为模式四个方面入手，通过与现实世界中人们情感表达的对比，更深入地探索社交网络中用户的情感传播特征。

本书涉及多种学科的研究方法，例如情报学、管理学和社会学等。主要用到的研究方法有：文献分析法、案例分析法、问卷调查法、比较分析法、情感传播分析法，其中情感传播分析法包括社会网络分析与相关性分析。根据本书的研究目标选择以上对应的研究方法，使这些方法得到有效发挥，能够更充分地揭示出在社会热点事件中在线用户情感传播的特质现象，并从这些特质现象中得到有效控制这些社会热点事件的策略。

1. 文献分析法

文献分析法就是收集已有的相关研究现状和存在的问题，并进行整理、统计、分析的方法。作为本书理论基础部分的当前成熟研究成果系统特点的部分和作者近年来的研究成果部分都是以文献分析法为基础的。在本书研究过程中，从国内和国外两个维度对相关文献进行分析和梳理，全面客观地剖析本书的研究对象。通过访问 Web of Science、Science Direct 等知名数据库和万方数据库、CNKI 全文数据库、维普以及硕博士论文库，查阅国内外在线用户情感传播及行为，分析这些领域的研究成果和相关理论，确定研究立足点为社会热点事件中在线用户情感传播的特质现象。另外考虑到情感传播的时代性，还补充了一些通过搜索引擎查找得来的有关情感传播的研究分析，本着严谨科学的态度对其进行分析整理。

2. 案例分析法

案例分析法是根据研究者的研究目标，利用典型的案例进行更深层次分析的研究方法。主要解决问题的类型是"怎么样"和"为什么"。应国瑞的观点是案例分析法不但可以帮助人们更深层次地了解社会现象（不仅仅是浅层认知），而且能够保留实际生活的原本味道。要分析社会热点事件中在线用户情感传播的特质现象，就必须通过案例来观察研究对象，研究参与者的行为并对相关的数据进行搜集。本书选择新浪微博的用户作为研究对象，分析在社会热点事件中新浪微博用户在情感传播过程中的特有行为现象。

3. 问卷调查法

对于线下数据的收集，本书主要是通过实际的问卷调查获得的。通过制订的调查问卷，对非网络环境下的线下用户进行关于"成都女司机被打"事件的观点看法的调查。为确保样本的随机性，向湘潭大学、长沙学院、长沙职业技术学院以及社会人员分别发放调查问卷。对获得的原始数据进行处理时，使用 SPSS 数据处理软件，以保证获取到的数据具有可信性。

4. 比较分析法

比较分析法是横向或者纵向地对研究对象进行比较，以便更好地掌握研究对象的特质的一种基本方法。此方法贯穿本书始末，在理论研究和实证研究的基础上，首先对国内和国外关于在线用户情感传播的研究进行比较分析，接着对线上用户和线下用户的统计数据进行比较，并分析两者结果不同的原因，从而为控制社会热点事件的发展提供一些有益的启示。

5. 情感传播分析法

情感传播分析法主要是对社会网络及其相关性进行分析。采用社会网络分析方法对所搜集到的微博用户数据进行实证分析,通过多种指标的分析来揭示在线用户在情感传播过程中表现出的特质现象。相关性分析主要是在辨别在线用户的情感倾向对情感传播演变产生的影响时,需要判断用户角色与其表达出的情感类型之间的关系。

第2章　互联网＋用户情感挖掘的技术与方法

2.1　情感词典构建方法

2.1.1　基于函数优化的通用情感词典构建

1. 问题描述及求解框架

计算词汇的语义倾向，目的就是要对每个语气待定的词语赋予 $-1\sim+1$ 之间的一个实数。其中，正负号用来表明词语语义的褒贬；实数的绝对值表明了该词语褒贬的强烈程度。为简单起见，通常将词语的倾向性标为 -1 或 $+1$。

如果这样设想，则可用一个无向图来表示字典中所有词语的关系。构建无向图 $G=\{V,E\}$，其中，V 为图中的节点集合，$V=\{W_0,W_1,\cdots,W_9\}$，代表字典中的每个单词；E 为图中的连边集合，$E=\{S_{10},S_{12},\cdots,S_{90}\}$ 代表词语两两之间的相似度，如图 2-1 所示。

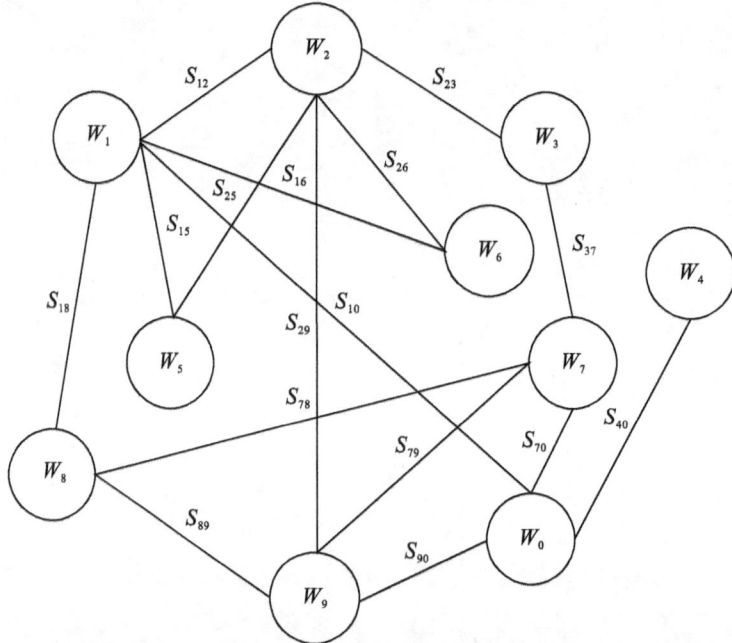

图 2-1　词语关系带权无向图

本方向基于这样的假设：具有较大的相似度的两个词语更有可能具有相同的语义倾向。这样，词语的语义倾向计算问题可以归结为对无向图 G 进行划分，使得符号相同的节点子图相似度之和最大；同时，让符号相异的节点子图相似度之和最小。这样，就确定了图中每个词语的语义倾向。

基于这样的假设，我们将问题形式化描述如下：

定义 2.1　W 为包含所有语义倾向的待定词语的集合，所包含词语的个数为 $N=|W|$，且词语 i 与词语 j 的连接权重为

$$W_{ij} = \begin{cases} 1 & \text{若存在连接词语 } i, j \text{ 的边} \\ 0 & \text{其他} \end{cases} \tag{2-1}$$

定义 2.2　C_1 和 C_2 为 W 的划分，即 $C_1 \subset W$，$C_2 \subset W$，$C_1 \bigcup C_2 = W$，$C_1 \bigcap C_2 = \varnothing$。同时，为了便于说明，定义两个指示函数如下：

$$\sigma_{ik} = \begin{cases} 1, & n_i \in C_k \\ 0, & n_i \notin C_k \end{cases} \tag{2-2}$$

以及

$$\delta(\sigma_{ik}, \sigma_{jk}) = \begin{cases} 1, & \sigma_{ik} = \sigma_{jk} \\ 0, & \sigma_{ik} \neq \sigma_{jk} \end{cases} \tag{2-3}$$

在经典的图划分问题中，对于多图划分问题，通常将目标函数定义为

$$H_m(\{\sigma\}) = \sum_{i=1}^{N} \sum_{j \neq i} \sum_{k=1}^{C} a_{ij}(1-\delta_{jk})\delta_{jk} - r\sum_{i=1}^{N} \sum_{j \neq i} \sum_{k=1}^{C} a_{ij}(1-\delta_{jk})\delta_{jk} + P\sum_{i=1}^{N} \sum_{k=1}^{C} \sum_{m \neq k}^{C} \delta_{ik}\delta_{im} \tag{2-4}$$

对于图的二分问题，目标函数可以简化为如下形式：

$$H(\{\sigma\}) = \underbrace{\sum_{i=1}^{N} \sum_{j \neq i} a_{ij}(1-\sigma_j)\sigma_i}_{\text{尖端词语}} - \underbrace{r\sum_{i=1}^{N} \sum_{j \neq i} (1-\sigma_j)\sigma_i}_{\text{平衡词语}} \tag{2-5}$$

其中：

$$\sigma_i = \begin{cases} 0, & n_i \in C_1 \\ 1, & n_i \in C_2 \end{cases} \tag{2-6}$$

目标函数中包含两项：其中一项用于减少子图之间的连边数量；另一项用于平衡两个子图的规模差异。

考虑情感词语的语气分类问题，由于事先不知道子图的大小，因此不能假定正负语气的两个子图规模大致相等，即不能采用式（2-5）中的平衡词语。下面以"最小切分"为目标对图进行划分，目标函数需满足以下几个条件：

（1）奖励子类内部的连边；

（2）惩罚子类内部的非连边；

（3）惩罚子类间的连边；

（4）奖励子类间的非连边，即

$$H(\{\sigma\}) = -\sum_{i \neq j} a_{ij} \underbrace{W_{ij}\delta(\sigma_i, \sigma_j)}_{\text{子类内部的连边}} + \sum_{i \neq j} b_{ij} \underbrace{(1-W_{ij})\delta(\sigma_i, \sigma_j)}_{\text{子类内部的非连边}} +$$
$$\sum_{i \neq j} c_{ij} \underbrace{W_{ij}(1-\delta(\sigma_i, \sigma_j))}_{\text{子类间的连边}} - \sum_{i \neq j} d_{ij} \underbrace{(1-W_{ij})(1-\delta(\sigma_i, \sigma_j))}_{\text{子类间的非连边}} \tag{2-7}$$

其中，a_{ij}，b_{ij}，c_{ij}，d_{ij} 代表四个条件的权重，对于本问题，令 $a_{ij}=c_{ij}$，$b_{ij}=d_{ij}$。

同时，可以将目标函数所满足的条件归为两类：条件(1)和条件(2)用于增加子类的内聚性；条件(3)和条件(4)用于减少子类之间的耦合性。具体的实现方法有以下三点：

(1) 利用词语间关系构建词语无向图；

(2) 将词语语义倾向计算问题转化为图划分问题，并进一步转化为函数优化问题；

(3) 构建求解算法对目标函数进行求解。

2. 词语相似度计算

词汇相似度计算是自然语言处理、信息检索和信息抽取等领域的一项重要且基础的工作，目的是度量词语之间的相似程度。通常，相似度值被定义为0～1之间的一个实数，绝对值越大，相似度越高。

计算相似度有两种思路：一种是利用统计方法，通过分析大规模语料中的词语分布规律，得出词语的相似度；另一种是基于词典的方法，比如英文词典 Word Net 和中文词典知网(英文名称为 How Net)。本章分别采用了基于语料统计的相似度计算方法和 How Net 提供的词语相似度计算方法作为构建词语无向网络图的基础。

1) 基于语料的词语相似度计算

互联网作为一个巨大的语料库，其价值已被越来越多的人认识。本章将传统的基于词语共现率计算相似度的方法进行适当变化，使其可以应用于互联网语料。

在下面公式中，$H(P)$ 代表在搜索引擎中输入查询 P 所得到的返回页面数，$P \bigcap Q$ 代表词语 P 与词语 Q 的联合查询。由于网络数据中存在噪声，因此在某些网页中共现的两个词也许只是出于偶然，为减少这样的影响，我们定义阈值 c，如果联合查询 $P \bigcap Q$ 所返回的页面数 $H(P \bigcap Q)$ 小于该阈值，则将词语 P、Q 之间的相似度设为 0。各公式定义如下：

$$\text{PC Jaccard}(P, Q) = \begin{cases} 0 & \text{，如果 } H(P \bigcap Q) \leqslant c \\ \dfrac{H(P \bigcap Q)}{H(P) + H(Q) - H(P \bigcap Q)} & \text{，其他} \end{cases}$$

$$(2-8)$$

$$\text{PC Overlap}(P, Q) = \begin{cases} 0 & \text{，如果 } H(P \bigcap Q) \leqslant c \\ \dfrac{2H(P \bigcap Q)}{\min(H(P), H(Q))} & \text{，其他} \end{cases}$$

$$(2-9)$$

$$\text{PC Dice}(P, Q) = \begin{cases} 0 & \text{，如果 } H(P \bigcap Q) \leqslant c \\ \dfrac{2H(P, Q)}{H(P) + H(Q)} & \text{，其他} \end{cases}$$

$$(2-10)$$

$$\text{PC PMI}(P, Q) = \begin{cases} 0 & \text{，如果 } H(P \bigcap Q) \leqslant c \\ \text{lb}\left(\dfrac{\dfrac{H(P \bigcap Q)}{N}}{\dfrac{H(P)}{N} \dfrac{H(Q)}{N}}\right) & \text{，其他} \end{cases}$$

$$(2-11)$$

式(2-11)中，N 代表搜索引擎所有索引的网页数量。我们使用 google(http://www.google.com)提供的数字 1010 作为 N 的估计值，再利用上述各种方法得到的两个词语之间的相似度构造词语无向图。

2）基于 How Net 的词语相似度计算

知网是一个以汉语和英语的词语所代表的概念为描述对象，以揭示概念与概念之间以及概念所具有的属性之间的关系为基本内容的常识知识库[67]。

对于汉语词汇，知网中的描述基于"义原"这一基本概念。义原，可以被认为是汉语中最基本的、不易于再分隔的最小语义单位。由于汉语中"词"的含义非常复杂，往往一个词在不同的语境中会表达不同的语义，因此，在 How Net 中，把汉语中的词理解为若干义项的集合。知网的语义字典中，每条记录都是由一个词语的一条义项及其描述所组成的，即一条记录对应一个词语的一个义项。

本节使用了 How Net 提供的语义相似度的计算功能。语义相似度的计算采用的是根据刘群的论文[68]中的原理编写的词汇语义相似度计算程序，该程序实现了义原之间语义相似度的计算。

3. 问题求解

由于词语的语义倾向问题是一个 NP 完全问题，因此本节引入模拟退火的思想，将解决问题的过程转化为在目标函数的解空间中搜索最优解的过程。

模拟退火算法是基于蒙特卡罗迭代求解策略的一种随机寻优算法，其出发点是基于物理中固体物质的退火过程与一般组合优化问题之间的相似性。

模拟退火算法是局部搜索算法的扩展，它不同于局部搜索之处是：以一定的概率选择领域中的最优值状态。理论上已经证明，模拟退火算法是一个全局最优算法并且以概率 1 接近最优值[69]。该算法已经在多个领域获得了广泛应用，诸如 VLSI、生产调度、控制工程、机器学习、神经网络、图像处理等。

1）模拟退火算法的马氏链描述

马氏链是分析模拟退火算法的重要数学工具，下面首先介绍模拟退火算法的马氏链描述。

令 $\Omega = \{s_1, s_2, \cdots\}$ 为所有状态构成的解空间，$X(k)$ 为 k 时刻变量的取值。随机序列称为 $\{X(k)\}$ 马氏链。若 $\forall n \in \mathbf{Z}^+$，则满足：

$$\mathrm{Pr}\{X(n) = j \mid X(0) = i_0, X(1) = i_1, \cdots, X(n-1) = i\}$$
$$= \mathrm{Pr}\{X(n) = j \mid X(n-1) = i\} \qquad (2-12)$$

记一步转移概率为

$$p_{i,j}(n-1) = \mathrm{Pr}\{X(n) = j \mid X(n-1) = i\} \qquad (2-13)$$

记 n 步转移概率为

$$p_{i,j}^{(n)} = \mathrm{Pr}\{X(n) = j \mid X(0) = i\} \qquad (2-14)$$

若解空间有限，则马氏链称为有限状态马氏链。若 $\forall n \in \mathbf{Z}^+$，$p_{i,j}^{(n)} = p_{i,j}^{(n-1)}$，则称为时齐马氏链。

考察模拟退火算法的搜索过程是指算法从一个初始状态开始后，每一步状态转移均是在当前状态 i 的领域 N_i 中随机产生新的状态 j，然后以一定的概率接受。因此，模拟退火算法对应一个马氏链，若固定每一温度 t，计算马氏链的变化直至平稳分布，然后温度下降，则称为时齐算法；若无需各温度下算法达到平稳分布，但温度按照一定速率下降，则称为非时齐或非平稳马氏链算法。

马氏链可用一个有向图 $G=\{V,E\}$ 来表示，其中，V 为所有状态构成的顶点集，$E=\{(i,j)|i,j\in V,j\in N_i\}$ 为边集。

记 $g_{i,j}$ 为由状态 i 产生状态 j 的概率，则

$$g_{i,j}=\begin{cases}g(i,j)/g(i), & j\in N_i\\ 0, & j\notin N_i\end{cases} \qquad (2-15)$$

其中，$g(i)=\sum\limits_{j\in N_i}g(i,j)$，它通常与温度无关。若新状态在当前状态的邻域中以等概率产生，则 $g(i,j)/g(i)=1/|N_i|$，其中，$|N_i|$ 为状态 i 的邻域中的状态总数。

记 $a_{i,j}$ 为由当前状态 i 接受状态 j 的概率，接受概率通常定义为

$$a_{i,j}=\min\{1,\exp[\frac{-(C(j)-C(i))}{t}]\} \qquad (2-16)$$

其中，C 为目标函数，t 为温度参数。

记 $p_{i,i}$ 为当前状态 i 转移到状态 j 的概率，则有

$$\forall_{i,j}\ p_{i,j}(t)=\begin{cases}g_{i,j}\,a_{i,j}(t), & j\in N_i\text{且}j\neq i\\ 0, & j\notin N_i\text{且}j\neq i\\ 1-\sum\limits_{k\in N_i}p_{i,k}(t), & j=i\end{cases} \qquad (2-17)$$

2）基于模拟退火的词语语义倾向判定算法

基于模拟退火的词语语义倾向判定算法（SOSA 算法）的伪代码如下所示。

SOSA 算法：

输入：$T(k)$，$k_{\max}$，$s_i(1)$，w_{ij} ······ $i,j=1,\cdots,N$

输出：词语语义取向

```
1   begin
2       k ← 0
3       repeat
4           repeat
5               选择并测试状态为 s_i 的节点 i
6               E_a ← -1/2 ∑(j=1,N_i) w_ij s_i s_j
7               E_b ← E_a
8               if E_b < E_a then
9                   s_i = -s_i
10              else
11                  if exp{-(E_b - E_a)/T(k)} > Rand[0,1] then
12                      s_i = -s_i
13                  end
14              end
15          until 所有节点的选择次数都超过了预定的阈值
16      until k = k_max 或满足停止标准
17      return E, s_i, i=1,…,N
18  end
```

算法 2-1　SOSA 算法

　　SOSA 算法首先将网络随机初始化，并设定一个高的初始温度 $T(1)$。模拟退火算法能否找到全局最优解，取决于初始温度 $T(1)$ 是否足够高以及温度下降得是否足够慢，而这些正好与程序收敛时间相矛盾。为了平衡解的质量与收敛速度，我们通过后面的实验，将算法的这些参数调整为比较合适的值。

　　然后随机地选择一个节点 i，假定其现在的状态是 $w_i = +1$，计算在这种构型下的系统总能量 E_a。接着计算如果改变到候选状态，即 $w_i = -1$，对应的系统能量 E_b。如果候选状态的能量 $E_b < E_a$，则接受这个状态改变；如果能量 E_b 更高，则以概率 $\exp\{-\Delta E_{ab}/T(k)\}$ 接受这个状态的改变，其中，$\Delta E_{ab} = E_b - E_a$。

　　SOSA 算法持续多次随机轮询(选择并测试)节点，并根据以上方式进行状态改变。之后，温度逐渐下降，重复下一轮操作，接受能量增加的候选状态的概率也逐步下降。算法继续进行，直到每个节点都被访问多次后，温度进一步下降，查询过程也重复进行。当温度非常低时，接受能量增加的状态转移的概率非常小，此时系统的行为类似于贪心算法。

　　3）SOSA 算法的收敛性

　　模拟退火算法要实现全局收敛，直观上必须满足以下几个条件：

　　(1) 状态可达性，即对应马氏链的状态图是强连通的；

　　(2) 初值鲁棒性，即算法的最终结果不依赖于初值；

　　(3) 极限分布的存在性。

　　下面我们从理论上对 SOSA 算法的收敛性进行分析。

　　定义 2.3　若存在 $n \in \mathbf{Z}^+$，使得 $p_{i,j}^{(n)} > 0$，则称状态 i 可达状态 j，记作 $i \to j$。进而，若 $j \to i$，则称状态 i 与 j 相通，记作 $i \leftrightarrow j$。显然，可达性具有传递性，即若 $i \to j$，$j \to k$，则 $i \to k$。进而，令 $T_{i,j} = \min\{n \,|\, X(0) = i, x(n) = j, n \in \mathbf{Z}^+\}$ 为状态 i 到达状态 j 的首达时刻，其概率定义为

$$f_{i,j}^{(n)} = \Pr\{X(n) = j, X(m) \neq j, m = 1, \cdots, n-1 \,|\, X(0) = i\}$$

则状态 i 能够到达状态 j 的概率为 $f_{i,j} = \sum_{n=1}^{\infty} f_{i,j}^{(n)}$。显然，$f_{i,j} > 0$ 的充要条件为 $i \to j$。

　　定义 2.4　若 $f_{i,j} = 1$，则称状态 i 为常返态；若 $f_{i,j} < 1$，则称状态 i 为非常返态或瞬时态。进而，当 $f_{i,j} = 1$ 时，若 $\mu_i = \sum_{i=1}^{\infty} n f_{i,i}^{(n)} < \infty$，则称状态 i 为正常返态；若 $\mu_i = \infty$，则称状态 i 为零常返态。若从自身出发，则常返态能够以概率 1 无穷次返回自身，而非常返态只能有限次返回自身。

　　定义 2.5　若集合 $\{n \,|\, p_{i,i}^{(n)} > 0, n \in \mathbf{Z}^+\}$ 非空，则称此集合的最大公约数 $d(i)$ 为状态 i 的周期。若 $d(i) > 1$，则称状态 i 为周期的；若 $d(i) = 1$，则称状态 i 为非周期的。进而，若状态 i 为正常返且非周期的，则称状态 i 为遍历态。

　　引理 2.1　若 $i \leftrightarrow j$，则状态 i 与状态 j 同为周期的或非周期的。

　　定义 2.6　称马氏链为不可约的，若马氏链的所有状态属于同一等价类。不可约链的一个充分条件为，$\forall i, j \in \Omega$，$\exists n \in \mathbf{Z}^+$，$f_{i,j}^{(n)} > 0$。

　　定义 2.7　若一步转移概率满足等式 $v_j = \sum_{i=1}^{\infty} v_i p_{i,j}$，则称 $\{v_j \geq 0, j \in \mathbf{Z}^+\}$ 为马氏链的平稳分布。

引理 2.2 不可约的有限时齐马氏链的状态均为正常返。

引理 2.3 非周期不可约的时齐马氏链为正常返的充要条件是存在唯一的平稳分布 $\{v_j \geqslant 0, j \in \mathbf{Z}^+\}$。此时平稳分布也为极限分布，并且满足

$$v_j = \sum_{i=1}^{\infty} v_i p_{i,j}^{(n)} = \sum_{i=1}^{\infty} v_i p_{i,j} = \lim_{n \to \infty} p_{i,j}^{(n)} = \frac{1}{\mu_j}$$

定理 2.1 若 $\forall i, j \in \Omega, t > 0, a_{i,j}(t) > 0$，同时 $\exists n > 0$，使得 $s_0, s_1, \cdots, s_n \in \Omega$，$s_0 = i, s_n = j, g_{s_k, s_{k+1}}^{(t)} > 0, k = 0, 1, \cdots, n-1$，其中 $\forall 0 \leqslant l \leqslant n, s_l \neq s_m, l \neq m$，则时齐模拟退火算法对应的有限状态马氏链不可约。

证明 当温度参数 $t > 0$ 给定时，模拟退火算法对应有限状态的时齐马氏链，若 $\forall i, j, a_{i,t}^{(t)} > 0$，则有 $p_{i,j}^{(n)} \geqslant p_{s_0, s_1}, p_{s_1, s_2}, \cdots, p_{s_{n-1}, s_n} = g_{s_0, s_1} a_{s_0, s_1} g_{s_1, s_2} a_{s_1, s_2}, \cdots, g_{s_{n-1}, s_n} a_{s_{n-1}}, s_n > 0$。因此，$i \to j$，进而由状态 i 和 j 的任意性可知 $i \leftrightarrow j$。从而，由定义 2.6 中不可约链的充分条件可得此定理。

定理 2.2 在定理 2.1 条件下，若 $\exists j \neq i \in \Omega$，使得 $a_{i,j}^{(t)} < 1, g_{i,j}^{(t)} > 0$，则时齐算法对应的不可约马氏链为非周期的。

证明 考虑状态 i 到自身的状态转移概率

$$p_{i,i}^{(t)} = 1 - \sum_{l \in \Omega, l \neq i} g_{i,l}^{(t)} g_{i,l}^{(t)} = 1 - \sum_{l \in \Omega, l \neq i, l \neq j} (g_{i,l}^{(t)} a_{i,l}^{(t)} - g_{i,j}^{(t)} a_{i,j}^{(t)})$$
$$> 1 - \sum_{l \in \Omega, l \neq i, l \neq j} (g_{i,l}^{(t)} - g_{i,j}^{(t)}) = 1 - \sum_{l \in \Omega, l \neq i} g_{i,l}^{(t)} \geqslant 0$$

因此，$p_{i,i}^{(t)} > 0$，状态 i 为非周期的。进而，当定理 2.1 条件成立时，此马氏链不可约，且 $\forall i, j \in \Omega, i \leftrightarrow j$，故由引理 2.1 可知，此不可约马氏链为非周期的。

定理 2.3 时齐模拟退火算法对应的有限状态马氏链存在平稳分布 $v = (v_1, v_2, \cdots, v_{|\Omega|})$，且

$$\forall i \in \Omega, v_i^{(t)} = \frac{a_{i^*, j}^{(t)}}{\sum\limits_{j \in \Omega} a_{i^*, j}^{(t)}}$$

其中，$i^* \in \Omega_{\text{opt}}$。若以下条件成立：

(1) $\forall i, j \in \Omega, g_{i,j}(t)$ 与 t 无关，且 $g_{i,j} = g_{j,i}$。同时，$\exists n \geqslant 1, s_0, s_1, \cdots, s_n \in \Omega$，$s_0 = 1, s_n = j$，使得 $g_{s_k, s_{k+1}}^{(t)} > 0, k = 0, 1, \cdots, n-1$；

(2) $\forall i, j, k \in \Omega$，若 $C(i) \leqslant C(j) \leqslant C(k)$，则 $a_{i,k}^{(t)} = a_{i,j}^{(t)} = a_{j,k}^{(t)}$；

(3) $\forall i, j \in \Omega, t > 0$，若 $C(i) \geqslant C(j)$，则 $a_{i,j}^{(t)} = 1$；若 $C(i) < C(j)$，则 $0 < a_{i,j}^{(t)} < 1$。

证明 首先，若条件(3)成立，则 $\forall i, j \in \Omega, t > 0, a_{i,j}^{(t)} > 0$。进而，当条件(1)成立时，定理 2.1 的条件满足，则时齐算法对应的有限状态马氏链不可约。其次，条件(1)和(3)成立，则一定存在使得定理 2.2 条件成立（除非解空间中所有状态均为最优，此时问题根本没有优化的必要，因此不属于我们讨论的范畴），此时齐算法对应的马氏链为非周期的。因此，由引理 2.3 可知，马氏链存在唯一的平稳分布 $v = (v_1, v_2, \cdots, v_{|\Omega|})$。由于平稳分布是唯一的，因此要证明此定理，只需要验证定理中 v_i 的定义满足平稳分布的性质，即

$$v_i^{(t)} = \sum_{j \in \Omega} v_j^{(t)} p_{j,i}^{(t)} \tag{2-18}$$

当上述条件满足时，对于状态 i, j，若 $C(i) < C(j)$，则式 $\lim\limits_{t \to 0} a_{i,j}^{(t)} = 0$ 成立。考察平稳

分布 $v_i^{(t)} = \dfrac{a_{i^*,j}^{(t)}}{\sum\limits_{j \in \Omega} a_{i^*,j}^{(t)}}$ 可得

$$\lim_{t \to 0} v_i^{(t)} = \begin{cases} \dfrac{1}{|\Omega_{\text{opt}}|}, & i \in \Omega_{\text{opt}} \\ 0, & i \notin \Omega_{\text{opt}} \end{cases} \tag{2-19}$$

式（2-19）说明，当温度趋于零时，马氏链以概率 1 收敛到最优状态集，而收敛到非最优状态的概率为 0。

2.1.2　基于 Modularity 优化的通用情感词典构建

1. 背景

图划分方法能够更好地利用词语间的全局信息，因此，本节从图划分的角度进行词语语义倾向计算。

首先，定义邻接矩阵：

$$A_{vw} = \begin{cases} 1, & \text{若存在连接顶点 } v \text{、} w \text{ 的边} \\ 0, & \text{其他} \end{cases} \tag{2-20}$$

以及指示函数：

$$\sigma_v = \begin{cases} 1, & \text{若顶点 } v \text{ 属于组 1} \\ 2, & \text{若顶点 } v \text{ 属于组 2} \end{cases} \tag{2-21}$$

$$\delta(\sigma_v, \sigma_w) = \begin{cases} 1, & \sigma_v = \sigma_w \\ 0, & \sigma_v \neq \sigma_w \end{cases} \tag{2-22}$$

通常以最小切分为目标的目标函数需满足以下几个条件：

（1）奖励子类内部的连边；

（2）惩罚子类内部的非连边；

（3）惩罚子类间的连边；

（4）奖励子类间的非连边，即

$$H(\{\sigma\}) = -\sum_{v \neq w} a_{vw} \underbrace{A_{vw} \delta(\sigma_v, \sigma_w)}_{\text{子类内部的连边}} + \sum_{v \neq w} b_{vw} \underbrace{(1 - A_{vw}) \delta(\sigma_v, \sigma_w)}_{\text{子类内部的非连边}} +$$

$$\sum_{v \neq w} c_{vw} \underbrace{A_{vw}(1 - \delta(\sigma_v, \sigma_w))}_{\text{子类间的连边}} - \sum_{v \neq w} d_{vw} \underbrace{(1 - A_{vw})(1 - \delta(\sigma_v, \sigma_w))}_{\text{子类间的非连边}} \tag{2-23}$$

其中，a_{vw}、b_{vw}、c_{vw}、d_{vw} 代表四个条件的权重，通常令 $a_{vw} = c_{vw}$，$b_{vw} = d_{vw}$。为了调节 a_{vw} 和 b_{vw} 的权重，令 $a_{vw} = 1 - \eta P_{vw}$，且 $b_{vw} = P_{vw}$。其中，P_{vw} 代表节点 v 和 w 之间的连边概率。这样，最小切分的目标函数可以简化成：

$$H(\{\sigma\}) = -\sum_{v \neq w} (A_{vw} - \eta P_{vw}) \delta((\sigma_v, \sigma_w)) \tag{2-24}$$

对于该目标函数，如果将所有节点划为一类，则无疑可以使该目标函数得到极值，但这样的平凡解是没有意义的。

复杂网络的社区发现研究是对传统图划分方法的深入与拓展，主要侧重于处理子图大小和数目不确定的情况。作为复杂网络社区发现代表性方法的 Modularity 方法是由 M. E. J. Newman 提出的，它最早作为衡量网络划分好坏的一种度量。Modularity 值（也叫做 Q 值）的计算方法为 $Q=\sum_i (e_{ij}-a_i^2)$，其中，e_{ij} 表示社区 i 和社区 j 之间的连边占总边数的比例；$a_i=\sum_j e_{ij}$ 表示有一个端点在社区 i 中的边占总边数的比例。

令 $\sum_w A_{vw}=k_v$，代表节点 v 的总度数；令 $\sum_{vw} A_{vw}=\sum_v k_v=2m$，代表所有节点的度数之和；令 $P_{vw}=\dfrac{k_v k_w}{2m}$，代表在随机图中节点 v 和 w 之间存在连边的概率。这样，e_{ij} 和 a_i 可以表示为

$$e_{ij}=\frac{1}{2m}\sum_{vw}A_{vw}\delta(c_v,i)\delta(c_w,j) \qquad (2-25)$$

$$a_i=\frac{1}{2m}\sum_v k_v\delta(c_v,i) \qquad (2-26)$$

则 Modularity 可表示为

$$
\begin{aligned}
Q &= \sum_i (e_{ij}-a_i^2) \\
&= \sum_i \Big[\frac{1}{2m}\sum_{vw}A_{vw}\delta(c_v,i)\delta(c_w,i)-\frac{1}{2m}\sum_v k_v\delta(c_v,i)\frac{1}{2m}\sum_w k_w\delta(c_w,i)\Big] \\
&= \frac{1}{2m}\sum_{vw}\Big[A_{vw}-\frac{k_v k_w}{2m}\Big]\sum_i\delta(c_v,i)\delta(c_w,i) \\
&= \frac{1}{2m}\sum_{vw}\Big[A_{vw}-\frac{k_v k_w}{2m}\Big]\delta(c_v,c_w) \qquad (2-27)
\end{aligned}
$$

至此可以发现，公式（2-24）和（2-27）的形式是相似的，并且，当 $\eta=1$ 时，有

$$Q=-\frac{H(\{\sigma\})}{M} \qquad (2-28)$$

所以，基于 Modularity 优化的方法与图划分方法的目标是一致的。由于该方法能够避免图划分方法易于找到平凡解的弱点，因此，本章采用基于 Modularity 优化的方法进行词语语义倾向计算。

2. 算法基本过程

本节采用以下步骤进行词语语义倾向计算。

1）构建词语相似度矩阵

本节采用两种词语相似度计算方法构建词语相似度矩阵：第一种方法是利用 How Net 提供的相似度函数；第二种方法是利用语料中词语的共现信息。

2）词语语义倾向计算

基于之前得到的词语相似度矩阵，我们以 Modularity 为目标函数，按照能够使函数值极大的方式将其划分为两个不相交的子图。

（1）通过词语相似度邻接矩阵构建 Modularity 矩阵；

（2）找到对应于最大特征值的特征向量，向量中每个元素对应每个待计算语义倾向的词语，将这些词语按照特征值的正负分为两类；

（3）对于每类词语，首先确定该类中类内度数最大词语的语义倾向，并用该语义倾向作为这个类别的语义倾向；

（4）持续地在两类之间交换词语，直到 Modularity 值稳定；

（5）返回测试集中每个词语的语义倾向。

3. 算法实现

现有词语相似度的计算方法主要有两种思路：一种是通过分析语料中的词语分布规律，得出词语的相似度；另一种是基于词典的方法。本节分别采用了基于语料统计的相似度计算方法和语义词典 How Net 提供的词语相似度计算方法来构建词语相似度矩阵。

（1）本节采用三种常用的共现率计算公式：Jaccard、Overlap 和 Dice。由于语料中词语分布具有稀疏性，因此本节采用整篇文档作为词语共现窗口。在下面各公式中，$H(P)$ 代表在语料集中包含词语 P 的文档数，代表词语 P 和 Q 的共现，即如果 P 与 Q 出现在一篇文档中，则 $H(P \bigcap Q)=1$。各公式的定义如下：

$$\text{Jaccard}(P, Q) = \frac{H(P \bigcap Q)}{H(P) + H(Q) - H(P \bigcap Q)} \qquad (2-29)$$

$$\text{Overlap}(P, Q) = \frac{2H(P \bigcap Q)}{\min(H(P), H(Q))} \qquad (2-30)$$

$$\text{Dice}(P, Q) = \frac{2H(P, Q)}{H(P) + H(Q)} \qquad (2-31)$$

（2）本节使用了 How Net 提供的语义相似度的计算功能。语义相似度的计算功能是根据刘群的论文中的原理编写的词汇语义相似度计算程序，实现词语义原之间语义相似度的计算。

4. 优化 Modularity 值

对于算法的第二部分（将问题转化为一个函数优化问题），可以使用各种方法对 Modularity 值进行优化，如贪婪算法、模拟退火算法、极值优化等方法。本节采用爬山算法来优化 Modularity 值。

首先，找到对应于 Modularity 矩阵的最大特征值的特征向量，按照该特征向量的方向对矩阵进行划分。至此，可以得到一个可行解，并仍然存在优化的空间。然后，对于矩阵中的每个节点，依次交换其所属的子类，每次迭代选择能够使 Modularity 值增加最大的那个节点，直至 Modularity 值稳定，这样就将词语集划分为两个不相交的子集。最后，根据基准词确定测试集中每个词语的语义倾向。

下面对该算法的复杂度进行分析。假设网络的顶点个数为 N，边的个数为 M。初始化阶段，计算一个 d_{ij} 的时间复杂度为 $O(N)$。由于只需要计算有边相连的 c_i、c_j 对应的 d_{ij}，因此初始化阶段的总体时间复杂度为 $O(M \times N)$。循环阶段共循环了 $N-1$ 次，每次循环中，寻找最小 d_{ij} 的时间复杂度为 $O(M)$，合并和删除的时间复杂度为 $O(N)$，更新 d_{ij} 时只更新了和 c^* 相关的 d_{ij}，因此时间复杂度不超过 $O(N_2)$，计算 Modularity 值的时间复杂度也不超过 $O(N_2)$。输出结果的时间复杂度小于循环阶段的时间复杂度。因此整个算法的时间复杂度取决于循环阶段的时间复杂度，为 $O(N_3)$。

2.1.3 基于扩展信息瓶颈的领域情感词典构建

1. 问题描述

令 D_i 代表已标注的源领域文档集，W_i 代表源领域的情感词典（已标注语义倾向的词语列表），D_o 代表目标领域文档，这些文档是未标注语气倾向的。本节的目的在于寻找一个合理模型来构建目标领域的情感词典 W_o，即将目标领域中的情感词典 W_o 分为两类，分别用正、负语气进行标注。同时，令 $\hat{D}_o$ 代表目标领域的文档聚类，$\hat{W}_o$ 代表目标领域的词聚类，则聚类函数 C_{W_o} 和 C_{D_o} 可被定义如下：

$$C_{W_o}(w) = \hat{w}, \ w \in \hat{w} \wedge \hat{w} \in \hat{W}_o \qquad (2-32)$$

$$C_{D_i}(d) = \hat{d}, \ d \in \hat{d} \wedge \hat{d} \in \hat{D}_o \qquad (2-33)$$

其中，$\hat{w}$ 代表词语 w 所属的聚类，$\hat{d}$ 代表词语 d 所属的聚类。

由于目标领域数据都是未标注的，因此如何有效利用源领域知识（D_i 和 W_i）是影响模型性能的重要因素。本节方法基于如下假设：

假设 2.1 包含褒（或贬）义词较多的文档表现为正（或负）面语气倾向；被较多正（或负）面文档包含的词语表现为褒（或贬）义语义倾向。

该假设借鉴了 Page Rank、Hits 等算法的假设，利用了文档与词语之间的互相推荐。

假设 2.2 尽管源领域与目标领域中情感词的分布有所差异，但两个领域之间一定存在一些共同的部分。

基于这个假设，才能利用源领域中与目标领域公共的那部分知识对目标领域情感词典构建进行指导。本节进一步定义三种关系，用来指导目标领域情感词典构建，具体如下：

(1) WDintra - Relationship：代表目标领域中的情感词 W_o 与文档 D_o 之间的关系。

(2) WWinter - Relationship：代表源领域中的情感词 W_i 和目标领域情感词 W_o 之间的关系。

(3) WDinter - Relationship：代表源领域中的文档 D_i 与目标领域情感词 W_o 之间的关系。

本节提出了一种领域情感词典构建模型，将上述三种关系融入一个统一的框架进行考量。

2. 信息瓶颈方法

通常，模式分类器需要在模型复杂度和分类精度之间进行权衡。根据"奥卡姆剃刀"原则，在能够解释已有数据的前提下，模型应尽量简单，以避免将过度复杂的模型应用到新数据时出现"过拟合"的现象。

信息瓶颈方法由 N. Tishby 等人提出[70]，其基本思想是：给定两个随机变量 X 和 Y 的联合分布 $p(x, y)$，压缩其中一个随机变量 X，同时尽量维持两个变量之间的互信息 $I(X; Y)$，以达到模型复杂度和分类精度之间的折中。依据香农信息论，两个变量 X 和 Y 的互信息 $I(X; Y)$ 可以被表示为

$$I(X;Y) = \sum_{x \in X, y \in Y} \left[p(x)p(y \mid x)\log \frac{p(y \mid x)}{p(y)} \right] \tag{2-34}$$

它反映了变量 $X(Y)$ 包含的关于变量 $Y(X)$ 的信息量。变量间互信息与熵之间的关系如图 2-2 所示。

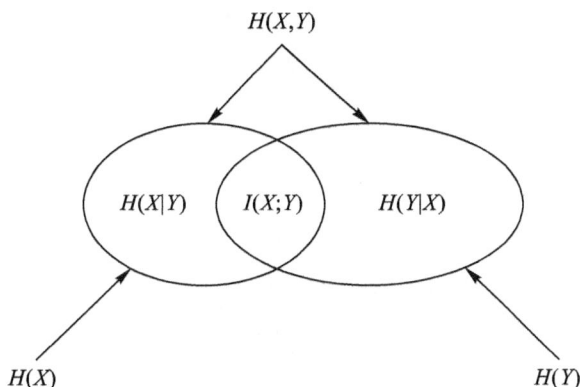

图 2-2　两随机变量间的熵、联合熵、条件熵及互信息之间的关系

假设变量 X 压缩后被表示为 C，则 $I(C;Y) \leqslant I(X;Y)$。和著名的率失真理论相似，我们要在尽可能压缩 X 的表示长度和尽可能地保留 Y 的信息之间做出折中。每种压缩对应一种从 X 到 C 的赋值 $p(c \mid x)$，$p(c \mid x)$ 表示 X 的一个取值 x 对应 C 中一个取值 c 的概率。一般情况下，每个 x 可以对应 C 中多个甚至所有取值 c，这种情况称为软赋值；如果一个 x 对应一个 c，则称这种赋值为硬赋值。信息瓶颈方法试图找出一种最优赋值，以最小化：

$$L[p(c \mid x)] = I(C;X) - \beta I(C;Y) \tag{2-35}$$

其中，β 是拉格朗日乘子，用以约束 C 包含尽量多 Y 的信息。

信息瓶颈方法通过计算条件概率 $p(y \mid x)$ 与 $p(y \mid c)$ 之间的 Kullback-Leibler 距离[71] 来度量 x 与 c 的距离：

$$D_{\mathrm{KL}}[p(y \mid x) \parallel p(y \mid c)] = \sum_y \left[p(y \mid x)\log \frac{p(y \mid x)}{p(y \mid c)} \right] \tag{2-36}$$

在对先验联合分布不作任何假设的情况下，如何有效利用源领域知识这一问题对应着一个精确的最优解。这个最优解通过三个分布给出：第一个分布是 C 的分布 $p(c)$；第二个分布是由 X 到 C 的赋值；第三个分布是 $p(y \mid c)$，它刻画了 C 和 Y 的关系。精确解的形式如下：

$$\begin{cases} p(c \mid x) = \dfrac{p(c)}{Z(\beta, x)}\exp\{-\beta D_{\mathrm{KL}}[p(y \mid x) \parallel p(y \mid c)]\} \\[2mm] p(y \mid c) = \dfrac{1}{p(c)}\sum_x [p(c \mid x)p(x)p(y \mid x)] \\[2mm] p(c) = \sum_x [p(c \mid x)p(x)] \end{cases} \tag{2-37}$$

这里，$Z(\beta, x)$ 是归一化因子，参数 β 决定了赋值的"软硬程度"，$D_{\mathrm{KL}}[p(y \mid x) \parallel p(y \mid c)]$ 是

$p(y|x)$ 和 $p(y|c)$ 之间的 Kullback-Leibler 距离，用以度量 X 和 C 在表示 Y 时的偏差。

方程组（2-37）可以通过迭代的方式来求解，迭代是收敛的。当参数 $\beta \to \infty$ 时，我们得到的解对应一种硬赋值。也就是说，每一个 x 只对应于一个 c。此时，只考虑式（2-35）中的第 2 项，而忽略了第 1 项，进而方程组（2-37）可以表示如下：

$$\begin{cases} p(c|x) = \begin{cases} 1, & x \in c \\ 0, & x \notin c \end{cases} \\ p(y|c) = \dfrac{1}{p(c)} \sum_{x \in c} p(x, y) \\ p(c) = \sum_{x \in c} p(x) \end{cases} \quad (2-38)$$

方程组（2-38）可以使用一种简单的层次聚类方法来求解[70]。初始时，每一个 x 单独属于一个类别。也就是说，没有对 X 进行任何压缩。每一步，我们合并两个类别。选择要合并的两个类别时，依据局部最小化信息损失的原则，选择合并后 $I(C;Y)$ 减少最小的两个类别进行合并。

假设要合并的两个类别为 c_i 和 c_j，合并后新生成的类别记为 c^*，合并过程可以形式化表示成方程组：

$$\begin{cases} p(c^*|x) = \begin{cases} 1, & x \in c_i \text{ 或 } x \in c_j \\ 0, & x \notin c_i \text{ 且 } x \notin c_j \end{cases} \\ p(y|c^*) = \dfrac{p(c_i)}{p(c^*)} p(y|c_i) + \dfrac{p(c_j)}{p(c^*)} p(y|c_j) \\ p(c^*) = p(c_i) + p(c_j) \end{cases} \quad (2-39)$$

合并代价是指合并所带来的互信息的减少量，定义为

$$\delta I(c_i; c_j) = I(C_{\text{before}}; Y) - I(C_{\text{after}}; Y) \quad (2-40)$$

通过一些简单的代数变换，得到

$$\delta I(c_i, c_j) = [p(c_i) + p(c_j)] \cdot D_{\text{JS}}[p(y|c_i), p(y|c_j)] \quad (2-41)$$

这里，函数 D_{JS} 是 Jensen-Shannon(JS) 距离，计算方法为

$$D_{\text{JS}}[p_i, p_j] = \pi_i D_{\text{KL}}[p_i \| \hat{P}] + \pi_j D_{\text{KL}}[p_j \| \hat{P}] \quad (2-42)$$

对于我们的问题，有

$$\begin{cases} \{p_i, p_j\} \equiv \{p(y|c_i), p(y|c_j)\} \\ \{\pi_i, \pi_j\} = \left\{ \dfrac{p(c_i)}{p(c^*)}, \dfrac{p(c_j)}{p(c^*)} \right\} \\ \hat{p} = \pi_i p(y|c_i) + \pi_j p(y|c_j) \end{cases} \quad (2-43)$$

JS 距离是非负的，当且仅当两个参数是一致的时候才取为 0，上界是 1，且是对称的。

3. 将领域知识引入信息瓶颈模型

传统的利用信息瓶颈的词聚类方法在聚类过程中只考虑了词语与文档的关系。针对本节要解决的问题，下面对信息瓶颈模型进行了扩展，用以将更多的源领域信息引入模型来完成目标领域情感词典构建任务。

在叙述改进模型之前，为便于叙述，先做一些说明：$I(W_\circ; D_\circ)$ 代表 WDintra-

Relationship；$I(W_i; W_o)$代表 WWinter – Relationship；$I(W_o; D_i)$代表 WDinter – Relationship。

为便于说明，首先做如下定义：

定义 2.8　令 $f(D_o, W_o)$代表 D_o 和 W_o 的联合分布概率，即

$$f(d_o, w_o) = p(d_o, w_o) \tag{2-44}$$

定义 2.9　令 $\hat{f}(D_o, W_o)$代表 D_o 和 W_o 在聚类过程中的联合分布概率，即

$$\hat{f}(d_o, w_o) = p(\hat{d}_o, \hat{w}_o)p(d_o \mid \hat{d}_o)p(w_o \mid \hat{w}_o)$$
$$= p(\hat{d}_o, \hat{w}_o)\frac{p(d_o)}{p(\hat{d}_o)}\frac{p(w_o)}{p(\hat{w}_o)} \tag{2-45}$$

其中，$d_o \in \hat{d}_o$ 且 $w_o \in \hat{w}_o$；$\hat{d}_o$ 代表目标领域文档聚类；$\hat{w}_o$ 代表目标领域词聚类。

定义 2.10　令 $g(D_i, W_o)$代表 D_i 和 W_o 的联合分布概率，即

$$g(d_i, w_o) = p(d_i, w_o) \tag{2-46}$$

定义 2.11　令 $\hat{g}(D_i, W_o)$代表 D_i 和 W_o 在聚类过程中的联合分布概率，即

$$\hat{g}(d_i, w_o) = p(d_i, \hat{w}_o)p(w_o \mid \hat{w}_o)$$
$$= p(d_i, \hat{w}_o)\frac{p(w_o)}{p(\hat{w}_o)}\hat{d}_o \tag{2-47}$$

同样，可以用相似的方式定义 $g(W_i, W_o)$ 和 $\hat{g}(W_i, W_o)$。

这样，传统信息瓶颈方法在聚类过程中的损失函数可以通过引入源领域知识而被扩展为

$$I(D_o; W_o) - I(\hat{D}_o; \hat{W}_o) + \alpha \cdot \{[I(D_i; W_o) - I(D_i; \hat{W}_o)] + [I(W_i; W_o) - I(W_i; \hat{W}_o)]\} \tag{2-48}$$

这里，$\alpha \geqslant 0$，代表源领域知识对目标领域情感词典构建的指导强度。

同时，为便于计算，本节将式(2 – 48)转化为更容易计算的 Kullback – Leibler 距离的形式。

引理 2.4

$$I(D_o; W_o) - I(\hat{D}_o; \hat{W}_o) = D_{KL}[f(D_o, W_o) \parallel \hat{f}(D_o, W_o)] \tag{2-49}$$

引理 2.5

$$I(D_i; W_o) - I(D_i; \hat{W}_o) = D_{KL}[g(D_i, W_o) \parallel \hat{g}(D_i, W_o)] \tag{2-50}$$

引理 2.6

$$I(W_i; W_o) - I(W_i; \hat{W}_o) = D_{KL}[g(W_i, W_o) \parallel \hat{g}(W_i, W_o)] \tag{2-51}$$

定理 2.4　在聚类过程中的互信息损失量可以等价地用 Kullback-Leibler 距离进行度量，即

$$I(D_o; W_o) - I(\hat{D}_o; \hat{W}_o) +$$
$$\alpha \cdot \{[I(D_i; W_o) - I(D_i; \hat{W}_o)] + [I(W_i; W_o) - I(W_i; \hat{W}_o)]\}$$
$$= D_{KL}(f(D_o, W_o) \parallel \hat{f}(D_o, W_o)) +$$
$$\alpha \cdot \{D_{KL}[g(D_i, W_o) \parallel \hat{g}(D_i, W_o)] + D_{KL}[g(W_i, W_o) \parallel \hat{g}(W_i, W_o)]\} \tag{2-52}$$

证明　通过以上三个引理的证明过程，可以自然得出本定理内容。至此，我们可以设计算法来构建领域情感词典，如算法 2 - 2 所示。

SOIB 算法：

输入： 已标记的域内文档集 D_i 和未标记的域外文档集 D_o，已标记的域内词语集 W_i 和未标记的域外词语集 W_o，初始聚类 $(C_{D_o}^{(o)}, C_{W_o}^{(o)})$

输出： 分区函数 $C_{D_o}^{(t)}$ and $C_{W_o}^{(t)}$

1　**begin**

2　　根据式(2 - 44)~式(2 - 47)初始化联合概率分布 $f, \hat{f}, g$ 和 $\hat{g}$

3　　$t \leftarrow 1$

4　　**repeat**

5　　　计算文档聚类：

$$C_{D_o}^{(t)}(d) = \underset{\hat{d_o}}{\operatorname{argmin}} D_{\mathrm{KL}}(\hat{f}^{(t-1)}(d_o, W_o) \| f(\hat{d_o}, W_o))$$

6　　　基于 $C_{D_o}^{(t)}, C_{W_o}^{(t-1)}$ 和式(2 - 45)更新概率分布 $\hat{f}^{(t)}, C_{W_o}^{(t)} = C_{W_o}^{(t-1)}$ 和 $\hat{g}^{(t)} = \hat{g}^{(t-1)}$

7　　　计算词语聚类：

$$C_{W_o}^{(t+1)}(w_o) = \underset{\hat{w_o}}{\operatorname{argmin}} D_{\mathrm{KL}}(\hat{f}^{(t)}(D_o, W_o) \| f(D_o, \hat{W_o}) +$$
$$\alpha \cdot D_{\mathrm{KL}}(\hat{g}^{(t)}(D_i, W_o) \| g(D_i, \hat{W_o})) +$$
$$\alpha \cdot D_{\mathrm{KL}}(\hat{g}^{(t)}(W_i, W_o) \| g(D_i, \hat{W_o}))$$

8　　　基于 $C_{W_o}^{(t+1)}$ 和式(2 - 47)更新概率分布 $\hat{g}^{(t+1)}, \hat{f}^{(t+1)} = \hat{f}^{(t)}$ 和 $C_{D_o}^{(t+1)} = C_{D_o}^{(t)}$

9　　　$t \leftarrow t + 2$

10　　**until** $C_{D_o}^{(t)} = C_{D_o}^{(t-1)}$ and $C_{D_o}^{(t+1)} = C_{D_o}^{(t)}$

11　　**return** $C_{D_o}^{(t)}, C_{W_o}^{(t)}$

12　**end**

算法 2 - 2　改进的信息瓶颈算法(SOIB)

为保证论述的严密性，下面将证明本节模型和算法的收敛性。

引理 2.7　$D(p \| q)$ 是凸函数，即如果 (p_1, q_1) 和 (p_2, q_2) 是两对概率分布函数，则

$$D(\lambda p_1 + (1-\lambda) p_2 \| \lambda q_1 + (1-\lambda) q_2)$$
$$\leqslant \lambda D(p_1 \| q_1) + (1-\lambda) D(p_2 \| q_2) \tag{2-53}$$

定理 2.5　式(2 - 48)中定义的目标函数是收敛的，可以通过算法迭代找到该函数的平稳解。

证明　式(2 - 48)中定义的目标函数是由三个 Kullback - Leibler 距离相加而得的。根据引理，Kullback - Leibler 距离是严格的凸函数，且 $\alpha > 0$，故式(2 - 48)中定义的目标函数是非负的凸函数。因此，该函数一定存在平稳极值点。

通过算法 2 - 2 的描述可知，本节所使用的算法类似于爬山算法，每次迭代过程都可以减少目标函数值，所以该算法至少可以找到目标函数的一个(局部)平稳解。

需要指出的是，算法 2 - 2 可能收敛于目标函数的局部极值点，因为理论上，找到该目标函数的最优解是一个 NP 难问题。

2.1.4　基于情感词典的产品属性挖掘系统

1. 系统架构

产品比较与挖掘系统的主要功能是当用户输入要比较的某类产品中不同的品牌或型号时，系统可以对这些产品给出基于属性的比较，从而帮助用户合理地调整自己的购买意向。

对于特定的产品主题，系统首先调用爬虫模块搜索网络中的相关评论，并将这些数据存入系统数据库中；针对这些评论，系统会依次进行文本切分（将文本切分为段落、语句等）、分词、词性标注等步骤；然后，从语料中抽取候选的产品属性词和评论语气词，在对这些词语进行规整后，利用迭代增强方法来构建产品属性类别和评论语气词类别并识别这两个类别之间的关联；最后，利用领域情感词典，实现基于属性的产品比较与推荐。

2. 系统实现

下面分别介绍系统的主要模块：候选产品属性词的抽取和规整、产品属性词类别与评论语气词类别构建、产品属性词与评论语气词之间的关联以及基于属性的产品比较与推荐。

1) 候选产品属性词的抽取和规整

在多数产品评论挖掘研究中，都将形容词作为评论语气词，而将名词和名词短语作为产品属性词[72]。但是，并非所有的名词短语都可以作为产品属性，因此，本节在将名词和名词短语作为候选产品属性后，通过计算独立成词概率（Independent Word Probability, IWP）得到最终的产品属性。IWP 的计算公式如下：

$$IWP(w_1, \cdots, w_n) = \frac{p(bdw + w_1, \cdots, w_n)}{p(w_1, \cdots, w_n)} + \frac{p(w_1, \cdots, w_n + bdw)}{p(w_1, \cdots, w_n)} \quad (2-54)$$

其中，bdw 代表中文中的边界词语（如"的"等）；$w_1, \cdots, w_n$ 代表候选产品属性中相邻的名词；$p(w_1, \cdots, w_n)$ 代表 $w_1, \cdots, w_n$ 出现的概率，为了避免语料规模不足带来的数据稀疏性，本节采用搜索引擎（Google）估计名词短语的出现频率。

这样，如果候选名词短语 $w_1, \cdots, w_n$ 的 IWP 值超过阈值 υ，我们就将它作为产品属性词。

同时，根据我们的观察，评论中的命名实体通常不作为产品属性，因此，本节利用 ICTCLAS 中的命名实体识别功能，将候选产品属性中的人名、地名、机构名过滤掉。

经过上述规整过程，我们得到了产品属性词集合 F 和评论语气词集合 O。

2) 产品属性词类别与评论语气词类别构建

（1）问题描述：在产品评论中，语气词被用来表达消费者对于产品的态度和意见，其中很大一部分的评论语气词都是针对特定的产品属性的。

根据问题需要，本节将产品抽象成包含一组评论属性的集合 F，而将评论语气词抽象成另一个包含情感词的集合 O。对于属性级的意见挖掘任务，识别这两个集合之间的关系是一件重要的工作，其主要步骤可以概括如下：

① 得到语气词集合 O（包含极性信息）；

② 得到产品属性集合 F；

③ 识别 F 与 O 之间的关系。

这样，问题可以形式化为：对于评论属性集合 $F=\{f_1, f_2, \cdots, f_m\}$ 和评论语气词集合 $O=\{o_1, o_2, \cdots, o_n\}$，建立二分图 $G=\{F, O, R\}$。其中，$R=[r_{ij}]_{m \times n}$，代表 F 与 O 的笛卡尔乘积中每个元素的权重。在本节中，将 r_{ij} 设为 f_i 和 o_j 在段落级文档中的出现次数。

本节将要完成的任务定义为：将 F 和 O 视为两个随机变量，如何在尽量维持这两个变量之间互信息的情况下，对这两个变量进行压缩（聚类）。

为此，本节提出了一个基于扩展的信息瓶颈方法的迭代增强框架，用于挖掘评论属性 F 和评论语气词 O 之间的隐式关联。

（2）信息瓶颈方法：本节采用改进的信息瓶颈算法作为迭代增强框架的核心，传统的信息瓶颈模型在前面已进行了介绍。

（3）将语义信息融入信息瓶颈方法：在传统信息瓶颈方法中，通过计算两个对象在合并前后信息量的损失来度量这两个节点间的距离，这一结果是基于这两个对象的共现信息得到的。这种计算方法忽略了这两个对象之间的语义信息。

此外，在实际应用中，由于语料规模、数据噪音等因素的存在，词语间的共现信息是相对稀疏且多噪音的。如果考虑语义信息，则可以弥补共现信息稀疏且多噪音的不足。因此，本节对信息瓶颈方法中距离的度量方式作如下改进：

$$D(X_i, X_j) = \alpha D_{\text{semantic}}(X_i, X_j) + (1-\alpha)\delta I(X_i; X_j),$$
$$\{x_i \in F \wedge X_j \in F\} \vee \{x_i \in O \wedge X_j \in O\} \qquad (2-55)$$

式中，对象 X_i 和 X_j 之间的距离被定义为这两个对象之间的语义距离与 JS 距离的线性组合；参数 α 用来调节这两个距离的权重。

词语间的语义距离可以通过语义词典得到，如 Wordnet。本节使用中文语义词典 How Net[67]。

迭代增强框架的主要思想是利用两类相关对象之间的互相推荐，完成这两类对象的同时聚类。聚类过程可以从两类对象中的任何一类开始，对该对象的聚类结果会通过两个对象的相互关系影响到另一类对象，然后对另一类对象进行聚类，如此反复，直至两类对象的聚类结果趋于稳定。这一算法的详细过程描述如算法 2-3 所示。

IRSIB 算法：

输入：联合概率分布 $p(f, o)$

输出：将 F 划分为 m 个聚类，$\forall m \in \{1, \cdots, |F|\}$ 并将 O 划分为 n 个聚类，$\forall n \in \{1, \cdots, |O|\}$

1   **begin**

2    $t \leftarrow 0$

3   **repeat**

4      $CF^t \leftarrow F^t$

5      $\forall i, j \leftarrow 1 \cdots |CF^t|$，$i < j$，
$$d_{ij}^t \leftarrow \alpha D_{\text{semantic}}(cf_i^t, cf_j^t) + (1-\alpha)\delta I(cf_i^t, cf_j^t)$$

6   **for** $m = |CF_t| - 1$ to 1 **do**

7   找到索引 $\{i, j\}$，令 d_{ij}^t 被最小化

8   将 $\{cf_i^t, cf_j^t\}$ 合并成 cf_*^t

9   update $CF^t \leftarrow \{CF^t - \{cf_i^t, cf_j^t\}\} \bigcup \{cf_*^t\}$

10   update d_{ij}^t costs w. r. t cf_*^t

11　　**end**

12　　构建 $CO^t \leftarrow O^t$

13　　计算 $\forall i, j \leftarrow 1 \cdots |CO^t|$, $i < j$

$$d_{ij}^t \leftarrow \alpha D_{\text{semantic}}(co_i^t, co_j^t) + (1-\alpha)\delta I(co_i^t, co_j^t)$$

14　　**for** $m = |CO_t| - 1$ to 1 **do**

15　　　　找到索引 $\{i, j\}$，令 d_{ij}^t 被最小化

16　　　　将 $\{co_i^t, co_j^t\}$ 合并 co_*^t

17　　　　update $CO^t \leftarrow \{CO^t - \{co_i^t, co_j^t\}\} \bigcup \{co_*^t\}$

18　　　　update d_{ij}^t costs w. r. t co_*^t

19　　**end**

20　　$t \leftarrow t + 1$

21　　**until** $CF^t = CF^{(t-1)}$ and $CO^t = CO^{(t-1)}$

22　　**return** CF^t, CO^t

23 **end**

算法 2-3　迭代增强的语义信息瓶颈算法框架（IRSIB）

3）产品属性词与评论语气词之间的关联

在获得产品属性词集合 F 和评论语气词集合 O 之后，我们利用 PMI（Pointwise Mutual Information）计算产品属性和评论语气词之间的关联：

$$\text{PMI}(w_1, w_2) = \frac{P(w_1, w_2)}{P(w_1)P(w_2)} \tag{2-56}$$

其中：w_1 和 w_2 代表待计算关联的词语（包括产品属性词和评论语气词）；$p(w_1)$ 和 $p(w_2)$ 代表 w_1 和 w_2 在语料中出现的概率；$p(w_1, w_2)$ 代表 w_1 和 w_2 在语料中共现的概率。

4）基于属性的产品比较与推荐

为了实现产品的比较和推荐，需要借助情感词典的帮助。本节采用按照扩展信息瓶颈方法生成的领域词典，根据得到的产品属性词与评论语气词之间的关联来完成基于属性的产品比较和推荐。

基于属性的产品评论可以有效地帮助潜在消费者以及产品生产商或服务提供商：对于潜在消费者，可以通过对各种产品的横向比较，减少购买的盲目性；对于产品生产商（服务提供商），可以更清楚地看到消费者的关注热点和竞争者的优势与劣势，从而更好地改善产品质量，提高市场竞争力。

2.2　网络爬虫技术

网络爬虫（Crawler）也称网络蜘蛛或网络机器人。它为搜索引擎从万维网上下载网页，并沿着网页的相关链接在 Web 中采集资源，是一个功能很强的网页自动抓取程序，也是搜索引擎的重要组成部件，它的处理能力往往决定了整个搜索引擎的性能及扩展能力等。

传统的网络爬虫从一个或若干个初始种子开始爬行，获得初始的 URL，在爬取网页的过程中，不断从当前页面上获取新的 URL 放入队列，直到满足系统结束条件为止。然而随着网络资源的爆炸式膨胀和信息量的飞速增长，通用的爬虫技术在索引规模、更新速度和

个性化等很多方面都已不能满足用户的需求；与此同时，应运而生的主题爬虫则不像通用爬虫那样采集全部网络资源，而是从互联网上采集特定主题资源的网页，大大提高了搜索效率，日渐受到人们的青睐，逐渐成为研究热点。早期研究者 Bra P. D. 等人于 1994 年提出了 fish-search 算法，该算法是最早使用查询来指导爬虫爬行的系统。1998 年，M. Hersovici 等研究人员将 fish-search 算法进一步拓展为 shark-search 算法[66]，他们的搜索策略都来源于文本检索，拥有很好的理论基础，而且容易计算，但忽略了网页链接的结构信息，所以预测相关 URL 的准确度不高。另外，美国卡内基梅隆大学的 A. McCallum 和 K. Nigam 等人于 1999 年针对计算机科学设计了主体型搜索引擎 CORA 系统[73]。Diligenti 等人研究设计了 Context Focused Crawler 聚焦爬虫系统[74]。C. Aggarwal 等学者利用 Hubsand and Authorities 逻辑分组算法和向量空间模型，提出了一种网页主题管理系统——WTMS 系统[75]。M. Ehrig 等学者提出了一种基于计算 ontology 相关度的主题爬虫，并设计了其体系结构和框架[76]。S. Chakrabarti 提出了一种新的 Web 资源爬行系统，即 IBM FocusedCrawler[77] 系统，它对主题的定义既不采用关键词，也不采用加权向量，而采用一组具有相同主题的网页。国内南京大学的张福炎、潘金贵教授等设计了一个数据采集系统 IDGS(Internet Data Gather System)，该系统主要对 Web 上的中英文技术资料进行自动搜集。

　　一般来说，行为科学的研究范式遵循先在原有理论基础上构造新的概念模型，然后通过数据收集、数据分析，证明概念模型能比现有理论更好地解释现实中企业或人们行为的规律。这样一来，数据收集方法的准确性、全面性对后续研究而言极为关键。但传统意义上的数据收集方法，如问卷调查法、访谈法等，其样本容量小，信度低，且受经费和地域范围所限，收集的数据往往无法客观反映研究对象，有较大的局限性。正如"信息处理的准则——garbage in garbage out"所揭示的，如果输入的是无效信息，则无论处理的程序如何精良，输出的都是无用信息。可见，对比传统的数据收集方法，立足于海量数据的研究有以下优点。

　　(1) 数据的真实性。使用问卷调查法收集数据，调查者难以了解被调查者是认真填写还是随便敷衍。事实上，大多数被调查者因为对调查问题不了解、回答方式不清楚等原因而敷衍了事，使得后续研究的价值大打折扣。而通过爬虫技术能快速获取真实、客观反映用户行为的数据，如用户在社交网络上对企业的评论显然要比在接受问卷调查时的回答真实。这是因为，前者是用户自愿与好友分享自己的购物经历或用户体验，而后者受调查环境所影响，若被调查者存在一定的心理压力，则做出的反馈可能会有失偏颇。

　　(2) 样本容量。维克托·迈尔·舍恩伯格指出，在成本限制下，采样的目的就是用最少的数据得到最多的信息，前提是要保证样本间的相互独立性[78]。而传统的数据方法常常难以保证这一点，因为传统的数据收集方法在选择样本时常受到调查者自身因素的影响，如挑选友善的人群或自己的朋友，这样就难以保证样本的随机性和代表性，再过滤掉虚假样本，则真正能用来做分析处理的样本容量非常少。相比较而言，使用爬虫对互联网上的海量数据进行收集、分析，即所谓的"样本等于全体"的全数据模式，能更好地反映客观事实，而数据愈全面，分析研究的结果也就愈真实。

2.2.1　网络爬虫的分类及工作原理

　　网络爬虫按照系统结构和实现技术，大致可以分为以下几种类型：通用网络爬虫

(General Purpose Web Crawler)、主题网络爬虫(Topical Web Crawler)、深度网络爬虫(Deep Web Crawler)。实际应用中通常将几种爬虫技术相互结合[79]。

1. 通用网络爬虫

通用网络爬虫根据预先设定的一个或若干初始种子 URL，获得初始网页上的 URL 列表，在爬行过程中不断从 URL 队列中获得一个 URL，进而访问并下载该页面。页面下载后，页面解析器去掉页面上的 HTML 标记，得到页面内容，将摘要、URL 等信息保存到 Web 数据库中，同时抽取当前页面上新的 URL，保存到 URL 队列，直到满足系统停止条件。其工作流程如图 2-3 所示。

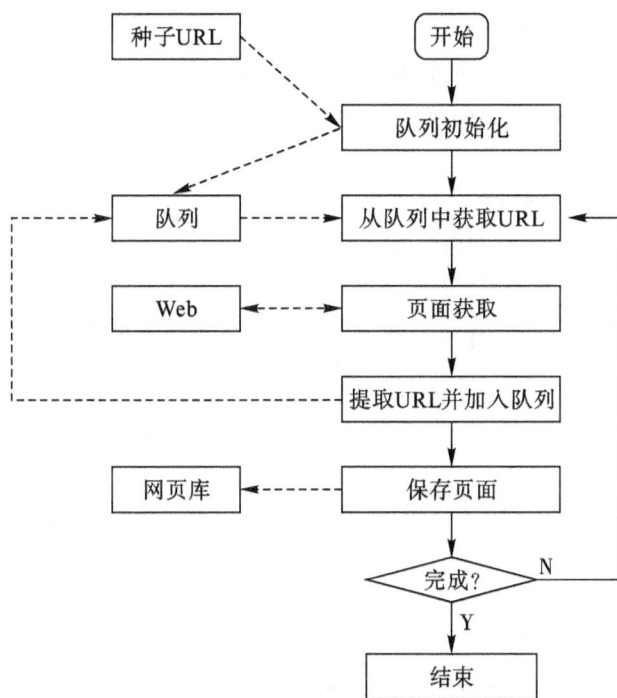

图 2-3　通用网络爬虫工作流程图

通用网络爬虫主要存在以下几方面的局限性：

(1) 由于抓取目标是尽可能大地覆盖网络，所以爬行的结果中包含大量用户不需要的网页。

(2) 不能很好地搜索和获取信息含量密集且具有一定结构的数据。

(3) 通用搜索引擎大多是基于关键字的检索，对于支持语义信息的查询和搜索引擎智能化的要求难以实现。

由此可见，通用网络爬虫想在爬行网页时，既保证网页的质量和数量，又保证网页的时效性是很难实现的。

2. 主题网络爬虫

1) 主题网络爬虫原理

主题网络爬虫并不追求大的覆盖率，也不是全盘接受所有的网页和 URL，它根据既定的抓取目标,有选择地访问万维网上的网页及其相关链接,获取所需要的信息,不仅克服了通用网络爬虫存在的问题,而且返回的数据资源更精确。主题网络爬虫的基本工作原理是按照预先确定的主题,分析超链接和刚刚抓取的网页内容,获取下一个要爬行的 URL,尽可能保证多爬行与主题相关的网页。因此,主题网络爬虫要解决以下关键问题:

(1) 如何判定一个已经抓取的网页是否与主题相关。

(2) 如何过滤掉海量的网页中与主题不相关的或者相关度较低的网页。

(3) 如何有目的、有控制地抓取与特定主题相关的 Web 页面信息。

(4) 如何决定待访问 URL 的访问次序。

(5) 如何提高主题爬虫的覆盖度。

(6) 如何协调抓取目标的描述或定义与网页分析算法及候选 URL 排序算法之间的关系。

(7) 如何寻找和发现高质量网页和关键资源。高质量网页和关键资源不仅可以大大提高主题网络爬虫搜集 Web 页面的效率和质量,还可以为主题表示模型的优化等应用提供支持[80]。

2) 主题网络爬虫模块设计

主题网络爬虫的目标是尽可能多地发现和搜集与预定主题相关的网页,其最大特点在于具备分析网页内容和判别主题相关度的能力。根据主题网络爬虫的工作原理,下面设计了一个主题网络爬虫系统,主要有页面采集模块、页面分析模块、页面相关度计算模块、页面过滤模块和链接排序模块几部分,其总体功能模块结构如图 2-4 所示。

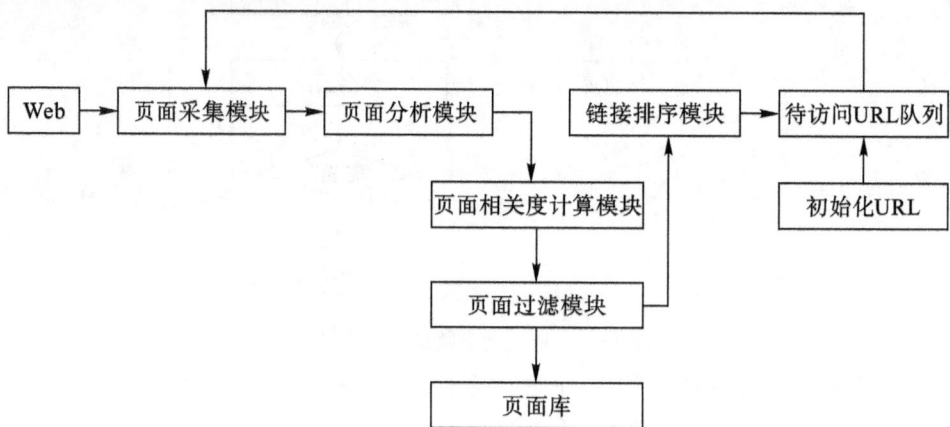

图 2-4　主题网络爬虫结构图

页面采集模块:主要根据待访问 URL 队列进行页面下载,再交给网页分析模型处理以抽取网页主题向量空间模型。该模块是任何爬虫系统都必不可少的模块。

页面分析模块:该模块的功能是对采集到的页面进行分析,主要用于连接链接排序模块和页面相关度计算模块。

页面相关度计算模块:该模块是整个系统的核心模块,主要用于评估与主题的相关度,并提供相关的爬行策略用以指导爬虫的爬行过程。URL 的超链接评价得分越高,爬行的优先级就越高。其主要思想是:在系统爬行之前,页面相关度计算模块根据用户输入的关键字和初始文本信息进行学习,训练一个页面相关度评价模型。当一个被认为是主题相关的页面爬行下来之后,该页面就被送入页面相关度评价。

　　页面过滤模块：过滤掉与主题无关的链接，同时将该 URL 及其所有隐含的子链接一并去除。通过过滤，爬虫就无需遍历与主题不相关的页面，从而保证了爬行效率。

　　链接排序模块：将过滤后的页面按照优先级高低加入到待访问的 URL 队列中。

　　3）主题网络爬虫流程设计

　　主题网络爬虫需要根据一定的网页分析算法，过滤掉与主题无关的链接，保留有用的链接并将其放入等待抓取的 URL 队列。然后，它会根据一定的搜索策略从待抓取的队列中选择下一个要抓取的 URL，并重复上述过程，直到满足系统停止条件为止。所有被抓取网页都会被系统存储，经过一定的分析、过滤，然后建立索引，以便用户查询和检索。这一过程所得到的分析结果可以对以后的抓取过程提供反馈和指导，其工作流程如图 2-5 所示。

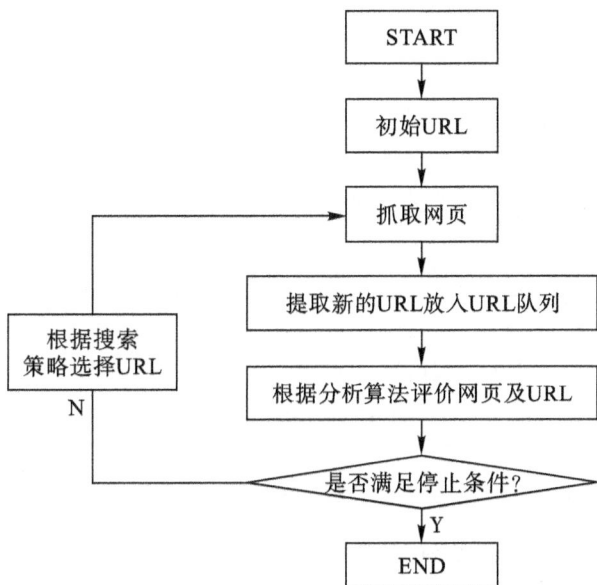

图 2-5　主题网络爬虫的工作流程

3. 深度网络爬虫

　　深度网络爬虫用于搜索引擎难以发现的信息内容的 Web 页面。深度 Web 中的信息量比普通的网页信息量多，而且质量更高。但是普通的搜索引擎由于技术限制而搜集不到这些高质量、高权威的信息。这些信息通常隐藏在深度 Web 页面的大型动态数据库中，涉及数据集成、中文语义识别等诸多领域。如此庞大的信息资源如果没有采用合理的、高效的方法去获取，将是巨大的损失。因此，对于深度网络爬虫技术的研究具有极为重大的现实意义和理论价值。

　　常规的网络爬虫在运行中无法发现隐藏在普通网页中的信息和规律，缺乏一定的主动性和智能性。比如需要输入用户名和密码的页面，或者包含页码导航的页面均无法爬行。针对常规网络爬虫的这些不足，深度网络爬虫的结构做了改进，增加了表单分析和页面状态保持两个部分，如图 2-6 所示，分析网页的结构并将其归类为普通网页或存在更多信息的深度网页，针对深度网页构造合适的表单参数并提交，以得到更多的页面。深度网络爬虫的流程图如图 2-6 所示。

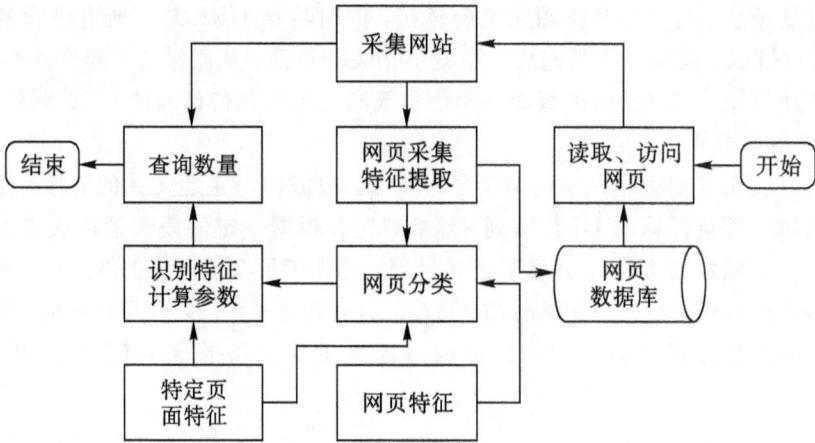

图 2-6　深度网络爬虫流程图

　　深度网络爬虫与常规爬虫不同的是：深度网络爬虫在下载完成页面之后并没有立即遍历其中的所有超链接，而是使用一定的算法将其进行分类，对于不同的类别，采取不同的方法计算查询参数，并将参数再次提交到服务器。如果提交的查询参数正确，那么将会得到隐藏的页面和链接。

　　深度网络爬虫的目标是尽可能多地访问和收集互联网上的网页。由于深度页面是通过提交表单的方式来访问的，因此爬行深度页面存在以下三个方面的困难：

　　（1）深度网络爬虫需要有高效的算法去应对数量巨大的深层页面数据；

　　（2）很多服务器端 Deep Web 要求输入校验表单，如用户名、密码、校验码等，如果校验失败，将不能爬到 Deep Web 数据；

　　（3）需要 Java Script 等脚本支持客户端 Deep Web。

2.2.2　网络爬虫系统的体系结构

　　本节采用的网络爬虫系统的基本结构如图 2-7 所示。

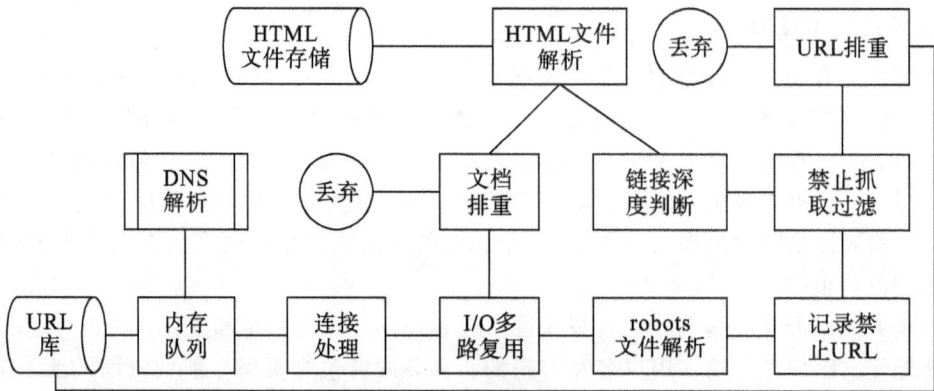

图 2-7　网络爬虫系统的体系结构

　　整个爬虫体系结构分为 8 个部分，分别为 URL 库、DNS 解析、连接处理、I/O 多路复用、文档排重、robots 文件解析、HTML 文件解析和 HTML 文件存储。

爬虫系统启动后，指定要抓取的初始 URL 并将其存入 URL 库中。URL 库模块的主要作用是储存提取出来的 URL。如果将海量的 URL 存放在内存中，会占用大量的内存空间，且影响操作系统的运行速度，所以最好的方案是将这些 URL 存放在本地磁盘（即 URL 库）中，对 URL 读取和写入使用队列数据结构。

从 URL 库中把需要 DNS 解析的 URL 调入内存中。在域名解析中，爬虫系统采用一次 DNS 解析的方法，把即将需要 DNS 解析的 URL 压入新队列，批量的域名解析需要使用 ADNS，解析完成之后把 IP 地址压回到内存队列中。

可以使用获得的 IP 地址发起连接，第一次连接某站点时，首先需要对 robots.txt 文件发起请求，若之前已获得 robots.txt 文件，则可以对这个站点直接发起 URL 请求，填写需要请求的 URL 资源，开始对服务器端发起 http 请求报文。

爬虫系统使用的是 I/O 多路复用的思想[81]，所以设置套接字为非阻塞状态，并不会等待服务器端的 http 应答，而是继续取出下一个需要爬行的 URL，填写请求报文发起 http 请求。在爬虫系统进行网页爬取的过程中，可以使用 I/O 多路复用机制监控到当前那个连接为就绪态，从而对就绪的连接进行处理。

当在工作副线程中处理 http 应答报文时，首先要进行网页内容排重处理工作。如果内容重复，则直接将该网页丢弃且不再进行后续的工作，否则将对请求的网页内容进行解析。

对文件进行解析分为对 robots.txt 文件解析和对 HTML 文件解析。因为网络爬虫需要遵循 robots 协议，所以对一个没有爬取的站点，首先要请求的是 robots.txt 文件。解析 robots.txt 文件，可以得到该站点不想被爬虫抓取的 URL；将这些 URL 放入 forbidden 数组中，可以禁止抓取这些 URL。

当解析站点的 robots.txt 文件之后，下一步可对 HTML 文件进行抓取，并对那些抓取到的 HTML 文件进行解析，从而提取出页面中的 URL 作为后续爬取的资源，最后将 HTML 文件放在磁盘上进行存储，即可以抓取到一张完整的页面。

对于提取出来的 URL，还需要进行一些处理。首先爬虫系统要对 URL 进行超链接深度的判断，若提取出来的 URL 与该网页 URL 拥有相同的域名，则把该新提取出的 URL 链接深度加 1，若是域名不同的 URL，则把 URL 链接深度值置为初始值 1。在 URL 经过深度判断处理之后，将提取出来的 URL 和 forbidden 数组中的 URL 匹配，若成功匹配，则说明该 URL 被当前站点禁止抓取，应放弃对该 URL 的抓取，进行过滤。之后要进行 URL 的去重，因为超文本文档结构的特殊性，如果没有 URL 去重处理，将抓取到大量的冗余网页。

通过以上几个过程的处理之后，剩余 URL 将被存入本地磁盘的 URL 库中作为抓取的 URL 源。

至此即为整个爬虫体系结构的工作过程。

2.2.3　网络爬虫系统模块

整个系统主要有六个模块：爬虫主控模块、网页下载模块、网页解析模块、URL 调度模块、数据清洗模块、数据显示模块。这几个模块之间相互协作，共同完成网络数据抓取的功能。

(1) 爬虫主控模块：主要是完成一些初始化工作，生成种子 URL，并将这些 URL 放入待爬取的 URL 队列，启动网页下载器下载网页，然后解析网页，提取需要的数据和 URL 地址，进入工作循环，控制各个模块的工作流程，协调各个模块之间的工作。

(2) 网页下载模块：主要功能就是下载网页。网络上数据丰富，对于不同的数据，需要不同的下载方式，主要分为以下几种情况：对于可以匿名访问的网页，可直接下载；对于需要身份验证的，就需要模拟用户登录后再进行下载；对于需要数字签名或数字证书才能访问的网站，就需要获取相应证书，加载到程序中，通过验证之后才能下载网页。数据下载完成后，将下载的网页数据传递给网页解析模块，将 URL 地址放入已爬取的 URL 队列中。

(3) 网页解析模块：主要功能是从网页中提取满足要求的信息传递给数据清洗模块，提取 URL 地址传递给 URL 调度模块。另外，网页解析模块还通过正则表达式匹配的方式或直接搜索的方式来提取满足特定要求的数据，将这些数据传递给数据清洗模块。

(4) URL 调度模块：接收网页解析模块传递来的 URL 地址，然后将这些 URL 地址和已爬取 URL 队列中的 URL 地址进行比较。如果 URL 存在于已爬取的 URL 队列中，就丢弃这些 URL 地址；如果不存在于已爬取的 URL 队列中，就按系统采取的网页抓取策略，将 URL 放入待爬取 URL 地址相应的位置。

(5) 数据清洗模块：接收网页解析模块传送来的数据。网页解析模块提取的数据一般是比较杂乱或样式不规范的数据，这就需要对这些数据进行清洗、整理，将这些数据整理为满足一定格式的数据，然后将这些数据存入数据库中。

(6) 数据显示模块：根据用户需求，统计数据库中的数据，将统计结果以文本或者图文的方式显示出来，也可以将统计结果存入不同格式的文件中（如 Word 文档、pdf 文档或者 Excel 文档），永久保存。

2.2.4 网络爬虫系统设计与实现

1. 请求连接模块

1) 客户端与服务器间的会话

基于 Http 协议的客户端与服务器之间的会话如图 2-8 所示。

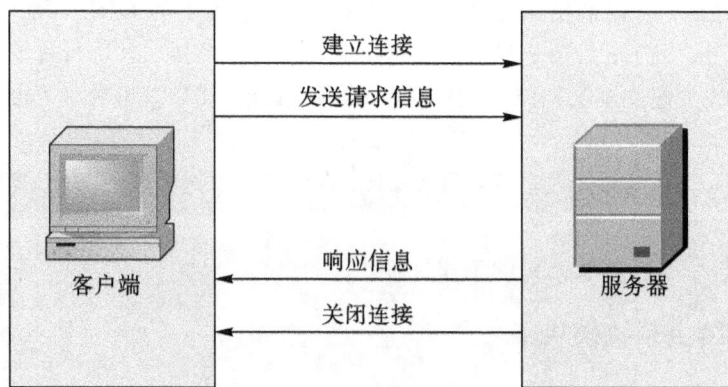

图 2-8 客户端与服务器之间的会话

（1）客户端通过 socket 套接字、三次握手和服务器建立通信连接。

（2）客户端向服务器发出了 Http 请求信息。

Http 请求消息分为三部分：第一部分叫请求行，第二部分叫 Http Header，第三部分是 body。Header 和 body 之间有个空行，如图 2-9 所示。

Method/path-to-resource Http/Version-number
Header-Name-1：value
Header-Name-2：value
Optional request body

图 2-9　Http 请求消息结构图

第一行中的 Method 表示请求方法，比如"POST""GET"，path-to-resource 表示请求的资源，Http/Version-number 表示 Http 协议的版本号。当使用的是"GET"方法时，body 为空。

第二部分的 Http Header 一般包括 ACCEPT、HOST、CONNECTION 和 USER-AGENT等。

（3）当对等的服务器收到一个 Http 请求之后，会立即解释请求行的请求方法，并返回相应的 Http 应答消息。其消息的结构和 Http 请求消息的结构基本一样。如图 2-10 所示，Http 响应消息也分为三部分，第一部分叫 request line，第二部分叫 request header，第三部分是 body。Header 和 body 之间也有个空行。

Http/version-number　　status code　　message
Header-Name-1：value
Header-Name-2：value
Optional　　Response body

图 2-10　HTTP 响应消息结构图

第一行由 Http 协议版本号、状态码、状态消息三部分组成。状态码用来告诉 Http 客户端，Http 服务器是否产生了预期的响应。

在 Http/1.1 中定义了 5 类状态码，状态码由三位数字组成，响应的类别由第一位数字定义：

1XX：代表请求已经被对方接受，需要下一步处理；

2XX：代表请求已成功被服务器接收、理解，并接受；

3XX：用来做重定向操作，后来的请求地址需要在本次响应中指明；

4XX：代表客户端发生了错误，不能让服务端正确处理；

5XX：代表服务器在处理请求的过程中有错误或者异常状态发生。

报文的最后是客户 Http 请求得到的服务器上相应的内容。一定要注意，在第一行状态行之后还有一个或几个应答头，在应答头之后隔一个空行才是内容文档。

（4）服务器和客户端之间关闭连接。

如图 2-11 所示，爬虫系统与对等服务器端的交互过程是：首先网络爬虫系统对要进行请求的 URL 资源进行报文段的组装；之后建立和对等服务器端的连接，发送 Http 请求，当服务器发送的 Http 响应到达时，提取出网页内容，并对其进行处理。

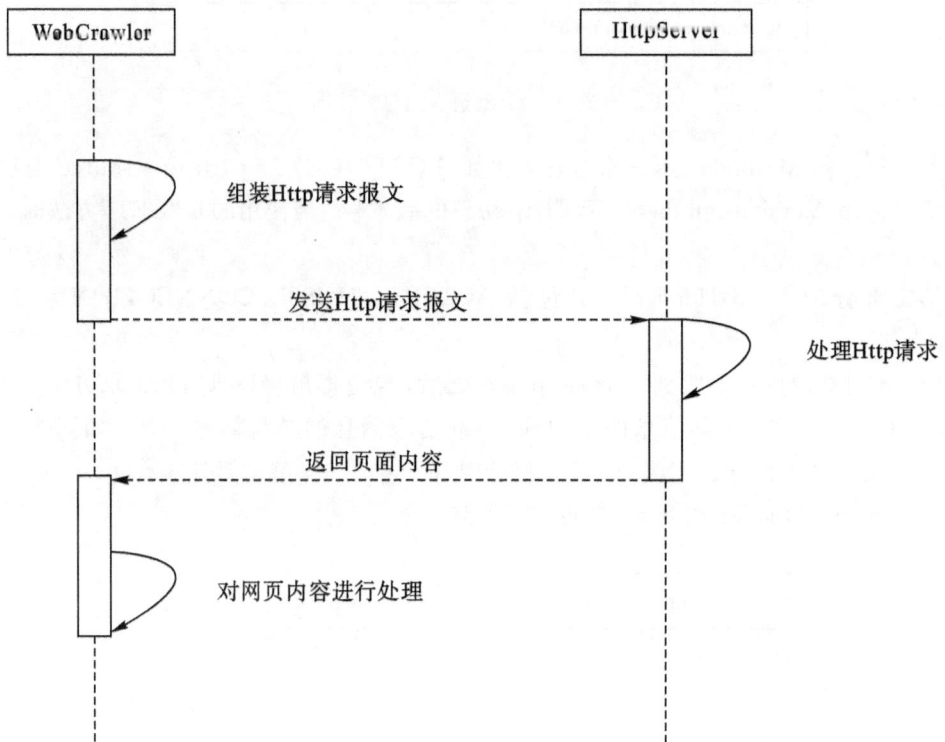

图 2-11　爬虫系统与 Http 服务器的交互序列图

2）采用 Libevent 框架库的 I/O 多路复用

为了提高抓取速度，可以同时打开多个连接，采用 Libevent 机制，对套接口事件进行监控，监控到输入或者输出 I/O 就绪，就返回相应事件的套接字。这样的策略是高效的。

（1）创建和初始化 event_base。调用函数 event_init( ) 来创建 event_base 对象，同时会建立新的 libevent 实例，对其进行初始化。其中，event_init( ) 函数调用 event_base_new( ) 函数来完成所需工作。

该函数先申请空间给 event_base，接着对 timer mini-heap 进行赋初值工作，选择并且初始化适当系统 I/O 的 demultiplexer 机制对各事件链表进行初始化。该函数还通过检测系统时间来对时间管理做准备。

（2）对事件进行操作。在对事件的操作过程中，包含初始化事件、注册事件、对接口进行注销。可使用事件多路分发机制进行事件循环操作。在事件变化为"就绪"的情况下，可以调用事先注册好的回调函数来对事件进行处理。

在 Libevent 中，可以实现其功能的函数有以下几种：

① 初始化事件 event，设置回调函数和关注的事件：

void event_set(struct event * ev, int fd, short event, void(* cb) (int, short, void *), void * arg);

其中，ev 参数表示对 event 对象进行初始化；fd 为 event 绑定的"句柄"；event 为关注的事件类型，包括读、写、信号；cb 是一个函数指针，当 fd 上的事件 event 发生时调用该函数执行处理，该函数有三个参数，其一为关注的 fd，其二为关注的事件类型，其三为回调函数的参数 void * arg，调用时由 event_base 负责传入；arg 为传递给 cb 函数指针的参数。

② 对事件进行注册：

int event_add(struct event * ev, const struct timeval * timeout);

其中：ev 参数表示指向要注册的事件；timeout 参数为超时的时间。该函数将 ev 注册到 ev->ev_base 上，事件类型由 ev->ev_events 指明。如注册事件成功，ev 所代表的事件将被插入到已注册的链表中；如果 timeout 不是 NULL，则会同时注册定时事件，并将 ev 添加到 timer 堆上。

③ 删除事件：

int event_del(struct event * ev);

该函数用于删除事件 ev，对于 I/O 事件，从 I/O 的 demultiplexer 上将事件注销；对于 Signal 事件，从 Signal 事件链表中删除；对于定时事件，从堆上删除。同样，删除事件的操作不一定是原子的，比如删除时间事件之后从系统 I/O 机制中注销有可能会失败。

④ 等待事件被触发，然后调用它们：

int event_base_loop(struct event_base * base, int loops);

默认情况下，这个循环会一直运行，直到没有添加的事件。其中，base 表示 event_base 结构体，loops 是 EVLOOP_ONCE|EVLOOP_NONBLOCK 的组合。注：EVLOOP_ONCE 是指阻塞直到有一个活跃的 event，然后执行完活跃事件的回调函数就退出；EVLOOP_NONBLOCK 是指不阻塞，检查哪个事件准备好，调用优先级最高的那一个，然后退出。

本程序中，连接套接字 socketfd 进行 I/O 读事件加入到 Libevent 实例中，当 Libevent 实例监控到套接字 socketfd 所提交的请求就绪时，对其进行操作。

在爬虫系统的主线程中定义一个 Libevent 实例，它监听所有网络 I/O 事件，在本程序中，主要用来监听连接套接字可读事件。如果有未被抓取的 URL，则建立该网站与其站点的连接，把该连接套接字的可读事件加入主线程的 Libevent 实例中，发起 Http 请求。若可读事件就绪时，Libevent 监听到此状态的变化，则及时调用绑定在该事件的回调函数来进行处理。图 2-12 所示为使用 Libevent 监听连接套接字的流程图。

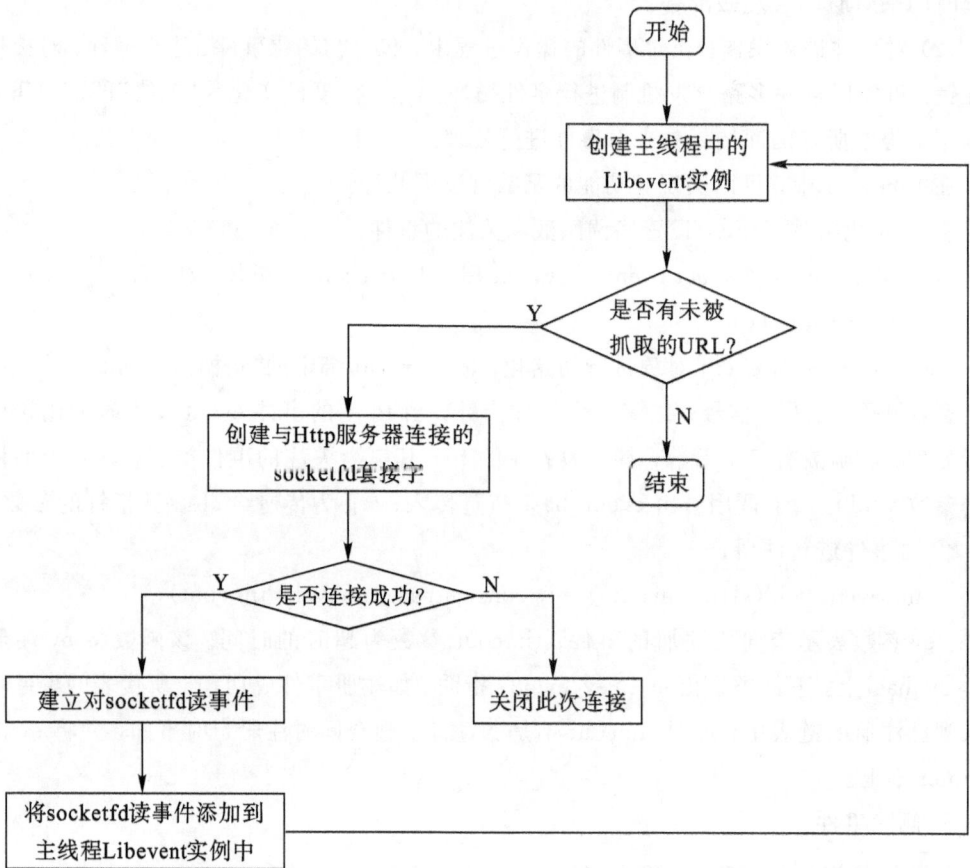

图 2-12　Libevent 监听连接套接字流程图

当 Libevent 监听的某个 socketfd 的写事件就绪时，需要调用其之前设置好的回调函数，处理其中的逻辑工作。图 2-13 所示为处理就绪套接字流程。

在监听的套接字读事件就绪，即此套接字可读，对等服务器的 Http 响应到达时，调用绑定在套接字上的回调函数。在回调函数中主要完成以下工作：

（1）主线程接收 Http 响应，从中提取出网页内容；

（2）依据 round robin 算法轮询到一个工作线程；

（3）将提取到的网页内容放入主线程与工作线程之间的队列中；

（4）利用主线程与工作线程之间的管道，通知工作线程有任务到来。

2. 数据分析模块

网络爬虫系统抓取到数据之后，就需要对其进行分析。对数据进行分析可分为对 robots.txt 文件解析和对 HTML 页面文件解析。

1）robots.txt 文件的分析

在搜索引擎中，要获取互联网上海量的网页数据，需要先使用爬虫系统抓取到本地磁盘。如果某一个站点不希望搜索引擎收录它所包含的全部或者部分内容，可以在网站的根目录下创建一个纯文本文件 robots.txt，在该文件中对该网站不愿被爬虫程序访问的部分进行声明。举例来说，当访问一个网站时，爬虫程序会首先检查该网站是否存在 robots.txt

```
                    ┌──────┐
                    │ 开始 │
                    └──┬───┘
                       ↓
            ┌─────────────────────┐
            │ Libevent实例监控已经 │
            │   连接的套接字       │
            └──────────┬──────────┘
                       ↓
         ◇─────────────────────────◇   Y
    ┌───→  是否有就绪的套接字       ─────────┐
    │    ◇─────────────────────────◇         │
    │             │ N                        ↓
    │        ┌────────┐          ┌──────────────────────┐
    │        │ 结束   │          │ 主线程接收Http服务器发 │
    │        └────────┘          │   送的网页内容        │
    │                            └──────────┬───────────┘
    │                                       ↓
    │                            ┌──────────────────────┐
    │                            │   轮询到一个工作线程  │
    │                            └──────────┬───────────┘
    │                                       ↓
    │                            ┌──────────────────────┐
    │                            │ 将收到的网页内容放入   │
    │                            │主线程与工作线程之间的队列中│
    │                            └──────────┬───────────┘
    │                                       ↓
    │                            ┌──────────────────────┐
    │                            │ 利用主线程与工作线程之间的│
    │                            │管道通知工作线程有任务到来│
    │                            └──────────┬───────────┘
    │                                       ↓
    │                            ┌──────────────────────┐
    │                            │   工作线程处理网页内容 │
    │                            └──────────┬───────────┘
    └───────────────────────────────────────┘
```

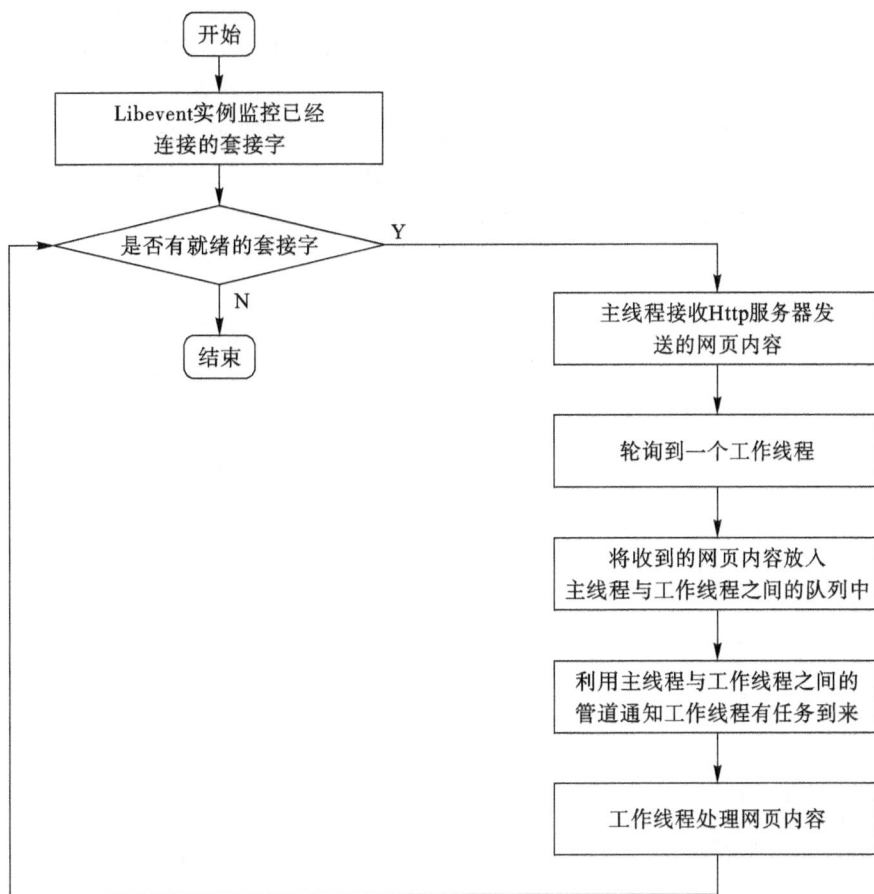

图 2-13　处理就绪套接字流程图

文件。如果存在，它将按照其内容决定访问权限的范围；若不存在，则对该爬虫没有限制作用，爬虫可以抓取站点的全部内容作为搜索引擎的数据。

在 robots.txt 文件中，存在一条或多条记录行，使用空行来将这些记录行分行，其中每一条记录的格式如下：

"<field>：<optionalspace><value><optionalspace>"

记录行一般以一行或多行 User-agent 开始，后面加上若干 Disallow 行，详细情况如下：

User-agent：在 robots.txt 中，用来显示搜索引擎 robot 的名字。若要对多个爬虫进行限制，则需要多条 User-agent。但在 robots.txt 文件中，至少要添加一条 User-agent 记录。若该项的值为 *，则该协议对任何爬虫都有效。在 robots.txt 文件中，仅有一条"User-agent：*"记录。

Disallow：用来显示该网站下不希望被抓取到的 URL（可以是部分路径，也可以是完整的路径）。爬虫系统会忽略以 Disallow 开头的 URL，不对其访问。例如，"Disallow：/help"不让任何爬虫访问/help.html 和/help/index.html，而"Disallow：/help/"则允许爬虫系统访问/help.html，但不能访问/help/index.html。若 Disallow 记录为空，则说明本站点的所有部分可以被抓取访问。在"/robots.txt"文件中，至少要有一条 Disallow 记录。如果"/robots. txt"是一个空文件，则对于所有的搜索引擎 robot，本站点下网页都可被抓取。

图 2-14 是对一个站点 robots. txt 文件进行解析的过程。在获取一个站点的 HTML 页面之前，应该先得到这个站点的 robots. txt 文件。获取到首次对一个站点的 Http 请求的响应报文后，若检查报文头状态码以 2 开头，且 Http 响应的应答头后存在两个\n，即表示服务器端成功接收了 Http 请求，得到应答头后面 robots. txt 文件内容，对此文件进行解析，保存文件中所列的文件名、路径地址等。

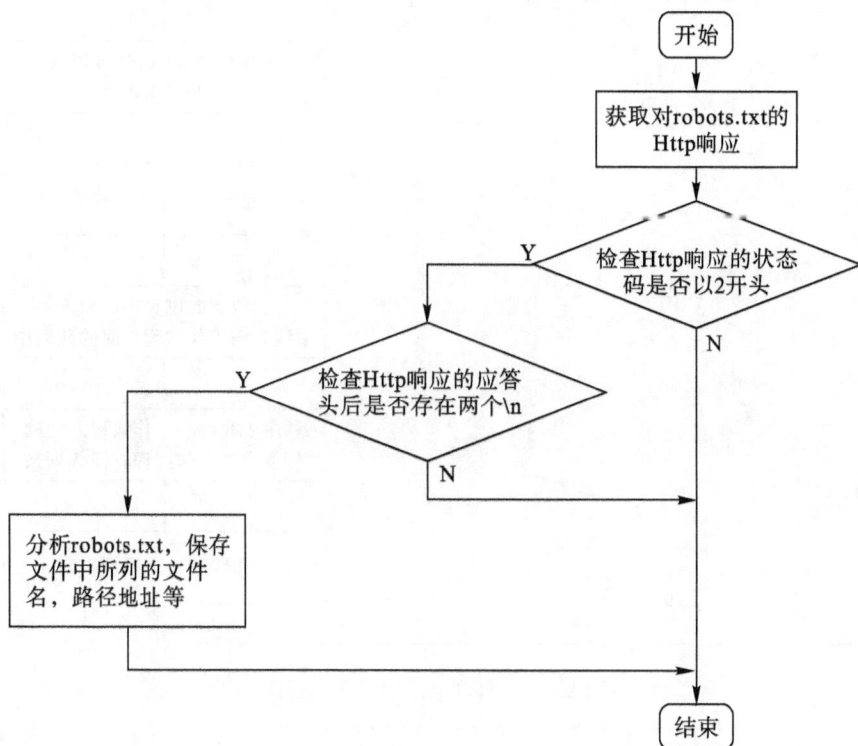

图 2-14　robots. txt 解析流程图

2）HTML 页面的分析

在对一个站点下的 robots. txt 文件请求分析后，就可以对该站点下的 URL 进行调度，发送 HTML 页面的请求。发送请求后，等待对等服务器相应的应答消息。

对 HTML 页面请求的应答和对 robots. txt 文件请求的应答类似，但也有如下不同之处：

状态码为 3XX 即表示对 URL 要做重定向操作，所以在查看请求 robots. txt 的响应应答时，状态码不会为 3XX。若要对 HTML 页面发送请求报文，状态码可能会以 3XX 返回，做重定向。若出现这种情况，就应由 URL 调度系统重新开始对改 HTML 页面所对应的 URL 做相应管理。

另外，对 Http 请求的应答部分还要做更进一步检查，防止抓取到不是网页的文件，例如声音或电影文件。

图 2-15 所示为对应答消息的分析原理。在对 HTML 页面分析过程中，除了实现上面所述的处理之外，还要实现对页面中的各种链接进行处理，抽取其中的各种链接。

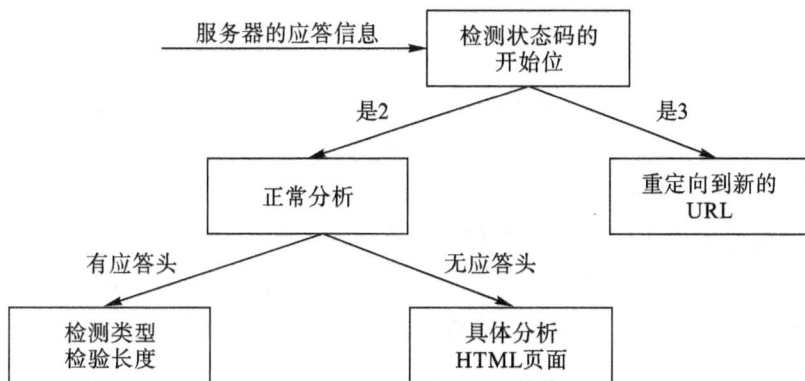

图 2-15　对应答消息的分析原理

在图 2-16 所示的 HTML 解析流程图中，描述了对站点下 HTML 文件进行请求解析的过程。当获得对等服务器发送的 Http 响应，要对其中状态码的开头字符进行判别：

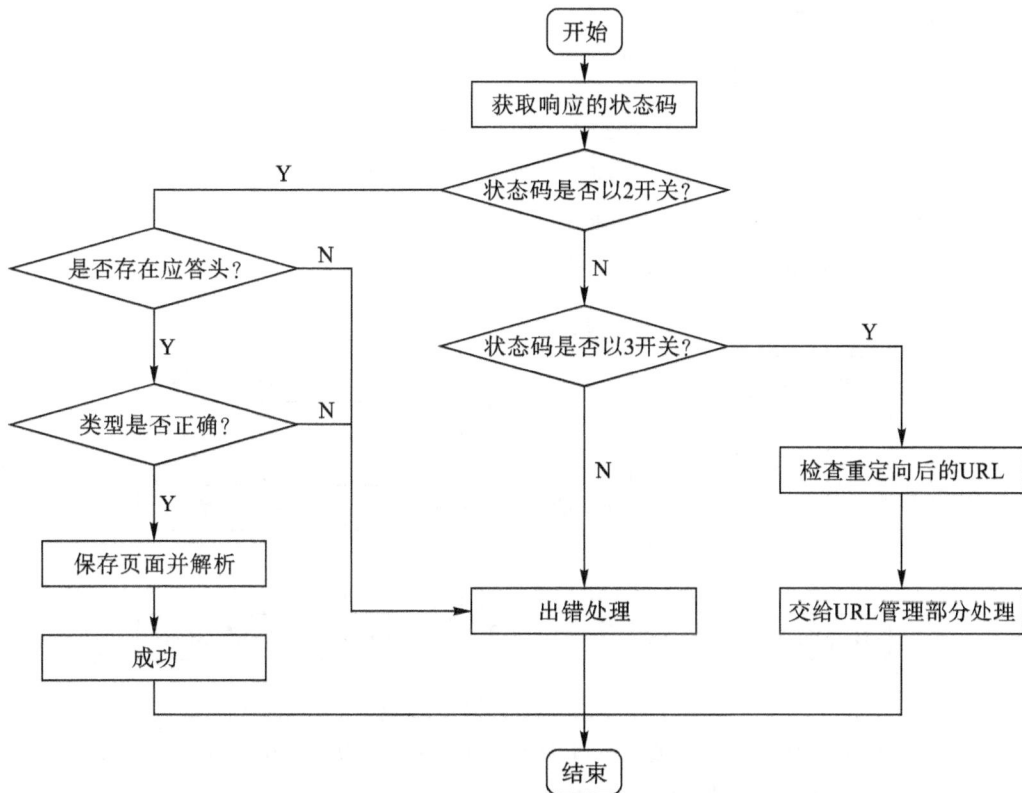

图 2-16　HTML 解析流程图

（1）若状态码为 2XX，则表示服务器对 Http 请求进行了正确响应，可以提取出网页内容，对网页进行逻辑处理，如网页去重，提取网页中的 URL，保存网页页面等。

（2）若状态码为 3XX，则表示需要检查并请求重定向后的 URL。

（3）若为其他状态码，则表示出错，需进行出错处理。

3. URL 管理模块

1）URL 的多级队列管理

当爬虫系统开始运行后，可以从抓取到的页面中提取到大量的 URL。如果系统不对这些海量的 URL 实行有效合理的管理，那么 URL 数据将没有优先级别，不能有秩序地被调度部分进行爬行操作，从而导致 URL 管理混乱。没有优先级的 URL 在存储上也存在问题，因为不可能把大量的 URL 直接存储在内存中。

在本爬虫系统中，对 URL 进行多级管理，采用 4 个级别的 URL 爬行队列，在主循环每一遍查询中进行判断选择。URL 的多级管理的具体实现如图 2-17 所示。

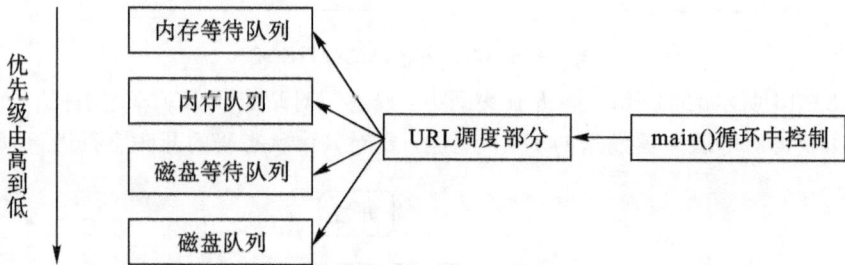

图 2-17　URL 多级管理

由于内存中的空间是有限的，但内存的存取速度非常快，因此在内存空间中一定要设置大小合适的队列。为了快速高效地爬行，爬虫系统依据运行时的具体环境动态扩大队列。内存队列和内存的等待队列结构一致，如图 2-18 所示。

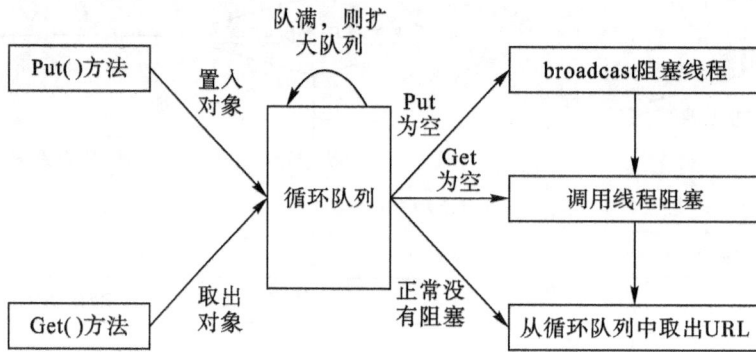

图 2-18　内存的队列存取

Get()从循环队列中取出对象，该对象为一条 URL 链接。Put()将对象置入循环队列中。图 2-18 中，循环队列被多个方法使用，被多个对象共享，应该对其进行同步，以免产生不一致后果。在一个空的队列中放入一条 URL 后，要通过唤醒已经阻塞在队列上的读取线程来读该 URL。

磁盘队列的结构如图 2-19 所示。

图 2-19 中，buf 缓冲区和 outbuf 输出缓冲区用于快速地进行数据的储存和读取。在读取速度相对慢的磁盘之间建立两个缓冲区，分别负责输入和输出。

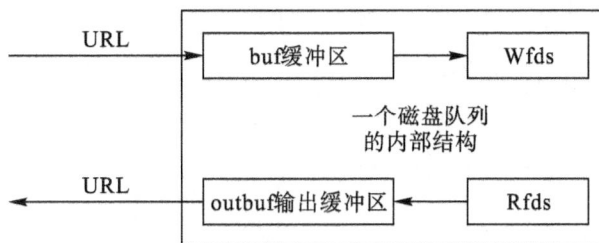

图 2-19　磁盘队列

Rfds 和 Wfds 表示用以存储 URL 数据而在磁盘上建立的文件。Rfds 是读的文件描述符，Wfds 是写的文件描述符。在队列只有一个文件的情况下，读取都在这个文件中，则Rfds、Wfds 表示相同的文件描述符。

因为磁盘空间远大于内存空间，所以大量 URL 数据存储在优先级较低的磁盘队列中，需等待调度。

URL 调度部分负责各级 URL 的具体分配，并对其进行层次清晰、高效安全的管理。

在内存队列与磁盘队列中，插入 URL 对象和取出 URL 对象的过程相似。下面以对内存队列读写为例，描述读写线程的交互过程。

在内存中，读写线程之间的交互过程如图 2-20 所示。因为内存队列为共享资源，所

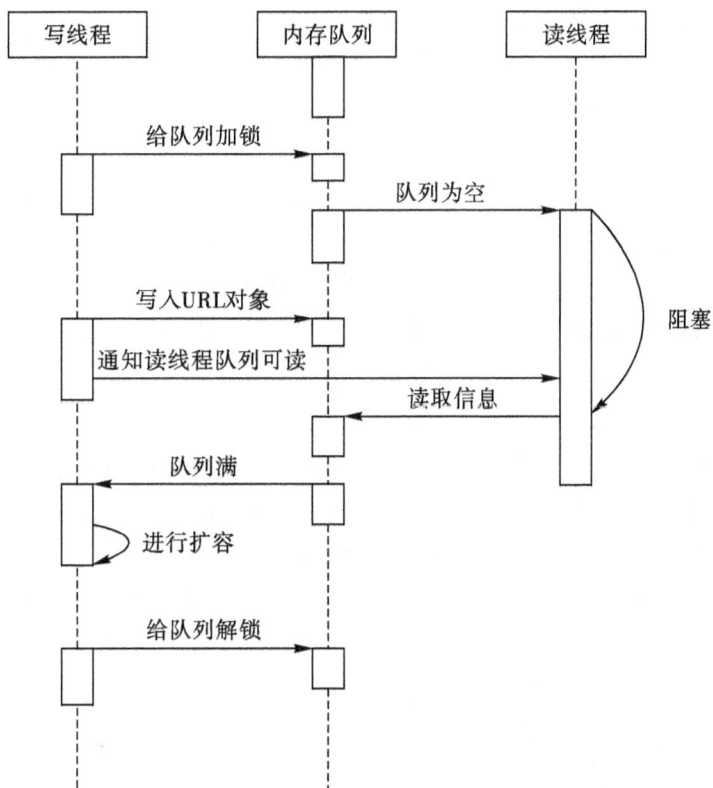

图 2-20　读写线程交互序列图

以对其访问时必须使用锁机制。若队列为空，则读线程因队列空而阻塞。在写入 URL 对象时，需要唤醒因队列空而阻塞的读线程，让读线程可快速提取到队列中的 URL 对象。若在写队列的过程中，队列为满，则需要对内存队列进行扩容，使其大小为原来队列大小的两倍。读取操作完成后，要对队列进行解锁。

2）URL 的去重

当从一个页面中提取到一条 URL 后，必须检测该 URL 是否已经被操作处理过，应把已经处理的 URL（即重复的 URL）丢弃掉。如果在数据库上实现 URL 去重，则空间消耗太大，代价较高，进行数据库查询时会在很大程度上降低爬虫系统的效率。因为爬虫面对海量的 URL 进行爬行，所以对 URL 的检测效率和速度要求非常高。目前，实现 URL 去重比较常用的是哈希算法。

系统中具体应用的哈希法内容如下：建立一个哈希表，每次从队列中取得一条 URL，使用哈希函数计算其相应的哈希值。在哈希表中查询该哈希值，如果查询成功，则丢弃该 URL 并报错；如果没有找到，就需要把哈希值对应的位置置位，对该 URL 进行接下来的处理。

假设存在 URL 串 s_1，s_2，$\cdots$，s_n，进制为 T，计算公式如下：

$$Hashcode = s_1 \cdot T_{n-1} + s_2 \cdot T_{n-2} + \cdots + s_n \cdot T_0$$

在本章中，T 为 37。在得到 Hashcode 值之后，要进行下一步测试。Bloom Filter 算法是一种高效的查找算法。爬虫系统中使用 Bloom Filter 算法，用 2 bit 代表一个 URL 或 page，即使用 2 个独立的哈希函数对 URL 在哈希表中进行映射。若映射到的 2 bit 中仍有一位不为 1，则说明此 URL 未被爬取；若映射到的 2 bit 都为 1，则说明此 URL 可能已经被爬取，应被丢弃。

在爬虫系统中，建立一个 char 类型的哈希表，URL 链接的哈希值可以通过哈希函数计算。在得到哈希值之后，对该值除以 8 取整数，并取余数，可得到 2 个数值。比如，可使用 802 除以 8，得到 2 个数值 100 和 2。要在哈希表中查找该哈希值，则要先查到哈希表中第 100 号元素，再向左移动 2 位，检查该 bit 是 1 还是 0，若是 1 则表明该值存在于哈希表中，若为 0 则表明该值不存在。此方法是高效的。

3）URL 的 DNS 请求与管理

DNS 的请求使用 Linux 系统的 gethostbyname 函数来实现。此方法的优点是简单、易用。在内存中建立一个哈希表用于标识已经进行过 DNS 请求的 URL，这样可以避免多次对同一个站点进行 DNS 请求，从而在很大程度上提高了效率。

爬虫系统中 DNS 的解析过程如图 2-21 所示。建立一个哈希表，用来标识哪些站点已经经历过 DNS 解析操作。当要对一条 URL 进行爬取时，需要先对其对应的站点判断是否进行过 DNS 解析，若没有，则需要调用 gethostbyname()对站点进行 DNS 请求，之后再对服务器进行连接请求。如果在哈希表中标识出对此站点以前进行过 DNS 操作，则可略去此步骤，避免对同一站点进行多次 DNS 请求。

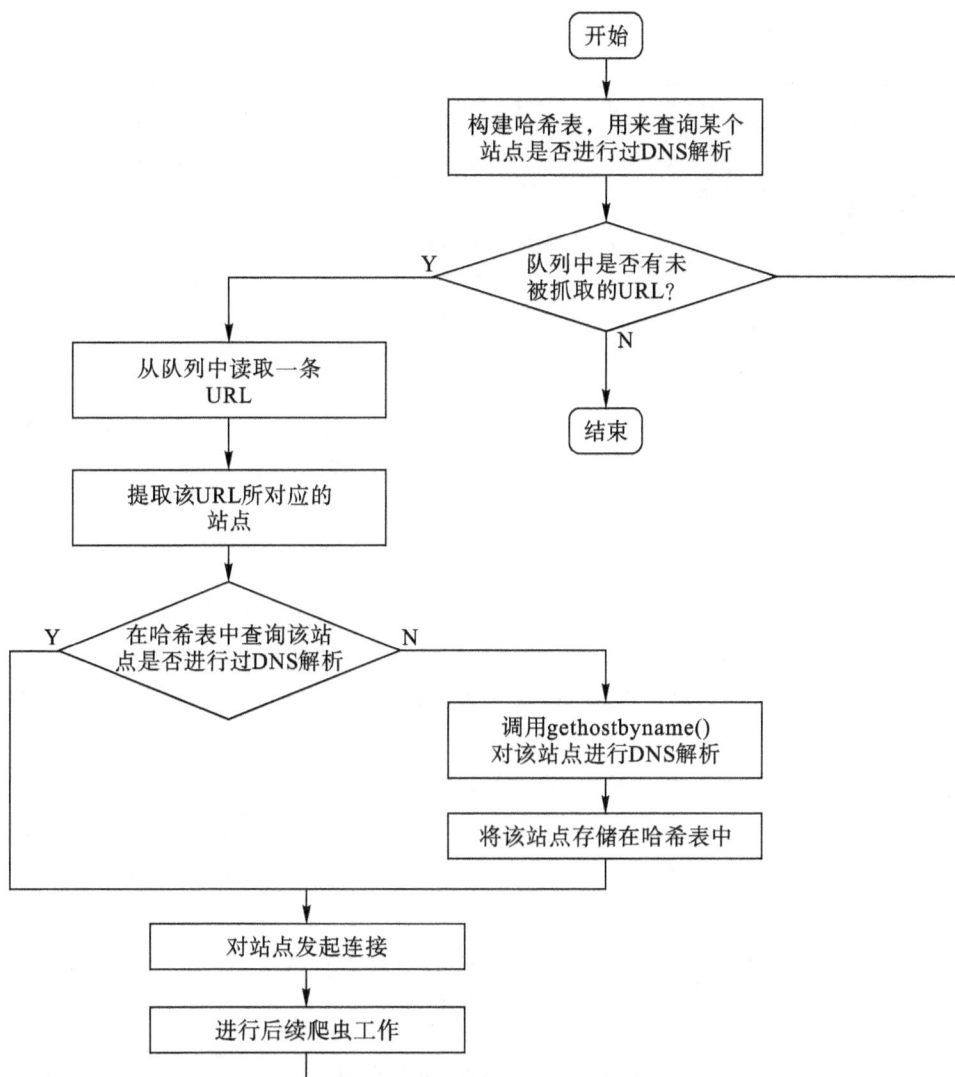

图 2-21 爬虫系统中 DNS 的解析过程

4. URL 调度模块

爬虫系统对 URL 调度部分的管理包括 URL 的添加、解析，读取磁盘中的 URL，把 URL 写入磁盘等。内存容量相对于磁盘很小，当内存中的 URL 数量达到一定量时，需要将 URL 内存队列写入磁盘中，采用的是内存队列、磁盘队列的多级队列方式。当需要解析 URL 时，再从磁盘中读取回来，这样既可保证内存开销，又快速有效。另外，还初始化了 named Site List 数组，用来存放解析的 DNS。在爬虫系统的 DNS 模块中，理论上只要对一个站点进行一次 DNS 解析之后就不需要再进行解析，充分减少了解析次数，大大提高了效率。

如图 2-22 所示，对爬虫系统中 URL 的处理过程是：使用优先级不同的四个 URL 存储队列 URLs Disk、URLs Disk Wait、URLs Priority、URLs Priority Wait，存储抓取到的 URL。由于内存单元有限，存储不了海量的 URL，因此从互联网爬取的网页中解析得到的大量 URL 会根据其优先级被放入不同的存储队列中。

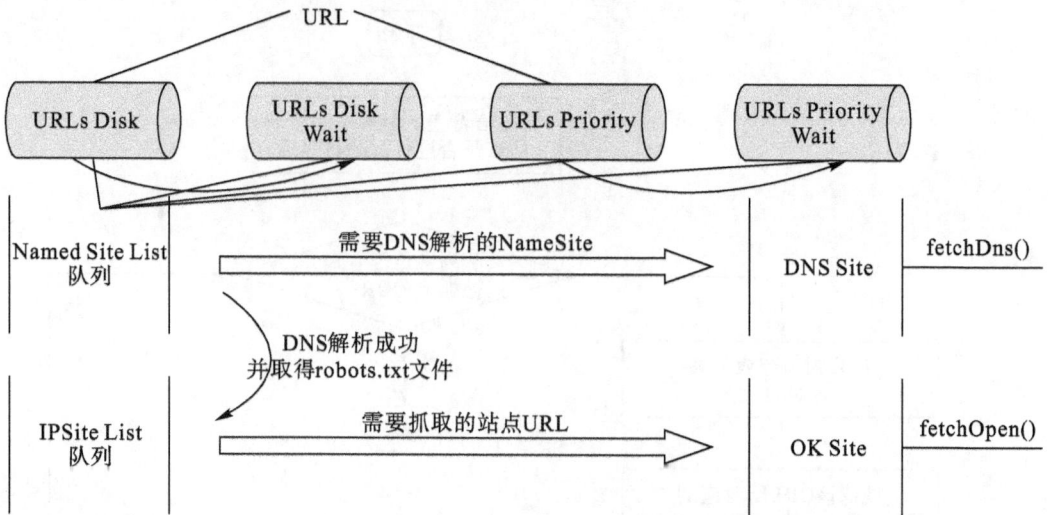

图 2-22　URL 队列的管理

　　Disk 和 Priority 队列都是成对出现的。对某一个站点进行爬取时，需要把属于该站点的 URL 存储在 Named Site List 的一个队列中；队列中存储的 URL 数量受到限制，当该队列满时，不能把属于该站点下的 URL 放入队列，应该放入相应的 Wait 队列中。爬虫系统一段时间在 Disk(Priority)中取 URL，一段时间在 Disk Wait(Priority Wait)中取 URL。Named Site List 数组相当于实现了 DNS 缓存，每个需要爬取的站点进行 DNS[82] 解析后把相应的 IP 地址存放在 Named Site List 中，下次对该站点下的网页进行抓取时，先要判断在缓存中是否对该站点已经进行 DNS 解析。如果站点没有进行过 DNS 解析，则将其存储在 DNS Site 队列中，为 fetchDns( )函数提供数据。URL 队列管理中，使用 IPSite List 队列[83]存储已经经过 DNS 解析并且获得 robots.txt 文件的站点中的 URL。待抓取的 URL 存放在 OK Site 队列，为 fetchOpen( )函数提供数据。

2.3　文本挖掘技术

2.3.1　文本挖掘概念

　　文本挖掘是一个从非结构化文本数据中获取用户感兴趣或者有价值的信息的过程。被普遍认可的文本挖掘定义如下：文本挖掘是指从大量文本数据中抽取事先未知的、可理解的、最终可用的知识的过程，同时运用这些知识更好地组织信息以便将来参考。

　　文本挖掘是从数据挖掘发展而来的，因此其定义与我们熟知的数据挖掘的定义相类似。但与传统的数据挖掘相比，文本挖掘有其独特之处：文档本身是半结构化或非结构化的，无确定的形式并且机器很难理解其语义，而数据挖掘的对象主要是数据库中的结构化数据。数据挖掘的某些技术和方法在对文本预处理的基础上可以用于文本挖掘，但有些数据挖掘技术并不适用于文本挖掘。简单地说，我们需要对以文本形式存储的文件提取特征，从中分析出有意义的信息，建立有价值的模型。网络文本基本上没有固定的数据结构和模型描述，是属于非结构化或半结构化的文本，所以需要对网络文本信息进行数据的转换和存储，才能完成挖掘工作。本书所收集的数据均来源于新浪微博文本，它是一种非结构化文本，其中包含了图片、超链接、视频等非结构化数据。首先清除图片、网页链接等非结构化数据，对文本进行去噪处理，并对微博文本的发布时间、发布用户、发布内容等结构化数据进行处理和保存，以此为后续文本挖掘和情感分析提供依据。微博文本长度普遍较短，若将每条微博视为一个文本片段，则微博实际上是由海量短文本构成的集合，而本书需要的情感信息就包含在这些微博短文本之中，因此，需要采用文本挖掘技术和方法通过处理微博短文本来挖掘情感信息。

2.3.2　中文文本挖掘流程

中文文本与西方语言文本有很大的不同，所以其挖掘步骤也有很大差异。中文文本挖掘主要由以下步骤组成：

（1）数据源：这是文本挖掘的起始点，文本的数据源有网页、邮件、图书、文章、日志等，这些都蕴含着丰富的价值。

（2）文本的预处理：整理需要挖掘的文本，包括文本解析。对于中文文本来说，文本的预处理主要是分词，即通过分词及语言分析的算法或工具将其转化成数据挖掘工具可以处理的结构化数据。

（3）文本挖掘：在完成文本预处理后，可以利用数据挖掘、数据分析以及机器学习等方法提取面向特定应用目标的信息或模式。

（4）模式评估与展现：这是文本挖掘的最后一个环节，是指利用已经定义好的评估指标对获取的信息或模式进行评价。如果评价通过，就可以通过各种方式将模式呈现给用户。

文本挖掘作为自然语言处理的研究领域之一，是对半结构化或者非结构化的自然语言文本进行处理，并采用一定的技术从中发现和提取特定信息的过程。网络文本挖掘是首先通过收集网络文本资源，建立目标文本集合，然后通过采用文本预处理、特征选择、特征表示和数据挖掘等技术对文本集合进行处理，并得到用户所需要的特定信息的过程。文本挖掘的基本处理过程如图 2-23 所示。

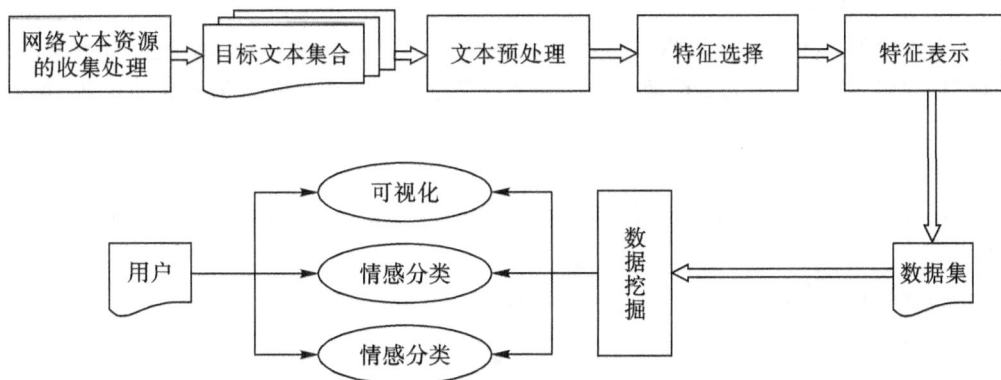

图 2-23　文本挖掘的基本处理过程

在文本挖掘的过程中，两个关键的步骤是特征的提取、降维和挖掘分析。本节主要做的是文本分类，下面对特征提取、降维做简要概述。

TF-IDF(Term Frequency-Inverse Document Frequency)是文本挖掘中最常用的特征，用来评估一个词对于文件集中一份文件的重要程度。其中，TF 是词频，即一个文件中某个词出现的频率，IDF 是逆向文件频率。

这个统计方法有较为直观的解释，一个词的重要程度随着它在文件中出现的次数成正比增加，但同时会随着它在文件集中出现的频率成反比下降。对于一个词来说，如果它在某个文件中出现的频率很高，但包含这个词的文档很少，则这个词对不同文本就有很好的区分度，这样选择的特征会更好地代表一类文本。同时，TF-IDF 也考虑到了文本长短的问题，计算的都是词的频率。如果用词数而不是用词频，则长的文本中这个词出现的次数肯定多。

TF-IDF 思想可以用很多不同的数学公式来计算。常用的公式如下：

$$\text{tf}_{i,j} = \frac{n_{i,j}}{\sum_k n_{k,j}}$$

其中，$\text{tf}_{i,j}$ 是指第 i 个词在第 j 文档中出现的频率。

$$\text{idf}_i = \log \frac{|D|}{|\{j: t_i \in d_j\}|}$$

其中，idf_i 是 $|D|$ 所有文件的个数，$|\{j: t_i \in d_j\}|$ 是第 i 个词出现在几个文档中的个数。第 i 个词在第 j 个文档的 TF-IDF 为

$$\text{tf} - \text{idf}_i = \frac{n_{i,j}}{\sum_k n_{k,j}} \cdot \log \frac{|D|}{|\{j: t_i \in d_j\}|}$$

由于 TF-IDF 相对简单，概念也很容易理解，因此它在文本挖掘中的应用十分广泛。但它也有一些弊端，对于文档中不同位置的词其重要性是不同的，这点在 TF-IDF 中没有体现。

2.3.3 中文文本挖掘工具

1. R 文本挖掘应用

R 文本中的几个中文分词软件包有：复旦大学黄荣贵写的 rsmartcn 包、rmmseg4j 包及李舰编写的 Rwordseg 包。前两个包采用不同算法编写，而 Rwordseg 使用方便，可以自定义字典。

1) rsmartcn 包

rsmartcn 包的作者是复旦大学的黄荣贵，这是一个做中文分词的 R 软件包，只能应用于简体中文。

此包把简体中文分词软件 lucene-smartcn-3.4.0.jar 包装成 R 的函数。smartcn 的使用算法分为三步：

(1) 进行原子切分，目的是完成单个汉字的切分；

(2) 根据"词库字典 coredict"找出所有原子之间所有可能的组词方案；

(3) 中文分词有 N-最短路径方法，smartcn 用的是 1-最短路径方法。

首先找出这些词所有可能的两两组合的距离（距离是通过检索 Bigramdict 词典库得到的），用动态规划的方法求出最短路径，即得到分词结果。

总的来说，smartcn 的核心是用 coredict 存词来扩展单字，用 Bigramdict 来存跳转频率，最后用最短路径算法求最佳切分方式。其中，Bigramdict 是从训练语料里统计出来的。最短路径求解体现了一定的语义分析，其代价就是 Bigramdict 需要训练。smartcn 不能扩展词库，因为 Bigramdict 中没有对应的关联，如果要扩展，需 smartcn 和 Bigramdict 一起扩展。

2）rmmseg4j 包

rmmseg4j 包的作者也是黄荣贵，使用的是 Chih-Hao Tsai 的 MMSeg 算法。

采用 MMseg 算法分词比较容易理解，主要是 chunk 和四个规则。

一个 chunk 就是一句话的一种分词方式，包括一个词条数组和四个属性。比如，"研究生命"用匹配的话，至少有两种，即"研究/生命"和"研究生/命"，这就是两个 chunk。

一个 chunk 具有以下四个重要属性：

（1）长度：chunk 中各个词的长度之和。这里两个 chunk 的长度都是 4。

（2）平均长度：长度/词数。

（3）标准差平方：chunk 中各个词条的长度减去平均长度的差的平方和，再除以词条数目。

（4）自由语素度：各单词条词频的对数之和。

四个规则如下：

规则 1：取最大匹配的 chunk，也就是取 chunk 长度最长的几个。

规则 2：取平均词长最大的 chunk，也就是取 chunk 平均长度最大的几个。

规则 3：取词长标准差最小的 chunk。

规则 4：取单字词自由语素度之和最大的 chunk。

这里要利用一个单字的词频词典，比如说"的"字的出现频率很高，那么我们倾向于认为"的"是一个词，比如说出现了"的确"这类句子就不一定分得出来了。如果经过这四个规则的过滤，剩下的 chunk 数大于 1，就需要自己扩展。其实扩展也比较简单，再设计一个规则就可以了。

3）Rwordseg 包

Rwordseg 是 R 中的中文分词工具，它通过 rJava 来调用 Java 分词工具 Ansj。Ansj 是一个开源的 Java 中文分词工具，基于中科院的 ICTCLAS 分词算法，采用隐马尔科夫模型（Hidden Markov Model，HMM），其作者重写了 Java 版本，并使得 Ansi 可用于人名、地名、组织机构名的识别，多级词性标注，关键词提取，指纹提取等领域，支持行业词典、自定义词典的扩展。

Rwordseg 包的功能如下：

（1）使用 Rwordseg 包中的 segment CN 函数进行分词。

```
>library(rJava)
>library(Rwordseg)
>segmentCN("这是个中文分词软件。")
[1]"这"　"是"　"个"　"中文"　"分词"　"软件"
```

　　可以看到，我们输入的是个带有句号的句子，但输出时没有句号，这是因为 segment CN 函数中的参数 nosymbol 用来确定是否只输出汉字、英文和数字，默认是 TRUE，否则将会输出标点符号。

　　　　＞ segment CN("这是个中文分词软件。", nosymbol＝FALSE)

　　　　[1]"这"　"是"　"个"　"中文"　"分词"　"软件"　"。"

　　（2）Rwordseg 包还带有词性标注的功能，参数 nature 可以设置是否输出词性，默认不输出，如果选择输出，那么返回的向量名为词性的标识。

　　　　＞segment CN("这是个中文分词软件。"，nature＝TRUE)

　　　　　　r　　　　v　　q　　nz　　　n　　　　n

　　　　"这"　"是"　"个"　"中文"　"分词"　"软件"

关于词性符号的意义，在此就不赘述。

　　（3）Rwordseg 包还带有人名识别的功能，参数 isNameRecogniton 表示是否识别人名。

　　　　＞get Option("isNameRecognition")

　　　　[1]FALSE

　　　　＞segment CN("康东是个好学生。")

　　　　[1]"康"　"东"　"是"　"个"　"好"　"学生"

　　　　＞segment. options(isNameRecognition＝TRUE)

　　　　＞segment CN("康东是个好学生。")

　　　　[1]"康东"　"是"　"个"　"好"　"学生"

　　在上面对"这是个中文分词软件。"分词时，"这是"被分开了，如果我们不希望它被分开，就可以向字典里加入这个词：

　　　　＞list Dict( )

　　　　[1] Name Type Des Path

　　　　＜0 行＞(或 0 -长度的 row. names)

　　　　＞ segment CN("这是个中文分词软件。")

　　　　[1]"这"　"是"　　"个"　　"中文"　"分词"　"软件"

　　　　＞insert Words("这是")

　　　　＞segment CN("这是个中文分词软件。")

　　　　[1]"这是"　"个"　"中文"　"分词"　"软件"

　　（4）Rwordseg 包功能很强，可以安装新的词典，一次安装后，每次启动此包时就会自动加载。而且支持每行一词的文本词典和 Sogou 的 Secl 格式细胞词典，这样便于我们自己编辑词典，也可以从 Sogou 细胞词库搜索下载专业词汇并加到字典中，从而使我们的分词更加准确。

　　　　＞install Dict("E：/颜色名称 . scel", "color")

　　　　736 words were loaded! ... New dictionary 'color' was installed!

　　　　＞listDict( )

　　　　　　　　　　　　　Name Type　　　　　　　　　　　　　　　　　Des

　　　　　　　　　　　　　　　　　　　　　　　　　　　Path

其中，color 是各种颜色的名称。

（5）Rwordseg 不只能对字符串进行分词，对文本文件可以直接分词，而且效率也非常高。我们可以用它作分词，但是作为一个集成的系统，需要使用 rJava 调用 R 命令，因此最好用其底层的 Ansj 这个开源的 Java 包。

2. CHQ′S 文本多分类系统

CHQ′S 文本多分类系统可以进行中文文本多分类，包括中文广告分类、中文垃圾邮件分类、文本分类等。一旦训练出模型，分类的速度会非常快。

该系统基于以下的算法开发：

（1）使用中科院的 ICTCLAS 进行分词，用自己设计的数据结构。

（2）基于文档频率、TF-IDF、IG 的特征选择降维方法对文本进行特征提取和降维。

（3）基于 SVM 的分类算法，采用林智仁的 LibSVM。

使用说明如下：

假设 Classifier.jar 的路径为 C：\class。

第一步：训练模型。

首先在 cmd 中进入 Classifier.jar 所在的目录，然后输入如下命令：

　　　C：\class＞java-jar Classifier.jar-train C：\class\语料库\train

注：Classifier.jar 为应用程序；-train 为参数，表示训练文档；C：\class\语料库\train 为训练文档所在目录。

第二步：预测文档。

命令行输入：

　　　C：\class＞java-jar Classifier.jar-predict C：\class\语料库\train

注：Classifier.jar 为应用程序；-predict 为参数，表示预测文档；C：\class\语料库\test 为预测文档所在目录，它会搜索所有在该目录下的 txt 文件，并进行预测。

第三步：测试准确率。

命令行输入：

　　　C：\class＞java-jar Classifier.jar-test d：\class\语料库\train

注：Classifier.jar 为应用程序；-test 为参数，表示测试的是训练文档的准确率；C：\class\语料库\train 为训练文档所在目录。

2.3.4　中文文本挖掘方法

1. 分类模型

分类是指找出数据库中一组数据对象的共同特点，并按照分类模式将其划分为不同的类，其目的是通过分类模型，将数据中的数据项映射到某个给定的类别。分类不同于常见的回归分析和聚类。回归分析是产生一个将数据项映射到一个实值预测变量的函数，聚类是把一组数据按照相似度和差异性分成，按照同一类别的数据间差异尽可能小而不同类别的数据间差异尽可能大的规则将数据分为几个类别。分类广泛应用于客户分类、邮件过滤、客户满意分析等方面。分类模型是根据样本数据上的特征（自变量），判定样本数据属于有限种类别（因变量）中哪一种类型的建模方法。大多数情况下，分类模型处理的是以表的形式存在的数据，即一组类似于矩阵的二维数据文件。在这种表中，有一列数据被规定为因变量，表明每一行数据的类型，这一列数据往往表现为离散的、无序的数据形式。分类模型通过建立因变量与其他各列数据的关系，并用模型来表达这种关系，以达到对每一行数据进行分类的目的，从而使我们在得到新的自变量数据时，可以使用所建立的分类模型，代入这些自变量的取值，最后判断这些数据属于哪一类型，即预测出因变量的取值。分类的目的是在给出一些自变量的值的情况下，判断因变量属于哪一个类型。分类的任务是根据自变量取值来确定对象属于哪一个预定的目标类。分类模型可以理解为将自变量数据映射到因变量类标号的一个映射，建立分类模型就是寻找这个映射的过程。分类模型属于预测模型的范畴，不仅用于对样本数据进行建模，更为重要的是用来预测未知类型样本的类标号。分类模型的泛化能力是衡量分类模型优劣的重要标准，分类模型的泛化能力常使用对新样本数据的误判率来衡量。

常用的分类模型有基于统计的模型（如广义线性模型）、基于树的模型（如分类树）、基于规则的模型（如神经网络模型、支持向量机模型）、基于概率论与图论的概率图模型（如朴素贝叶斯分类模型）、基于模型组合的集成模型（如随机森林模型）等。本节仅介绍分类树模型与随机森林模型，支持向量机模型和朴素贝叶斯分类模型将在 2.4 节详细介绍。

1) 分类树模型

分类树是基于决策树算法构建的模型，而决策树是一种知识表示形式，是对所有样本数据的高度概括。决策树能够准确地识别所有样本的类别与取值，并有效地识别新样本的类别与取值。不同于决策树算法中的回归树，分类树解决的是因变量为离散型数据形式，本质上是根据数据集自变量的取值将其映射为某一类因变量的过程。

分类树以样本的自变量（模型中称为属性）作为节点，用属性的取值作为分支的树结构。其中，根节点是第一次进行分类时使用的属性，是所有样本中信息量最大的属性。每一个根节点对应着一棵子树，中间节点是子树中每次分类时包含样本子集中信息量最大的属性。最终分类完成时形成叶节点，以对应样本的类型（因变量取值）。分类树的基本思想是首先找出最具判别力的属性，把样本分成多个子集，每个子集又选择最有判别力的属性进行划分，一直到所有子集仅包含同一类型的数据为止，即每个子集的因变量取值相同。

一般地，记数据集中自变量为 $X_i(i=1, \cdots, k$，其中 k 是自变量的个数），数据集中因变量为 $Y_j(j=1, \cdots, t)$。

分类树的算法步骤如下：

(1) 对当前数据集或子集计算各属性的信息增益；

(2) 选择信息增益最大的属性 X_i；

(3) 将 X_i 取值相同的样本分为同一个子集；

(4) 重复(1)到(3)直到满足要求为止。

分类树的算法构建过程中使用了信息增益，其定义如下：

$$\text{Gain}(S, X) = E(S) - \sum_{v \in \text{Value}(X)} \frac{|S_v|}{|S|} E(S_v) \qquad (2-57)$$

其中，S 是样本的集合，$|S|$ 表示 S 中所含的样本数，X 是属性，$\text{Value}(X)$ 是属性 X 取值的集合，v 是 X 的某一属性值，S_v 是 S 中 X 的值为 v 的样本集合，$|S_v|$ 是 S_v 中所含的样本数，$E(S)$ 表示样本所含的信息量。

测度信息量的方法有很多。例如，可以用熵测度一个样本中的信息量，其定义如下：

$$H(S) = \sum_{i=1}^{m} P(u_i) \log P(u_i) \tag{2-58}$$

其中，S 是样本的集合；$H(S)$ 表示 S 的熵；$P(u_i)$ 是 S 中因变量类别为 u_i 的类型出现的频率，计算公式如下：

$$P(u_i) = \frac{|u_i|}{|S|} \tag{2-59}$$

其中，S 是样本的集合，$|S|$ 表示 S 中所含的样本数，$|u_i|$ 表示类别为 u_i 的样本数。

2）随机森林模型

随机森林是一种集成模型，使用一般的分类树（决策树）作为基分类器，通过自助法，多次随机地有放回抽取样本数据，并在抽取的样本数据上随机选取少数变量作为每一个分类树的节点，建立分类树，使得样本随机产生，节点变量也随机产生，让每个分类树尽可能地生长，不进行剪枝，最后通过这些分类树以投票的方式对每个数据点进行分类。随机森林模型是基于分类数据的集成模型，而集成模型的好处是可以有效地解决不平衡数据的分类问题。

2. 不平衡数据

对于因变量为离散型无序变量的数据集，不平衡数据是指因变量中有些类型的数量远远大于其他类型的数量。如果数据不平衡，则预测结果为比例更大的类别将具有一个较高的预测精度。例如两分类数据中，某一类的比例为 1%，另一类的比例为 99%。很明显，直接预测所有结果为多数类，这样做的准确率也能够达到 99%。如果建立模型后没有办法达到 99%，则说明建立模型还不如没有模型。因此，本节在选择建模时，假设预测比例更大的一类也是一个模型（称为 0 模型），在比较模型时，需要用建立的模型与 0 模型进行比较，如果建模效果与 0 模型没有显著差异，或比 0 模型差，则认为模型是无效的，可能产生了问题。

对于不平衡数据，有两种常见的解决方法。

（1）从数据集入手，人为地把数据集平衡一下。可以通过随机采样比例大的类别使得训练集中大类的个数与小类相当，也可以重复小类使得小类的个数与大类相当。前者称为欠取样，可能会丢失信息，因为只采用了部分样本。后者称为过取样，可能造成过拟合，因为有重复样本。还可以分别在大类和小类中筛选特征，将其组合起来构成学习器。

（2）从分类模型入手，对一些分类模型进行组合后，再进行分类。这样可以有效地处理不平衡数据的分类。例如，bagging、随机森林模型都适用于处理这类数据。

本节结合使用两种方法，选取随机森林模型这种组合模型来处理不平衡问题。在随机森林模型建模时，对三种不同类型的数据选取相同的样本点数量，也就是在生成分类树时使用欠抽样的方法，使得每次生成分类树时不再从所有样本中随机选取样本，而是在多数样本与少数样本中随机选取相同数量的样本点生成分类树，使得训练每棵分类树时大类样本个数与小类样本个数相同，从而避免了不平衡问题的发生。

3. 交叉验证

如果已知产生数据的真实模型，那么使用不同的模型对数据进行建模，与真实模型进行比较，理论上可以得到不同模型的真实泛化误差，用以衡量、比较各模型的泛化能力。

　　然而，由于真实模型不可观测，因此用于建模的各个模型的真实泛化误差是不可得的。交叉验证是泛化误差估计中最简单、使用最广泛的方法。

　　交叉验证是一种判断模型好坏的重要方法，其一般过程为：首先将原数据集中的一部分数据作为训练集进行建模，然后将在训练模型时没有用到的数据集作为测试集，得到模型的泛化误差，进而对模型进行比较。K 折交叉验证是把原数据集分为 K 份，每一次建模使用数据集的 $K-1$ 份数据，用剩下的 1 份数据作为测试集，得到每次建模的泛化误差。N 重 K 折交叉验证是将随机把数据分成 K 份的过程重复 N 次，得到多个不同的 K 折交叉验证测试集的泛化误差，即将 K 折交叉验证重复 N 次。

　　对于分类模型而言，模型对应的真实泛化误差表现为模型的真实误判率，使用交叉验证的方法，所得到的测试集的误判率就是真实误判率的一个良好估计。一个分类模型对应的测试集误判率本身是一个随机变量，与折数、测试集的选取有关。对于模型 M_i，定义测试集误判率如下：

$$\varepsilon_t^i = \frac{\#(y_{tj}) \neq f_{tj}^i}{m} \tag{2-60}$$

其中，ε_t^i 为第 i 个分类模型在第 t 个测试集上的误判率，y_{tj} 为第 t 个测试集第 j 个观测的真实因变量数据，f_{tj}^i 为第 i 个模型对第 t 个测试集第 j 个因变量的预测值，$\#(y_{tj} \neq f_{tj}^i)$ 为第 i 个模型在第 t 个测试集上的误判个数，m 为测试集观测点个数。对第 i 个分类模型进行多次 K 折交叉验证，由于每次选取的测试集不同，因此得到一组 ε_t^i 数据，它可以视为分类模型测试集误判率的样本数据。

　　统计学频率学派的研究人员认为，交叉验证结果作为真实泛化能力的估计量本身是一个随机变量，而对不同模型的交叉验证结果进行比较，实际上是对不同随机变量的比较。由此可以使用假设检验的方法对不同分类模型的 N 重 K 折交叉验证结果序列进行各模型的比较，从而合理地选择较好的模型。

4. 非参数假设检验

　　对于非参数假设检验，百度百科给出的定义是：非参数假设检验是在总体方差未知或知道甚少的情况下，利用样本数据对总体分布形态等进行推断的方法。非参数假设检验不涉及或很少涉及对数据分布等的假定。在数据集满足一定分布假定的条件下，非参数检验方法没有参数方法高效，而对于一些复杂的数据集，前者相较于后者而言有较高的普适性，可用于分析这些较为复杂的数据类型。同时，非参数假设检验一般对中位数进行检验，这就使得非参数假设检验的检验结果较使用均值得到的检验结果更为稳健。

　　本节使用非参数假设检验的方法对两个模型的交叉验证结果进行比较，并对两个分类模型交叉验证测试集误判率，对象是相同的一个测试集，每一对误判率对应同一个测试集，相当于比较两个处理过程，而对象是同一客体，故而可以使用成对数据检验方法，也因此使用了两样本位置比较的假设检验方法。具体来说，对于每一个分类模型，在 N 重 K 折交叉验证中，对每一重 K 折交叉验证可以得到 K 个测试集误判率，一共可以观测 NK 个测试集误判率。对于两个模型比较，由于是成对数据，故比较两组误判率数据相减后所得的差，检验其中位数是否为 0。由于不知道分布情况，因此，较为适用的方法是对误判率差的数据使用符号检验其中位数是否为 0。

符号检验是一种经典的非参数检验方法，适用于检验一组数据的中位数是否为 0，该法利用观测值数据与原假设的中位数数据的差的符号来构造假设检验。它对观测数据的分布没有任何假定。对一个数据集建立分类模型，因为开始不知道此模型的真实泛化误差的分布，通过这个分类模型建立模型后，其交叉验证结果（即误判率的分布形式）是未知的，所以，两个分类模型建模后，两组交叉验证结果的差的分布也未知。若将交叉验证结果视为表示两模型泛化能力差异的观测值，用以比较两模型，较为稳健的做法是使用符号检验的方法检验这组观测值的中位数是否为 0。

本节所用的符号检验用来检验观测数据的中位数是否为 0。由于对两个观测数据的差进行符号检验一般涉及单边假设，因此本节仅涉及原假设中位数为 0 的单边假设。以下对符号检验仅做原假设为中位数小于等于 0 的单边符号检验。设原假设为 $H_0 : M_0 \leqslant 0$，备择假设 $H_1 : M_0 > 0$。如果原假设成立，则数据中大于中位数的个数与小于中位数的个数应该差不多，设 S_+ 为大于 M_0 的数据个数，S_- 为小于 M_0 的数据个数，$K = \min(S_+, S_-)$，可以证明，$K \sim B(n', 0.5)$。其中，$B(n', 0.5)$ 表示二项分布，$n' = S_+ + S_-$。由二项分布的概率公式可以很方便地计算出 K 取当前值及更极端值的概率，也就是此原假设下的 P 值。如果 P 值小于给定的显著性水平，如 99%，则说明在 99% 显著性水平下可以拒绝中位数为 0 的原假设，即在统计意义上可以认为这组观测数据的中位数不为 0。其检验步骤如下：

（1）设原假设为 $H_0 : M_0 \leqslant 0$，备择假设 $H_1 : M_0 > 0$；

（2）设 S_+ 为大于 M_0 的数据个数，S_- 为小于 M_0 的数据个数，$K = \min(S_+, S_-)$；

（3）$K \sim B(n', 0.5)$；

（4）计算出 K 取当前值及更极端值的概率，即 P 值；

（5）根据 P 值决定是否拒绝原假设。

如果是对成对数据的差做此检验，并得到上述拒绝原假设的结论，则说明在统计意义上可以拒绝两组数据中位数相等的原假设，即两组数据的中位数不相等。就本节所研究问题而言，如果得到两分类模型的 N 重 K 折交叉验证测试集误判率序列，而使用此非参数检验方法得到拒绝两序列差的中位数为 0 的原假设，则说明两分类模型在交叉验证测试集上的"平均"分类效果在 99% 的显著性水平下存在差异，即有一个模型显著优于另一个模型。这里使用非参数假设检验方法，使得结果更加稳健，而不易受到某个模型在一次交叉验证的某个测试集上表现得非常好，而在其他测试集表现平平这种分类模型的某次"超常表现"的影响，更好地体现了泛化能力的强弱，并避免了过拟合问题。

2.4　倾向性分析技术

机器学习（Machine Learning，ML）是一门涉及多个领域的学科，它是专门研究怎样使计算机模拟人类的学习行为，以获取最新的知识，重新组织已有的知识结构使之不断改善自身的性能。通俗来讲，机器学习就是使计算机使用某些算法来模拟人类的学习能力并自动解决新的问题。

机器学习的基本流程如图 2-24 所示，首先从外部环境中得到刺激，然后使用特定的方法来对这些外部刺激进行学习，之后将学习结果存入知识库，最后利用知识库中的知识去执行某些功能，在执行中会产生新的刺激，又可以将新的刺激返回给学习阶段，利用这种方法不断地学习，从而增强处理能力。

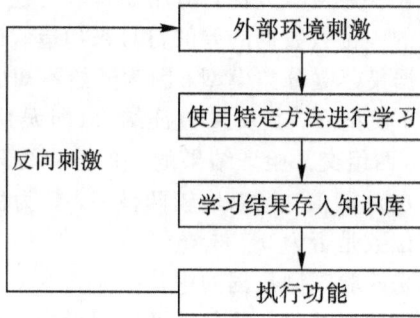

图 2-24　机器学习的基本流程

　　基于机器学习的文本分类方法中，最重要的是构造分类器。构造分类器的优劣直接决定了分类效果。目前用于构造分类器的机器学习方法主要有以下几种。

2.4.1　朴素贝叶斯

　　贝叶斯分类器诸多算法中，朴素贝叶斯分类模型[84]是最早被提出的。它的算法逻辑简单，运算速度比同类算法快很多，分类所需的时间也比较短，并且大多数情况下分类精度也比较高，因而在实际中得到了广泛的应用。朴素贝叶斯分类器有一个朴素的假定：将属性的类条件独立性假设作为前提，即在给定类别状态的条件下，属性之间是相互独立的。朴素贝叶斯分类器的结构示意图如图 2-25 所示。

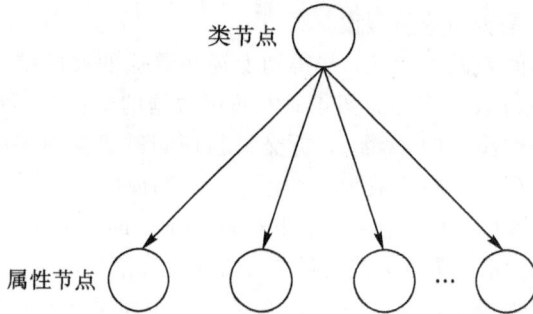

图 2-25　朴素贝叶斯分类器的结构示意图

　　假设样本空间有 m 个类别 $\{C_1, C_2, \cdots, C_m\}$，数据集有 n 个属性 A_1，A_2，$\cdots$，A_n，给定一未知类别的样本 $X = (x_1, x_2, \cdots, x_n)$，其中 x_i 表示第 i 个属性的取值，即 $x_i \in A_i$，则可用贝叶斯公式计算样本 $X = (x_1, x_2, \cdots, x_n)$ 属于类别 $C_k(I \leqslant k \leqslant m)$ 的概率。由贝叶斯公式得 $P(C_k \mid X) = \dfrac{P(C_k) P(X \mid C_k)}{P(X)} \propto P(C_k) P(X \mid C_k)$，即要得到 $P(C_k \mid X)$ 的值，关键是要计算 $P(X \mid C_k)$ 和 $p(C_k)$。令 $C(X)$ 为 X 所属的类别标签，根据贝叶斯分类准则，如果对于任意 $i \neq j$ 都有 $P(C_i \mid X) > P(C_j \mid X)$ 成立，则把未知类别的样本 X 指派给类别 C_i，贝叶斯分类器的计算模型为

$$V(X) = \arg \max P(C_i) P(X \mid C_i) \tag{2-61}$$

　　根据朴素贝叶斯分类器的属性的类条件独立性假设，假设各属性 $x_i(i = 1, 2, \cdots, n)$ 间相互类条件独立，则

$$P(X \mid C_i) = \prod_{k=1}^{n} P(x_k \mid C_i) \qquad (2-62)$$

于是式(2-61)被修改为

$$V(X) = \arg \max P(C_i) \prod_{k=1}^{n} P(x_k \mid C_i) \qquad (2-63)$$

$P(C_i)$ 为先验概率，可通过 $P(C_i) = d_i/d$ 计算得到。其中，d_i 是属于类别 C_i 的训练样本的个数，d 是训练样本的总数。若属性 A_k 是离散的，则概率可由 $P(x_k \mid C_i) = d_{ik}/d_i$ 计算得到。其中，d_{ik} 是训练样本集合中属于类 C_i 并且属性 A_k 取值为 x_k 的样本个数，d_i 是属于类 C_i 的训练样本的个数。

朴素贝叶斯分类器的具体工作过程如下：

(1) 用一个 n 维特征向量 $X = (x_1, x_2, \cdots, x_n)$ 来表示数据样本，描述样本 $\boldsymbol{X}$ 对 n 个属性 $A_1, A_2, \cdots, A_n$ 的度量。

(2) 假定样本空间有 m 个类别状态 $C_1, C_2, \cdots, C_m$。对于给定的一个未知类别标号的数据样本 X，分类算法将 X 判定为具有最高后验概率的类别。也就是说，朴素贝叶斯分类算法将未知类别的样本 X 分配给类别 C_i，当且仅当对于任意的 j，始终有 $P(C_i \mid X) > P(C_j \mid X)$ 成立，$1 \leqslant j \leqslant m$，$j \neq i$。使 $P(C_i \mid X)$ 取得最大值的类别 C_i 被称为最大后验假定。

(3) 由于 $P(X)$ 不依赖于类别状态，对于所有类别都是常数，因此根据贝叶斯定理，要最大化 $P(C_i \mid X)$，只需要最大化 $P(X \mid C_i) P(C_i)$ 即可。如果类的先验概率未知，则通常假设这些类别的概率是相等的，即 $P(C_1) = P(C_2) = \cdots = P(C_m)$，所以只需要最大化 $P(X \mid C_i)$ 即可，否则就要最大化 $P(X \mid C_i) P(C_i)$。可用频率 S_i/S 对 $P(C_1)$ 进行估计计算，S_i 是给定类别 C_1 中训练样本的个数，S 是训练样本(实例空间)的总数。

(4) 当实例空间中训练样本的属性较多时，计算 $P(X \mid C_i)$ 可能会比较费时，开销较大，此时可以做类条件独立性假设：在给定样本类别标号的条件下，假定属性值是相互条件独立的，属性之间不存在任何依赖关系。因此，下面等式成立：$P(X \mid C_i) = \prod_{k=1}^{n} P(x_k \mid C_i)$。其中，概率 $P(x_1 \mid C_1)$，$P(x_2 \mid C_2)$，$\cdots$，$P(x_n \mid C_i)$ 的计算可由样本空间中的训练样本进行估计。实际问题中，根据样本属性 A_k 的离散或连续性质，考虑下面两种情形：

① 如果属性 A_k 是连续的，则一般假定它服从正态分布，进而计算类条件概率。

② 如果属性 A_k 是离散的，则 $P(x_k \mid C_i) = S_{ik}/S_i$，其中 S_{ik} 是在实例空间中类别为 C_i 的样本中属性 A_k 上取值为 x_k 的训练样本个数，而 S_i 是属于类别 C_i 的训练样本个数。

(5) 对于未知类别的样本 X，对每个类别 C_i 分别计算 $P(X \mid C_i) P(C_i)$。样本 X 被认为属于类别 C_i，当且仅当 $P(X \mid C_i) P(C_i) > P(X \mid C_j) P(C_j)$，$1 \leqslant j \leqslant m$，$j \neq i$。也就是说样本 X 被指派到使 $P(X \mid C_i) P(C_i)$ 取得最大值的类别 C_i。

朴素贝叶斯分类模型的算法描述如下：

(1) 对训练样本数据集和测试样本数据集进行离散化处理和缺失值处理；

(2) 扫描训练样本数据集，分别统计训练集中类别 C_i 的个数 d_i 和属于类别 C_i 的样本中属性 A_k 取值为 x_k 的实例样本个数 d_{ik}，构成统计表；

(3) 计算先验概率 $P(C_i) = d_i/d$ 和条件概率 $P(A_k = x_k \mid C_i) = d_{ik}/d_i$，构成概率表；

（4）构建分类模型 $V(X) = \arg \max P(C_i) P(X | C_i)$；

（5）扫描待分类的样本数据集，调用已得到的统计表、概率表以及构建好的分类准则，得出分类结果。

朴素贝叶斯分类模型有诸多优点：逻辑简单，易于实现，分类过程中算法的时间和空间开销比较小；算法比较稳定，分类性能对于具有不同数据特点的数据集合其差别不大，即具有比较好的健壮性。

尽管在实际情况中难以满足朴素贝叶斯分类模型的属性的类条件独立性假设，但其分类预测效果在大多数情况下仍比较精确。原因如下：要估计的参数比较少，从而加强了估计的稳定性；虽然概率估计是有偏的，但人们大多关心的不是它的绝对值，而是它的排列次序，因此有偏的概率估计在某些情况下可能并不要紧；现实中很多时候已经对数据进行了预处理，比如对变量进行了筛选，可能已经去掉了高度相关的量等。除了分类性能很好外，贝叶斯分类模型还具有形式简单、可扩展性很强和可理解性很好等优点。

朴素贝叶斯分类器的缺点是：在很多实际问题中，属性的类条件独立性假设并不成立，如果在属性间存在相关性的实际问题中忽视这一点将会导致分类效果下降。

朴素贝叶斯分类模型虽然在某些不满足独立性假设的情况下分类效果仍比较好，但是大量研究表明，可以通过各种改进方法来提高朴素贝叶斯分类器的性能。朴素贝叶斯分类器的改进方法主要有两类：一类是弱化属性的类条件独立性假设，在朴素贝叶斯分类器的基础上构建属性间的相关性，如构建相关性度量公式，增加属性间可能存在的依赖关系；另一类是构建新的样本属性集，期望在新的属性集中，属性间存在较好的类条件独立关系。

2.4.2 支持向量机

支持向量机（Support Vector Mechine，SVM）是由 Vapnik 根据统计学习理论提出的一种新的监督学习算法，被广泛地应用于分类问题中，其框架结构如图 2-26 所示。SVM 的理论较为简单，而且在分类问题中的应用效果比较好，所以是数据挖掘最常用的算法之一。

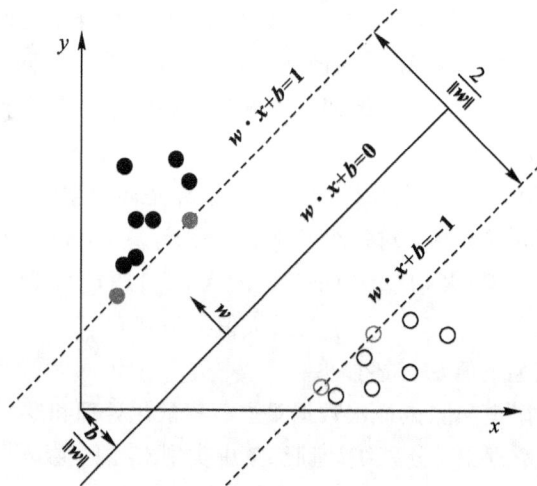

图 2-26 SVM 图示

简单地说，SVM 的理论就是找到一个超平面，使得两个类的集合尽量分开，即让 margin 达到最大。

下面我们严格叙述一下 SVM 算法。

首先，我们假设有一堆点集 $\{x_i, y_i\}$，$i=1, 2, \cdots, n$，$x_i \in \mathbf{R}^n$，$y_i \in \{+1, -1\}$。我们希望找到一条直线 $f(x) = w^{\mathrm{T}}x - b$ 使得所有 $y_i = -1$ 的点落在 $f(x) < 0$ 的这一边，所有 $y_i = +1$ 的点落在 $f(x) > 0$ 的这一边，这样就可以用 $f(x)$ 的正负区分为两类。

与分隔平面 $w^{\mathrm{T}}x - b = 0$ 平行的，且最靠近两边的超平面就是支持向量。以二维为例，可以将两个平面表示为

$$w^{\mathrm{T}}x = b + \delta$$
$$w^{\mathrm{T}}x = b - \delta$$

当然，为了方便计算，可以令 $\delta = 1$。

两个支持向量的间距为 margin $= \dfrac{1}{\|w\|}$，尽量让间距变大，而我们将限制条件写为

$$w^{\mathrm{T}}x_i - b \leqslant -1, \ \forall \ y_i = -1$$
$$w^{\mathrm{T}}x_i - b \leqslant +1, \ \forall \ y_i = +1$$

即 $y_i(w^{\mathrm{T}}x_i - b) - 1 \geqslant 0$。

我们的目标函数为

$$\text{minimize} \frac{1}{2}\|w\|^2, \ y_i(w^{\mathrm{T}}x_i - b) - 1 \geqslant 0, \ \forall \ i$$

然后利用拉格朗日乘子法可以得到最优解，这样就建立了分类器。

当然，SVM 构建的分类器是线性的。如果线性不可分，就要利用核函数将数据从低维映射到高维。

SVM 针对的是二分类问题，在此基础上也可以扩展到多分类问题。SVM 在解决多分类问题时的策略主要有两种：

（1）一对多：有 k 类，则会建立 k 个 SVM 分类器。第 m 个 SVM 分类器可以将第 m 类与其他类分开。该策略用来建立分类是不是属于特定类的 SVM 分类器。

（2）一对一：两类建立一个 SVM 分类器，共需建立 $k(k-1)/2$ 个 SVM 分类器。该策略通过二叉树形式的逐级淘汰的方式确定最终属于哪一类。

2.4.3　最大熵分类器

最大熵分类器也称最大熵模型（Maximum Entropy Models）、Logistic 模型、指数（Exponential）模型、log-linear 模型等。它的基本思想是：为所有已知的因素建立模型，而把所有未知的因素排除在外。也就是说，要找到这样一个概率分布，它满足所有已知的事实，且不受任何未知因素的影响，即从符合条件的分布中选择熵最大的分布作为最优的分布。最大熵分类器已经成功应用于信息抽取、句法分析等多个自然语言处理领域。

通过第 1 章对情感分析现状的深入研究发现，目前很多情感分析研究的特征选择均考虑了特征自身对情感分类的重要性，却忽略了词汇特征间的语义关系和词所处的语境对词义产生的影响，而潜在语义分析（Latent Semantic Analysis，LSA）技术能将文本映射到低

维潜在语义空间以获得文本的重新描述，文本在这个空间的表示能更好地反映文本之间的语义相似度。最大熵分类器能灵活地定义特征函数，可以在已知语境限制条件下更好地估计未知词语情感倾向的概率分布。本书综合考虑词语间的语义关系、词语的语境和词语的各类特征对情感词分类的重要影响，采用潜在语义分析的方法对文本特征进行降维，并构造了混合多特征的特征函数，使用最大熵分类器对情感词进行分类。

首先对语料进行分词、词性标注等预处理，选择与情感词识别相关的动词、形容词、副词和否定词，采用潜在语义分析技术将文本映射到潜在语义空间，在奇异值分解的基础上构造更能反映词语间语义相似关系的表示模型；然后，利用最大熵模型进行情感词识别及分类。

最大熵分类模型主要由以下两部分组成：

（1）生成模型的参数文件，主要包括：

① 特征提取，即根据选定的特征模板进行特征提取，生成用于训练参数的文件。这部分主要用 LSA 算法计算情感词的语义特征。

② 训练参数，即根据选定的特征模板进行参数训练，生成参数的值，存放在文件中。

（2）情感词判别。对语料进行分词和词性标注，筛选出候选情感词，对于每一个候选情感词：首先查找情感词词典，如果存在，则进行标记；如果没有找到，则根据选定的特征模板，读取参数 λ_i 的值，对特定的上下文 b，计算词语属于某类情感倾向 a 的概率 $P(a|b)$，选择概率最大的类，用相应的标记进行情感词倾向的标注，并以该概率作为标注情感词的情感置信度。

最终各类的结果按情感置信度降序排列，选取置信度大的词为情感词，人工校验后将得到的新情感词加入已有的情感词典中，作为下面情感句识别的情感词典。置信度是指做出判断的把握程度，有把握做出正确判断的结果应该往前排。也就是说，置信度的具体取值并不重要，重点是要找出"是或不是、有或无"的分界[85]，本节把最有把握判断正确的结果排在前面，以方便对实验结果进行分析，对后面的情感句进行识别。

下面介绍基于最大熵的情感倾向性分类模型的构造。

给定一个词和词的上下文 c_i，我们希望得到满足所有约束条件的模型中熵最大的模型，即

$$T^* = \arg\max P(t_i \mid c_i)$$

其中，t_i 代表词 w_i 的情感倾向，$P(t_i \mid c_i)$ 表示词 w_i 在上下文 c_i 的条件下被标记为 t_i 的熵。

当未知概率分布均等时，熵最大，此时的分布即为所求分布。将上下文条件变成一组特定的特征函数，将特征函数 f_i 的权重用 λ_i 表示，本节通过计算特征函数的线性组合 $\sum_i \lambda_i f_i(t, c)$ 来估计一个概率模型，则其最大熵解的形式为

$$H(t|c, \lambda) = \frac{\exp \sum_i \lambda_i f_i(t, c)}{\sum_i \exp \sum_i \lambda_i f_i(t, c)} \tag{2-64}$$

其中，f 是特征函数，t 表示词的情感倾向类别，$\sum_i \exp \sum_i \lambda_i f_i(t, c)$ 为归一化因子。本节用 $P(t_i \mid c, \lambda)$ 来表示词 w_i 情感置信度。

2.4.4 基于多分类器的方法

为了减少用于训练的文档的数量，有研究者提出了多分类器的方法。该方法采用多个分类器共同对文档进行分类，每个分类器只使用特征集合中的一部分特征。

在训练过程中，利用特征集合 $F\{f_i | i = 1, 2, \cdots, m\}$ 中的几种特征训练分类器 C_1，C_2，$\cdots$，C_n。训练过程如下：首先利用分类器 C_1 对整个训练集文档进行分类，并将分类错误的文档移出训练集；然后将分类器 C_2 对精简后的训练集进行分类。如此反复，直至所有分类器都被应用。文献[86]记述了利用五种分类器进行分类的结果。

2.4.5 基于相似度的方法

基于相似度的方法的基本思想与 K 近邻方法类似，即利用 K 个已标记的样本点，通过样本之间的相似度来对新的样本进行标记。基于相似度的方法采用语句间公共单词、短语的数量以及语义词典中的词语相似度来计算语句的语义相似度。

这方面的研究，以 Turney 等人的工作为代表。该方法利用词语的语义关系，即通过分析词语与正向基准词及负向基准词之间的逐点互信息（Point-Wisemutual Information）来构建情感词典[87]。

对于词语 t 和基准词集（S_p 代表正向基准词、S_n 代表负向基准词），词语 t 的语义倾向 $O(t)$ 可以被表示为它与正、负基准词之间互信息的差值，即

$$O(t) = \sum_{t_i \in S_p} \mathrm{PMI}(t, t_i) - \sum_{t_i \in S_n} \mathrm{PMI}(t, t_i) \tag{2-65}$$

其中，词语的逐点互信息可以通过语料中词语的共现信息等方式得到。该文献利用搜索引擎 Alta Vista(http://www.altavista.com/)提供的 NEAR 操作符，得到了包含这两个词语的网页。在文献[88]中，利用如下词语作为基准词：

$$S_p = \{good, nice, excellent, positive, fortunate, correct, superior\}$$
$$S_n = \{bad, nasty, poor, negative, unfortunate, wrong, inferior\}$$

此外，文献[89]对文献[88]的研究进行了扩展。除保留这两个文献的基本假设外，又增加了一个假设：具有相反语义倾向的词语不在同一语句中共现。这个增加的假设提高了算法的可靠性。

该方法利用 Wordnet 提供的词语关系（如同义、反义、词语上下位关系等）和词条解释来计算词语语义倾向。

在文献[90]中描述了算法 STEP(Semantic Tag Extraction Program)，该方法从一个规模很小的基准词集开始，通过以下步骤构建情感词典：

(1) 利用语义词典提供的同义词、反义词、上位词等信息对基准词集进行扩充。如果基准词集每次的扩充规模为 5%，则可以获得与人工标注相当的准确率。

(2) 将所有解释词条中包含基准词的词语扩充到基准词集合中。

(3) 利用 POS 对扩充的基准词集进行消歧，并对扩充后的集合进行后处理，过滤掉一部分词语。

在该算法中，使用"净交迭分数"来判断一个词语对于一个语义类别的隶属程度。该算法利用 S 函数[91]将"净交迭分数"进行归一化，即将该值映射到区间[0,1]上。S 函数定义如下：

$$S(u, \alpha, \beta, \gamma) = \begin{cases} 0 & , u \leqslant \alpha \\ 2\left(\dfrac{u-\alpha}{\gamma-\alpha}\right)^2 & , \alpha < u \leqslant \beta \\ 1 - 2\left(\dfrac{u-\alpha}{\gamma-\alpha}\right)^2 & , \beta < u \leqslant \gamma \\ 1 & , u > \gamma \end{cases} \qquad (2-66)$$

其中，u 为"净交迭分数"，α、β、γ 为三个可调参数。在该文献中，α 设为 1；γ 设为 15；β 为 α 和 γ 的平均值，设为 8。

2.4.6　基于图论的方法

文献[92]首先从大规模语料中抽取由连词（and、but、or 等）连接的词对，并利用这些词语对进行语气词典构建。该方法的潜在假设为：由"and"连接的两个形容词具有相同的语义倾向；由"but"连接的两个形容词具有相反的语义倾向。计算过程如下：

（1）从语料中抽取所有由连接词连接的词对。

（2）利用一个线性回归分类器，训练并分类所有词对，然后利用词语间的相同、相反关系构建词语关系图。

（3）利用聚类算法将该图分为两个子图，从而完成情感词典构建任务。

在该算法中，线性回归模型用于预测词语之间的语义关系：如果输出 y 为 1，代表两个词语具有相同的语义倾向；反之，如果输出 y 为 0，则代表两个词语具有相反的语义倾向。

然后，该算法利用目标函数 $\Phi(p)$ 将词语关系图划分为两个子图 C_1 和 C_2。

$$\Phi(p) = \sum_{i=1}^{2} \frac{1}{|c_i|} \sum_{x, y \in c_i, x \neq y} d(x, y) \qquad (2-67)$$

其中，$|c_i|$ 为子图 i 的大小，$d(x, y)$ 为词语 x 和 y 之间的相似度。

由于该算法是无监督的，因此需要的语料集规模相对较大。

此外，文献[51]通过利用 Wordnet 等语义词典提供的词语间语义关系来构建情感词典。该方法的潜在假设为：具有较强语义关系的两个词语具有相同的语义倾向。通常来说，可以利用词语语义关系构建图，然后利用语义词典中的同义关系为图增加连边。然后，可以利用基于图论的一些方法计算两个词语间的距离。在文献[88]中，通过以下步骤构建情感词典：

（1）针对 Wordnet 中的所有词语，标出其中所有的同义关系。

（2）定义词语 t_1 和 t_2 之间的距离函数 $d(t_1, t_2)$。在该文献中，将图中两个词语节点间的最短路径作为两个词语间的距离。

（3）通过每个词语与基准词 good 和 bad 的相对距离计算该词语的语义倾向，即

$$SO(t) = \frac{d(t, \text{good}) - d(t, \text{bad})}{d(\text{good}, \text{bad})} \qquad (2-68)$$

（4）通过 $SO(t)$ 判定词语的语义倾向：如果 $SO(t) > 0$，则该词语的语义倾向为褒义；否则，为贬义。

类似地，Pang 等人利用图的最小切分思想进行主、客观分类，即将 n 个文档（或语句）$x_1, x_2, \cdots, x_n$ 分为两个类别 C_1 和 C_2。

该方法通过 $\mathrm{ind}_j(x_i)$ 和 $\mathrm{assoc}(x_i, x_k)$ 来构造最小切分的目标函数。其中，$\mathrm{ind}_j(x_i)$ 用来代表 x_i 被错划为类别 C_j 的代价，$\mathrm{assoc}(x_i, x_k)$ 用来代表类别 C_i 中每个元素被错划为类别 C_k 的代价。

这样，目标函数被定义为

$$\sum_{x \in c_1} \mathrm{ind}_2(x) + \sum_{x \in c_2} \mathrm{ind}_1(x) + \sum_{x_i \in c_1,\, x_k \in c_2} \mathrm{assoc}(x_i, x_k) \tag{2-69}$$

问题转化为寻找该目标函数的最小值。

2.4.7　条件随机场

条件随机场(Conditional Random Fields)是一个在给定输入节点(观察值)条件下计算输出节点(标记)的条件概率的无向图模型。条件随机场模型特别擅长处理序列标记问题。在属性级的文本倾向性分析研究中，该模型用于标记评论语气词与评论对象的关联。

在文献中，通过结合条件随机场(CRF)和一种有监督的抽取模式学习器 Auto Slog[93] 来识别语句中的评价对象。其抽取过程如下：对于句子中的词语序列 $(x_1, x_2, \cdots, x_n)$，首先利用 CRF 对该序列进行标注，以确定每个词语是否为评价对象：

$$P(y \mid x) = \frac{1}{Z_x} \exp\left(\sum_{i,k} \lambda_k f_k(y_i - 1, y_i, x) \right) \tag{2-70}$$

$$Z_x = \sum_y \exp\left(\sum_{i,k} \lambda_k f_k(y_i - 1, y_i, x) \right) \tag{2-71}$$

其标注结果为 $(y_1, y_2, \cdots, y_n)$；然后利用 Auto Slog 生成抽取模式，并最终抽取出评价对象。

2.4.8　情感分类器的领域移植

由于文本语气表达具有领域特性，因此通常来说，利用在某个领域训练的分类器对新的领域文本进行分类其性能较差，这就是所谓的领域移植问题。

文献[94]尝试通过合并旧领域的标注文本与新领域的未标注文本来解决分类的领域移植问题。其基本思想是：首先利用旧领域的分类器对新领域中 n 个有代表性的样本进行分类(n 为预设参数)；然后用这些分类后的样本训练新领域的分类器；最后用该分类器对新领域中所有测试文档进行分类。

此外，文献[95]实验了四种分类器领域移植的方法；文献[96]提出了一种新的利用 Usenet 中的情感词连接表达来训练分类器的方法。实验结果表明，该方法可以减少分类器对于领域的依赖性。

第3章　互联网＋用户情感的识别与计算

社会网络中用户情感的表达蕴含在文本之中，情感特征包括具有个人情感色彩的表情符号特征[97]、语气特征、情感词特征等，其中，情感词是主要特征。社交网络中用户情感特征识别的关键基础是建立情感分类词典，本章在现有情感词典的基础上，加入基于"和颐酒店女生遇袭"事件的热点事件语料库提取的新情感词作为扩展，最后形成本章最终所构建的情感词表，主要构建流程如下：

（1）收集现有情感词表形成目标词汇库；

（2）以"和颐酒店女生遇袭"事件的相关微博数据作为待分析语料库，对情感词汇进行扩展，形成扩展词库；

（3）将目标词库和扩展词库中的情感词进行汇总，对所有情感词的词性、词义、强度、极性和情感类型等进行标注和描述；

（4）对情感特征进行分类，最终形成情感分类词表。

情感分类词表构建的基本流程图如图3－1所示。

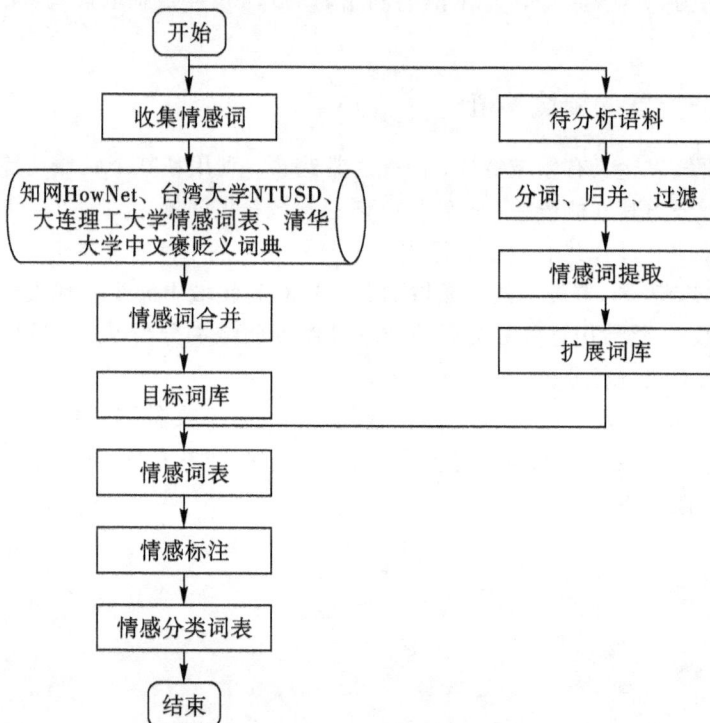

图3－1　情感分类词表构建流程

3.1　基于词典的情感分类词表构建

3.1.1　目标词汇来源

1. 知网 HowNet 情感分析中文词表

知网 HowNet 情感分析中文词表（2007 版）[98]包含了 836 个正面情感词汇和 1254 个负面情感词汇，以及 3730 个正面评价词和 3116 个负面评价词，将所有情感词合并，删除正面词汇重复项 38 个、负面词汇重复项 50 个后共得到 8848 个情感词汇，其中正面词汇4528 个，负面词汇 4320 个。

2. 台湾大学 NTUSD

台湾大学 NTUSD 中包含了 2810 个正面情感词，8274 个负面情感词[99]。情感词典中情感词的选择需与分词结果中的词语相匹配，因此，对 NTUSD 词典进行校对后，首先可以去除大量的"的"，词典中大多数词后都添加了"的"字，比如同时存在"了不起"和"了不起的"，本节将删除含"的"的词语，只保留不含"的"的词语。对于重复表达或多余的修饰语，包括"天使般的人""引以为荣的事物""使人信服的"等词，这种情况下只保留"天使""引以为荣""信服"。另外，词典中含有一些较为繁琐的表达，比如"心满意足地注视"，这时只保留"心满意足"。对于词典中"使……失去法律保护"的说法，考虑到现实生活中词语的使用习惯，将只保留"失去法律保护"。修正后，共得到正面情感词 1511 个、负面情感词 4597 个。

3. 大连理工大学中文情感词汇本体库

大连理工大学信息检索研究室（DUTIR）中文情感词汇本体库共包含了 27 466 个情感词，并对中文词汇或短语进行了不同角度的描述，如词语的词性种类、情感强度、情感极性和情感类别等。对本体库中的情感词进行分类汇总与去重处理后，共得到正面情感词13 460 个、负面情感词 13 783 个。

4. 清华大学中文褒贬义词典

清华大学中文褒贬义词典（v1.0）由清华大学自然语言处理与社会人文计算实验室发布，共包含褒义词 5567 个，贬义词 4469 个。

本节对知网 HowNet、台湾大学 NTUSD、大连理工大学中文情感词汇本体库以及清华大学中文褒贬义词典这四个来源词典（各词典情感词数量如表 3-1 所示）进行合并去重。针对正面词汇，基于大连理工大学中文情感词汇本体库，先将其 13 460 个正面词汇与 4528 个HowNet 正面词汇合并删除 2674 个重复词汇后得到 15 314 个正面词汇；再加入 1511 个NTUSD 正面词汇，去掉 950 个重复词汇后得到正面词汇 15 875 个；最后加入 5567 个清华大学中文褒义词，删除 3917 个重复词汇后得到正面词汇 17 525 个。

针对负面词汇，先将 13 783 个大连理工中文负面词汇与 4320 个 HowNet 负面词汇汇总，删除 2665 个重复词后，得到 15 438 个负面词汇；再加入 4597 个 NTUSD 负面词汇，删除 1727 个重复词得到 18 308 个负面词汇；然后加入 4469 个清华大学中文贬义词，删除 3806 个重复词得到18 971个负面词汇；最后将所有词合并去重，目标词库中共包括情感词汇 35 800 个。

表 3 - 1　目标词汇来源情感词数量表

目标词汇来源	正面词汇	负面词汇	总数
知网 HowNet	4528	4320	8848
台湾大学 NTUSD	1511	4597	6108
大连理工大学中文情感词汇本体库	13 460	13 783	27 243
清华大学中文褒贬义词典	5567	4469	10 036
汇总整理后	17 525	18 971	35 800

3.1.2　基于 HowNet 的义项标注

　　HowNet[99]知识库是由中国科学院计算机语言信息工程研究中心董振东教授编制的。HowNet 知识库编制的思想就是试图用一系列"义原"来描述每一个概念。HowNet 中的词由不同的概念或义项表示，每一个义项又由一个或多个义原组成，义原是表示知识的最小单位。HowNet 一共采用了 1500 个义原，又将这些义原分为了十个大类，包括了用于描述概念语义特征的"基本义原"、描述语法特征的"语法义原"和描述概念间关系的"关系义原"。

　　Yan 和 Bracewell 等人通过整理 HowNet 用于描述情感的义原，通过义原表达的语义特征对这些义原的上下级关系进行表示，通过情感义原提取 HowNet 中的情感词，通过义原的上下级关系来定义情感词的等级关系，形成情感词本体[100]。可见，HowNet 对词的标注方式不但可以很好地定义词的情感信息，还可以通过义原对词汇的情感进行等级划分。本书将按照 HowNet 对词的定义方式利用义原对已经形成的 14 401 个目标词进行描述。如表 3 - 2 所示为目标词标注示例，其中高兴、讨厌、粗心、粗鲁和羞耻为所要标注的目标词。表中其余部分为相应目标词的标注结果。"ADJ""V"和"N"等为语法义原，描述目标词的词性信息；"aValue|属性值"为基本义原所属类，其所描述的概念类型为某一种属性的值。

表 3 - 2　目标词标注示例

：高兴 ADJ aValue|属性值，circumstances|境况，happy|幸福，desired|良 V joyful|喜悦 V willing|愿意
：讨厌 ADJ aValue|属性值，easiness|难易，difficult|难，undesired|莠 ADJ aValue|属性值，impression|印象，bad|坏，undesired|莠 V disgust|厌恶
：粗心 ADJ aValue|属性值，behavior|举止，careless|苟，undesired|莠
：粗鲁 ADJ aValue|属性值，behavior|举止，fierce|暴，undesired|莠
：羞耻 N emotion|情感，shy|羞愧

　　对目标词进行义项标注，由于目标词不仅仅来源于 HowNet 知识库，所以部分词会得不到自动标注。本文将 HowNet 知识库里已有的词进行自动标注，HowNet 知识库以外的词，根据义项标注规则进行手动标注，最后将含义不明确的单字以及无明显褒贬义的词语删除，最终形成包含情感词和评价词在内的 13 570 个词汇。每一个词汇都由一个或多个义项来标注，每一个义项包含了词性信息和表达词汇含义的一个或多个义原组成，义原是表达词汇意思的最小单位，不同义原的组合可表示出词汇的一个或多个概念。

3.1.3　目标词分类方法

　　本书在第 2 章已对现有情感词典构建的研究进行了介绍，情感词典的构建主要有基于现有词典和基于语料库两种方法。这两种方法均需要首先根据人类知识构建分类框架，然后为每一个分类建立一系列标准词汇，最后通过语义相似度计算方法计算目标词与标准词之间的相似度，将目标词归属于语义相似度总和高的类。而目前的中文语义相似度算法主要有基于 HowNet 的语义相似度计算和基于语料库的点互信息（Pointwise Mutual Infomation，PMI）或共现计算。王振宇和吴泽衡等人提出一种 HowNet 和 PMI 相融合的词语极性计算方法，利用知网进行同义词扩展，降低情感词在语料库中出现频率低所带来的问题[101]。总体来说，基于 HowNet 或 PMI 的相似度计算均存在各自的缺陷，PMI 方法需要依托完善的语料库，基于 HowNet 等词典的相似度计算依托于词典的准确性和算法的完备性，并且目前两种方法均无法实现自动准确的情感分类和极性判断。比较有代表性的观点，刘群提出基于 HowNet 的语义相似度算法对情感词相似度判断的结果也存在明显的错误[102]。由于情感词不像普通词汇那样需要考虑语义的上下文和等级关系，只需要对其类别进行判断即可，相对于全体词汇的相似度判断来说容易一些，如果利用主要考虑上下文关系的 HowNet 相似度算法对其进行类别判断，必然会存在错误的结果。由于 HowNet 总共包含了 1500 个义原，我们只需要将表示情感的义原进行分类判断便可以进一步判断相应词汇的情感。为此，本章采用对义原进行分类编码的方式实现对情感词的分类。

　　我们对 13 570 个词汇所包含的所有义原进行统计合并，发现这 13 570 个词汇共有3264 种互不相同的义项，这些义项又由 1257 个义原来表示，通过对义原进行分类和编码，实现对词汇的分类和组织。为此，本文对 1257 个义原进行分析，结合 HowNet 标注词汇的规则、13 570 个词汇的特点以及研究问题的需要将义原进行分类编码。这些含有褒贬义的词汇可以分为以下几种类型：第一种是反映人们内心感受和体验的情绪词，如悲哀、开心等；第二类是指向客观事物的评价词，这些词反映了人们对客观事物或其他人的评价结果，如善良、好、劣质等；第三类是具有褒贬含义的动作，如损害、改善等；第四类是具有褒贬含义的名词，如毒品、洪水、骷髅。由于后两类的义原和词语数量较少，而且在广义上可以看做是对行为和事物的正负面的评价，所以本文将后三类词统称为评价词，但会在标注时做不同的区分。所以，本研究构建的情感分类词表分为两大部分，分别为情绪分类词表和评价分类词表，下面分别对这两个词表的构建过程进行详细介绍。

3.1.4　情绪分类词表构建

1. 情绪义原分类体系

目前心理学中对情绪分类的研究很多，形成了多种情绪维度理论。依据情绪是源自或是激发了自我关注还是他人关注，情绪可以被分为自我指向（self-focus）的情绪和他人指向情绪（other-focus）两类。自我指向情绪，如高兴、骄傲、生气、挫败都涉及个体内部的体验（包括动机、需求和能力等）；相对应的，平和、同情、悲伤、愧疚等他人指向的情绪，涉及个体与外界他人的交互性，在这类情绪体验中，个体注重他人的感受，内在的自我体验在与外在他人交互的过程中才会获得平衡。

在情绪类型的划分上，存在多种分类方式。传统的情绪维度理论认为人类的情绪可以通过几个维度进行区分，目前较为常用的方法是"效价—唤醒度"的划分方法[103]：依据效价（valence）将情绪分为正、负两极，位于正极的为积极情绪，通常带来愉悦感受，位于负极的为消极情绪，通常产生不愉悦感受；同时依据唤醒度（Arousal）区分情绪的强弱，唤醒度越大，所产生的情绪就越强烈。

冯特提出的三维理论认为：情绪是由三个维度组成的，即愉快——不愉快；激动——平静；紧张——松弛。每一种具体情绪分布在三个维度的两极之间不同的位置上。他的这种看法为情绪的维度理论奠定了基础。20世纪50年代，施洛伯格根据面部表情的研究提出，情绪的维度有愉快——不愉快、注意——拒绝和激活水平三个维度，建立了一个三维模式图。其三维模式图长轴为快乐维度，短轴为注意维度，垂直于椭圆面的轴则是激活水平的强度维度，三个不同水平的整合可以得到各种情绪。

20世纪60年代末，普拉切克提出，情绪具有强度、相似性和两极性等三个维度，并用一个倒锥体来说明三个维度之间的关系。相邻位置情绪相似；对角位置情绪对立；轴心从上到下强度由强到弱。顶部是八种最强烈的基本情绪，包括悲痛、恐惧、惊奇、接受、狂喜、狂怒、警惕、憎恨，每一类情绪中都有一些性质相似、强度依次递减的情绪，如厌恶、厌烦、哀伤、忧郁。

人类不仅具有与动物所共有的，与基本需要及生物性动机相联系的基本情绪，也具有在社会生活中发展形成的复合型情绪及社会情绪，如由反事实思维引起的后悔及庆幸，违背社会准则或道德引起的羞愧，以及内疚、共情等情绪状态[104]。尽管人类的情绪过程具有复杂性，深受文化及社会因素的影响，但众多情绪心理学家发现，复合情绪以及社会情绪均是由几种基本情绪变化融合而成的，如"爱"是由"接受"与"愉快"复合而成；轻蔑则是愤怒与厌恶情绪的复合体；恐惧、愤怒、痛苦等几种情绪的复合是典型的焦虑。美国心理学家 Robert Plutchik 的早期研究提出辨认面部表情的量表，列出愉快（happiness）、惊奇（surprise）、悲伤（sadness）、愤怒（anger）、厌恶（disgust）和惧怕（fear）6类基本情绪的表情[105]。Ekman 等人研究发现上述6类基本情绪在显著不同的文化中均能一致被识别，并指出这6种基本情绪在生理唤醒、情绪行为、诱发事件及主观体验等方面均具有各自独特的特征[106]。

通过上述心理学中对情绪的研究和分类，可以建立情绪维度的基本认知，然后将统计出的1257个 HowNet 义原中的情绪义原进行逐一挑选归类。最终根据情绪义原的归类将情绪分为12个大类（一级类）和32个小类（二级类），类别划分及各类别所包含的主要情绪义原如表3-3所示。从情绪的指向来说，安乐（A）、漠（E）、惊/恐（G）、激动（H）、哀愁（I）、累（L）为自我指向情绪，主要指向个体内部的体验；好与愿（B）、取悦（C）、厌与反（D）、羞歉（F）、思/盼（K）、忍（J）为他人指向情绪，主要反映个体与其他人或事物之间的互动关系。在情绪的效价或极性方面，安乐（A）、好与愿（B）反映了明显的积极倾向，厌与反（D）、晕（E）、羞歉（F）、惊/恐（G）中的害怕、哀愁（I）反映了明显的消极倾向，其他的类要根据具体情境才能判断极性的正负。除此以外，上述心理学中对情绪的类别划分也基本都包含在二级类目中。

表 3 – 3　情绪词分类体系及相应情绪义原示例

一级类（编码）	二级类	二级编码	包含的 How Net 义原示例
安乐（A）	乐	A10	joyful|喜悦；optimistic|乐观；feeling by good|感觉良好
	安心	A11	at ease|安心；calm|镇静；feel no qualms|无愧
好与愿（B）	喜爱	B12	fond of|喜欢；show love|示爱；like|爱惜
	同意	B13	agree|同意；accept|接受；willing|愿意
	感激	B14	grateful|感激；excite|激动；thank|致谢
	敬	B15	salute|致敬；respect|敬佩
	贺	B16	congratulate|祝贺
	怜悯	B17	pity|怜悯
	关注	B18	soothe|安慰；pay attention|注意；well treat|善待
	相信	B19	believe|相信
	谅	B20	forgive|原谅
取悦（C）	取悦	C21	please|取悦；entice|勾引
厌与反（D）	厌恶	D22	disgust|厌恶；despise|轻视
	怒	D23	express against|谴责；angry|生气；express anger|示怒
	怨恨	D24	hate|仇恨；blame|埋怨；unsatisfied|不满
	争吵	D25	quarrel|争吵；fights|争斗
	诋毁	D26	revenge|报复；satirize|讽刺；slander|诽谤
	反对	D27	protest|抗议；resist|反抗；unwilling|不愿
	疑惑	D28	doubt|怀疑；hesitate|犹豫；guess|猜测
漠（E）	漠	E29	stupefied|木然；keep silence|不说；dizzy|昏迷
羞歉（F）	悔	F30	repent|懊悔；sorry|惋惜
	羞	F31	shy|羞愧；guiltily conscious|心虚
	歉	F32	apologize|道歉；regret|抱歉
惊/恐（G）	惊奇	G33	surprise|惊奇
	害怕	G34	frighten|唬；flurried|惊慌；fear1|害怕
激动（H）	激动	H35	excited|激动；excite|感动
哀愁（I）	衰	I36	sad|忧愁；weep|哭泣；melancholy|惆怅
	烦	I37	upset|烦恼；uneasy|不安；make worried|困扰
忍（J）	忍	J38	endure|忍耐
思/盼（K）	思	K39	think of|思念；grudge|不舍；commemorate|思念
	期待	K40	expect|期望；wait|等待
累（L）	疲乏	L41	lassitude|倦怠

　　表 3-3 为 123 个情绪义原的分类体系，除了将情绪义原提取分类以外，本节还通过人工定义了每一个情绪义原 A 的极性强度 D(A)，D(A)∈(−1.5, 1.5)，情绪义原极性强度的定义将为情绪词极性的判断提供便利。

　　通过对情绪类别进行划分将 123 个情绪义原归属于不同的情绪类别以后，需要对 123 个情绪义原定义各自的情绪类别和极性强度标签：

SememeEmo(A) = (E, N, D)

其中，A 为义原本身，E 为所属情绪类编码，N 为义原自身编号，D 为该义原的极性强度。如：

SememeEmo(joyful|喜悦) = (A10, 101, 0.9)

2. 情绪词汇编码描述

　　本文最终的情绪词表中的每一个情绪词都将由如下三元组进行表示：

WordEmo(W_i) = (C_i, F_i, M_i)

W_i 为情绪词；C_i 为该情绪词包含的情绪义原和相应 POS 信息的集合，C_i = {(P1, A1), (P2, A2), …, (Pn, An)}，P 为情绪词 W_i 的 POS 词性信息，A 为情绪词 W_i 所包含的情绪义原编号；F_i 为情绪词 W_i 所归属的情绪类信息，$F(W_i)$ = (E, D)，E 为情绪词 W_i 最终所归属的情绪类编码集合 D 为情绪词的极性强度；M_i 为情绪词 W_i 自身的编号 ID。

　　C 值可以通过本节第二部分基于 HowNet 的标注结果来获得，如"高兴"和"羞耻"一词的标注结果为表 3-4 所示，那么 C(高兴) = [(V, A10101), (V, B13123)]。由于"高兴"一词所标注的第一个义项是一个评价性概念，将在评价词本体构建部分考虑，由于这个义项不包含情绪义原，所有没有进行情绪信息的表示。其中 V 表示这一概念的词性为动词，A10101 为义原"joyful|喜悦"的编码，B13123 为义原"willing|愿意"的编码，C(羞耻) = [N, F31178]，N 表示词性为名词，F31178 为义原"shy|羞愧"的编码。

表 3-4　情绪词标注示例

：高兴
ADJ aValue|属性值, circumstances|境况, happy|幸福, desired|渴望
V joyful|喜悦
V willing|愿意
：羞耻
N emotion|情感, shy|羞愧

　　三元组中 F 值的确定基于的是之前的 C 值。如 F(高兴) = [(A10, B13), (0.9)]，其中 A10 和 B13 为"高兴"所属的情绪类型有"乐"和"同意"，0.9 为该词所包含的所有情绪义原极性强度的平均值，由于本节定义的义原"joyful|喜悦"和"willing|愿意"极性强度均为 0.9，所以"高兴"这一情绪词的极性强度为 0.9。为了将情绪词准确分类，对于含有多个情绪义原的词，将通过人工选择一个归属度可能高的情绪类型作为该词的情绪类型标签，如"高兴"一词，本节将选用 A10，作为该词的情绪类别标签。"羞耻"一词只有一个义项，义项中只包含一个情绪义原"shy|羞愧"，那么 F(羞耻) = (F31, −0.8)，−0.8 值为本文定义的义原"shy|羞愧"的极性强度。"高兴"和"羞耻"两个词最终的编码标签分别如下：

WordEmo(高兴) = {[(V, A10101), (V, B13123)], [(A10), (0.9)], 220}

WordEmo(羞耻)＝{[N,F31178],[F31,(−0.8)],2559}

情绪词编码中最后一个数字为该词在词表中的编号。通过上述步骤，不仅可以对目标词中的情绪词进行识别，而且对每一个情绪词均用三元组 WordEmo(W)进行了标识，可以很清晰地识别每一个情绪词所表示的情绪类型和词语的极性强度。通过统计共识别了3081个情绪词。每一种情绪类所包含的情绪词的个数如表 3-5 所示，表中也给出了各类别中有代表性的词汇。

表 3-5 各情绪类别中包含的情绪词个数及词汇举例

一级类(编码)	二级类	二级编码	情绪词个数	词汇举例
安乐(A)	乐	A10	245	愉悦；欢喜；美滋滋；满意；开心；如沐春风
	安心	A11	49	安心；心平气和；无愧；放心；踏实；沉着
好与愿(B)	喜爱	B12	240	心爱；钟情；赞赏；热衷；情有独钟；爱惜
	同意	B13	94	认可；同意；点头；支持；赞同；答应
	感激	B14	25	千恩万谢；感恩；感激；感动；感谢；答谢
	敬	B15	82	尊敬；敬意；爱戴；仰慕；崇敬；崇拜
	贺	B16	25	祝贺；祝福；恭喜；庆祝；恭贺；道贺
	怜悯	B17	27	同情；恻隐之心；可怜；疼惜；悲悯；怜恤
	关注	B18	75	关怀；关切；费心；顾及；留意；体贴
	相信	B19	20	信赖；信任；信服；折服；信得过；确信
	谅	B20	25	宽恕；谅解；包容；饶恕；原谅；情有可原
取悦(C)	取悦	C21	47	附会；阿谀；示好；巴结；引诱；献殷勤
厌与反(D)	厌恶	D22	104	嫌弃；讨厌；够了；腻人；鄙视；看不上
	怒	D23	417	暴跳如雷；气愤；恼火；来气；吹胡子瞪眼
	怨恨	D24	121	怀恨；埋怨；抱不平；抱怨；不满；仇恨
	争吵	D25	59	纠纷；吵闹；吵嘴；冲突；冷战；不欢而散
	诋毁	D26	73	冷嘲热讽；报复；挖苦；讥讽；中伤；污蔑
	反对	D27	83	抗议；作对；介意；批驳；不肯；拒绝
	疑惑	D28	107	猜疑；犹豫；踌躇；举棋不定；彷徨；迟疑
漠(E)	漠	E29	81	不知所措；面无表情；无语；发呆；直愣愣
羞歉(F)	悔	F30	45	懊悔；捶胸顿足；痛惜；抱憾；好不应该
	羞	F31	76	羞愧；情何以堪；害羞；忸怩；汗颜；亏心
	歉	F32	13	对不起；抱歉；内疚；过意不去；歉意
惊/恐(G)	惊奇	G33	36	惊异；惊叹；惊讶；惊愕；瞠目结舌；诧异
	害怕	G34	184	毛骨悚然；吓呆；惊惶；发指；惧怕；恐惧
激动(H)	激动	H35	22	兴奋；激昂；鼓舞；振奋；意气风发；干劲

一级类（编码）	二级类	二级编码	情绪词个数	词汇举例
哀愁（I）	衰	I36	285	悲伤；萎靡；心灰意冷；悲哀；惆怅；哭泣
	烦	I37	203	心烦意乱；焦躁；不安；皱眉；苦恼；困扰
忍（J）	忍	J38	20	忍耐；容忍；撑着；迁就；忍受；忍气吞声
思/盼（K）	思	K39	42	挂念；思念；牵肠挂肚；惦记；眷恋；想家
	期待	K40	84	魂牵梦绕；盼望；渴求；向往；憧憬；期望
累（L）	疲乏	L41	29	筋疲力尽；憔悴；疲惫；困乏；倦怠；困顿
总计				3018

由以上统计结果可以看出，一些人类的基本情绪，如喜、怒、哀、乐，是包含情绪词最多的几种情绪。另外厌恶、烦、害怕、怨恨包含的情绪词也较多，均在 100 个以上。上述情绪词的分类和三元组标识将为判断句子情绪及分析句子情绪类型提供基础。

3.1.5 评价分类词表构建

1. 评价义原分类体系

HowNet 对评价词的标注大多以属性值的方式来表示，如表 3-6 所示，其后的"基本义原"可以分为两类，一类是描述属性类型的义原，如"behavior|举止""GoodBad|好坏""prettiness|美丑""appearance|外观"等；另一类是描述属性值的义原，如"fierce|暴""good|好""beautiful|美"和"neat|齐"等。另外还有两个特殊的义原，如"desired|良"和"undesired|莠"，这两个义原用来描述该评价词的褒贬，反映了该词的极性。

表 3-6 评价词标注示例

: 粗鲁
ADJ aValue|属性值，behavior|举止，fierce|暴，undesired|莠
: 漂亮
ADJ aValue|属性值，GoodBad|好坏，good|好，desired|良
ADJ aValue|属性值，prettiness|美丑，beautiful|美，desired|良
: 整洁
ADJ aValue|属性值，appearance|外观，neat|齐，desired|良
ADJ aValue|属性值，cleanness|洁净，spotless|洁，desired|良
: 凄惨
ADJ aValue|属性值，circumstances|境况，miserable|惨，undesired|莠

首先根据 HowNet 实际标注规则，在已统计的 1257 个义原中进行评价义原的挑选，最终选出 808 个评价义原，其中有 431 个描述属性的评价义原和 342 个带有褒贬义的动词义原以及 35 个名词性义原。在 431 个属性义原中属性类型的义原有 100 个，然后将描述属性类型的义原分为六个大类，分别为"举止和品格""智力、体力、能力""外貌和姿态""境况和场面""等级、效用和内容评价""属性"。最后根据分类对 100 个属性类型义原进行编码。

评价义原的分类和编码如表 3 - 7 所示。

表 3 - 7 评价义原分类体系

评价义原分类	评价对象 HowNet 义原	分类编码
举止和品格	behavior|举止	O101
	act|行动	O102
	reputation|名声	O103
	relatedness|亲疏	O104
	tolerance|气量	O105
	thinking|思想	O106
	thought|念头	O107
智力、体力、能力	courage|胆量	P108
	will|意志	P109
	ability|能力	P110
	wisdom|智慧	P111
	physique|体格	P112
	strength|力量	P113
	power|势力	P114
	clan|辈分	P115
外貌和姿态	prettiness|美丑	Q116
	bearing|仪态	Q117
	posture|姿势	Q118
	demeanor|风度	Q119
	countenance|表情	Q120
	fatness|胖瘦	Q121
	attire|装束	Q122
	age|年龄	Q123
境况和场面	circumstances|境况	R124
	occasion|场面	R125
	phenomena|现象	R126
	richness|贫富	R127
	scene|景象	R128
	pros cons|利弊	R129
	social mode|风气	R130
	fact|事情	R131

评价义原分类	评价对象 HowNet 义原	分类编码
等级、效用和内容评价	easiness｜难易	S132
	content｜内容	S133
	good bad｜好坏	S134
	quality｜质量	S135
	importance｜主次	S136
	correctness｜正误	S137
	kind｜类型	S138
	rank｜等级	S139
	trueness｜真伪	S140
	effect｜效用	S141
	necessity｜必要	S142
	standard｜标准	S143
	amount｜多少	S144
	result｜结果	S145
	wholeness｜整缺	S146
	degree｜程度	S147
	impression｜印象	S148
	value｜价值	S149
	possibility｜可能	S150
	performance｜性能	S151
	property｜特性	S152
属性	smooth finish｜光洁度	T153
	cleanness｜洁净	T154
	newness｜新旧	T155
	price｜价格	T156
	pattern｜样式	T157
	similarity｜异同	T158
	duration｜持续	T159
	style｜风格	T160
	earliness｜迟早	T161
	brightness｜明暗	T162

评价义原分类	评价对象 HowNet 义原	分类编码
属性	clearness|清晰	T163
	taste|味道	T164
	form|形状	T165
	odor|气味	T166
	color|颜色	T167
	temperature|温度	T168
	sound quality|音质	T169
	sound volume|音量	T170
	hardness|硬度	T171
	dampness|湿度	T172
	location|位置	T173
	area|面积	T174
	width|宽度	T175
	fullness|丰满	T176
	contrariness|正反	T177
	frequency|频率	T178
	size|尺寸	T179
	height|高度	T180
	density|密度	T181
	intensity|强度	T182
	concentration|浓度	T183
	tightness|松紧	T184
	fineness|粗细	T185
	sequence|次序	T186
	depth|深度	T187
	distance|距离	T188
	rate|比率	T189
	slope|坡度	T190
	thickness|厚度	T191
	weight|重量	T192
	appearance|外观	T193

续表三

评价义原分类	评价对象 HowNet 义原	分类编码
属性	range|幅度	T194
	speed|速度	T195
	hue|浓淡	T196
	attachment|归属	T197
	attribute|属性	T198
	expenditure|费用	T199
	time|时间	T200

除表 3-7 中的 100 个属性类型义原,还有 331 个描述评价属性值的义原,本节也将其用相应编码表示。部分评价属性值义原及其编码如表 3-8 所示。

表 3-8　部分属性值义原及编码

属性值 HowNet 义原	编　　码
able|能	AD101
accurate|准	AD102
active|愿	AD103
all|全	AD104
arrogant|傲	AD105
attentive|细心	AD106
average|平均值	AD107
bad|坏	AD108
bad temper|坏脾气	AD109
barren|瘠	AD110
beautiful|美	AD111
biased|偏	AD112
big|大	AD113
bitter|苦	AD114
bony|瘦	AD115

2. 评价词极性强度确定及词汇描述

与情绪词分类过程类似,本文最终的评价分类词表中每一个词都将由如下四元组进行表示:

$$\text{WordEval}(W_j) = (C_j, F_j, G_j, M_j)$$

W_j 为评价词,与情绪词的描述不同,评价词描述的三元组中 C_j 的每一项由三部分组成,分别为 POS 信息 P、评价属性类型义原编码 A 和评价值义原编码 V。$C_j = \{(P1, A1,$

V1），（P2，A2，V2），…，（Pn，An，Vn）}，例如"漂亮"一词的 HowNet 标注信息如表3－9所示。

表 3 － 9　"漂亮"一词的 HowNet 标注结果

：漂亮
ADJ aValue|属性值，goodbad|好坏，good|好，desired|良
ADJ aValue|属性值，prettiness|美丑，beautiful|美，desired|良

那么 C（漂亮）＝{（ADJ，S38，Z126），（ADJ，Q24，Z197）}；三元组中的 F_j 为评价词 W_j 最终所归属的属性类型，F_j 主要根据 C_j 来确定，F_j 等于 C_j 中 A 值的集合，例如 F（漂亮）＝（S38，Q24）；G_j 为极性强度，即评价词 W_j 的褒贬程度；M_j 为评价词 W_j 自身的编号 ID。

关于评价词的极性强度 G_j，目前的方法主要是通过计算目标评价词与词语"好"和"坏"或其他基准词汇的语义相似度或互信息值来确定，这种方法需要大量的语料库来实现。本节所收集的目标词全部已根据 HowNet 的描述规则进行了标注。针对于评价属性类型，有两个特殊义原，即"desired\|良"和"undesired\|莠"，这两个义原用来描述词语的极性。但是通过这两个义原只能判断词语的极性，对于词语的极性强度却无法直观判断，而且对于一些极性不显著的词语，标注时并没有包含这两个义原。为了解决这一问题，本节采用共现的方法首先确定 331 个评价属性值义原的极性强度，再将对评价词进行标注的所有属性值义原极性强度求平均，得到评价词的极性强度。这种方法只能粗略确定评价词的极性强度，对于使用同样义原标注的不同评价词的强度无法再进一步区分。属性值义原的极性强度的详细计算方法如下：

$$义原极性强度\ P_i = \frac{N(i, \text{desire}) - N(i, \text{undesire})}{N_i}$$

其中 $N(i, \text{desire})$ 为义原 i 与义原"desired\|良"在所有标注项中的共现次数；$N(i, \text{undesire})$ 为义原 i 与义原"undesired\|莠"在所有标注义项中的共现次数；N_i 为义原 i 出现的总次数。

通过上述方法可以确定每一个属性值义原的极性强度，部分属性值义原和计算后的极性强度如表 3 － 10 所示。

表 3 － 10　部分属性值义原及其极性强度

评价属性值义原	ID 编号和极性强度
able|能	［AD101(0.39)］
accurate|准	［AD102(0.88)］
active|愿	［AD103(0.38)］
all|全	［AD104(0.24)］
arrogant|傲	［AD105(−0.86)］
attentive|细心	［AD106(0.89)］
average|可	［AD107(0.78)］
bad|坏	［AD 108(−0.94)］
bad temper|坏脾气	［AD109(−0.9)］
barren|瘠	［AD110(−0.93)］

评价属性值义原	ID 编号和极性强度
beautiful|美	[AD111(0.91)]
biased|偏	[AD112(−0.48)]
big|大	[AD113(−0.01)]
bitter|苦	[AD114(−0.8)]
bony|瘦	[AD115(−0.38)]
boring|乏	[AD116(−0.8)]
brave|勇	[AD117(0.8)]
bright|明	[AD118(0.05)]
bustling|闹	[AD119(−0.4)]
busy|忙	[AD120(−0.8)]
careless|苟	[AD121(−0.91)]
cautious|慎	[AD122(0.76)]

对 331 个属性值义原的极性强度进行计算后，包含这些义原的评价词的极性就可以通过义原的极性强度来确定。除 331 个属性值义原以外，342 个动词义原和 35 个名词义原将由人工定义极性强度。表 3 - 11 为部分动词义原的 ID 编码和极性强度。

表 3 - 11　部分动词义原的 ID 码极性强度值

动词 HowNet 义原	ID 编码和极性强度
decline|衰败	[VB422(−0.7)]
obtain|得到	[VB423(0.07)]
pretend|假装	[VB424(−0.4)]
roam|流浪	[VB425(−0.3)]
spend|花费	[VB426(−0.56)]
succeed|成功	[VB427(0.7)]
endeavor|卖力	[VB428(0.1)]
out of order|坏掉	[VB429(−0.8)]
vachieve|达成	[VB430(0.6)]
block up|堵塞	[VB431(−0.5)]
defeated|输掉	[VB432(−0.9)]
explain|说明	[VB433(0.3)]
amend|改正	[VB434(0.7)]
forge|伪造	[VB435(−0.5)]
improve|改良	[VB436(0.8)]
in debt|亏损	[VB437(−0.9)]
pollute|使脏	[VB438(−0.5)]
restrained|受限	[VB439(−0.1)]
slack|偷懒	[VB440(−0.6)]
seek pleasure|寻欢	[VB441(−0.6)]
show off|炫耀	[VB442(−0.6)]

定义评价词的极性强度等于其包含的极性强度不为 0 的义原极性强度的平均值。属性

评价词 W 的极性强度为

$$P(W) = \frac{1}{n}\sum_{i=1}^{n} p_i (p_i \neq 1)$$

另外，有少数词的义原描述中包含否定义原"neg|否"，这些词的极性强度值将乘以 -1。

对目标词按照四元组的方式进行标注，提取出含有评价义原的词，形成最终评价词 10 520 个。对标注结果进行统计，各类别评价词个数和词汇举例情况如表 3-12 所示。

表 3-12　各类别评价词个数和部分词汇举例

一级类	评价对象义原	编码	词数	评价词举例
举止和品格	behavior|举止	O101	2580	豪爽；坦率；卑鄙；勤快；开朗
	act|行动	O102	2	不法；违法行为
	reputation|名声	O103	105	声名狼藉；流芳百世；有名气
	relatedness|亲疏	O104	102	和睦；素不相识；亲密；势不两立
	tolerance|气量	O105	64	慷慨；宽宏大量；小肚鸡肠；吝啬
	thinking|思想	O106	9	耍心机；心眼；心机重；观念新
	thought|念头	O107	12	妄想；空想；远见；歪门邪道
智力、体力、能力	courage|胆量	P108	97	勇敢；怯懦；无畏；骁勇；胆小
	will|意志	P109	84	顽强；执著；百折不挠；软弱
	ability|能力	P110	395	精通；资深；初出茅庐；饭桶
	wisdom|智慧	P111	289	聪明；愚笨；弱智；睿智；机灵
	physique|体格	P112	135	健硕；娇弱；面黄肌瘦；健康
	strength|力量	P113	66	活力；生龙活虎；精神矍铄；没劲
	power|势力	P114	21	有权；有地位；一呼百应；恶势力
	clan|辈分	P115	8	长者；年幼；长辈；年长；幼小
外貌和姿态	prettiness|美丑	Q116	198	貌美；花容月貌；奇丑无比；水灵
	bearing|仪态	Q117	99	端庄；气宇轩昂；优雅；矫揉造作
	posture|姿势	Q118	44	体态轻盈；挺拔；翩若惊鸿；派头
	demeanor|风度	Q119	30	潇洒；倜傥；绅士；风姿绰约
	countenance|表情	Q120	3	表情凝重；脸色；笑脸
	fatness|胖瘦	Q121	18	骨瘦如柴；胖；丰满；肉墩墩；肥
	attire|装束	Q122	12	衣冠不整；邋遢；蓬头散发
	age|年龄	Q123	9	年老；年迈；年轻；老年；青春

一级类	评价对象义原	编码	词数	评价词举例
境况和场面	circumstances｜境况	R124	574	凄惨；困境；安定；温馨；艰苦
	occasion｜场面	R125	160	喧嚣；杂乱；肃静；荒僻；冷清
	phenomena｜现象	R126	93	灾难；厄运；挫折；险阻；盛况
	richness｜贫富	R127	87	家徒四壁；富甲一方；殷实；拮据
	scene｜景象	R128	88	鸟语花香；满目疮痍；繁茂；雄伟
	pros cons｜利弊	R129	36	有益；坏处；优点；大有裨益
	social mode｜风气	R130	32	豺狼当道；正气；路不拾遗；败坏
	fact｜事情	R131	48	丑闻；惨案；风波；喜剧；骗局
等级、效用和内容评价	easiness｜难易	S132	93	容易；有难度；难以驾驭；棘手
	content｜内容	S133	619	空洞；寡味；深奥
	good bad｜好坏	S134	214	绝佳；绝世；坏透；完美；欠佳
	quality｜质量	S135	182	坚固；耐用；劣质；偷工减料
	importance｜主次	S136	77	举足轻重；次要；可有可无；主导
	correctness｜正误	S137	149	错误；言之有理；荒谬；确切
	kind｜类型	S138	144	稀有；别致；独特；别具一格
	rank｜等级	S139	143	高端；至尊；低级；低档；一流
	trueness｜真伪	S140	133	毋庸置疑；真实；冒牌；捕风捉影
	effect｜效用	S141	123	顶用；无效；隔靴搔痒；白搭
	necessity｜必要	S142	29	必备；必要；多余；支柱；无关
	standard｜标准	S143	88	配得上；勉强；马马虎虎；够格
	amount｜多少	S144	67	充足；稀少；泛滥；贫乏；足够
	result｜结果	S145	63	收获；成果；恶果；报应；硕果
	wholeness｜整缺	S146	58	残缺；完善；齐全；支离破碎
	degree｜程度	S147	53	过度；格外；过火；丝毫；赫然
	impression｜印象	S148	76	怡人；没有感觉；引人注目；可笑
	value｜价值	S149	43	无价；一文不值；珍贵；贬值
	possibility｜可能	S150	38	不可能；差点；免不了；没门
	performance｜性能	S151	7	副作用；反作用；兼容；高效
	property｜特性	S152	13	优越性；独创性；特色；个性鲜明

一级类	评价对象义原	编码	词数	评价词举例
客观属性	smooth finish|光洁度	T153	39	平滑；锃亮；粗糙；坑坑洼洼
	cleanness|洁净	T154	67	污浊；脏兮兮；洁净；窗明几净
	newness|新旧	T155	29	崭新；陈旧；老套；半新不旧
	price|价格	T156	24	昂贵；低廉；跌价；狮子大开口
	pattern|样式	T157	17	土里土气；时髦；新潮；老气
	similarity|异同	T158	20	相悖；矛盾；差别；一致；平等
	duration|久暂	T159	17	恒久；短暂；临时；局促；不朽
	style|风格	T160	9	古色古香；粗放；古雅；恣肆
	earliness|迟早	T161	7	太迟；迟到；晚点；早到；太早
	brightness|明暗	T162	204	黑沉沉；幽暗；亮晃晃；光闪闪
	clearness|清浑	T163	82	澄清；清澈；隐约；浑浊；透明
	taste|味道	T164	91	甘醇；美味；筋道；香脆；爽口
	form|形状	T165	84	奇形怪状；崎岖不平；皱皱巴巴
	odor|气味	T166	47	刺鼻；芳香；臭味；难闻；膻气
	color|颜色	T167	46	绚丽；惨白；黑黝黝；红润
	temperature|温度	T168	39	寒冷；暖和；凉爽；烫手；闷热
	sound quality|音质	T169	32	动听；圆浑；清脆；婉转；悠扬
	sound volume|音量	T170	25	刺耳；低沉；高亢；厉声；低声
	hardness|硬度	T171	20	绵密；柔滑；酥软；坚硬；柔软
	dampness|湿度	T172	16	干涸；干枯；潮湿；温润；干燥
	location|位置	T173	15	高处；中心；背后；破口；前方
	area|面积	T174	14	宽阔；苍茫；漫无边际；辽阔
	width|宽度	T175	12	狭小；狭窄；褊狭；开阔；豁然
	fullness|空满	T176	10	不足；溢出；光秃秃；空空如也
	contrariness|正反	T177	10	负面；对立；相反；相符；阳面
	frequency|频率	T178	9	一再；频繁；零星；反复；动辄
	size|尺寸	T179	14	巨大；细小；粗重；庞大；小巧
	height|高度	T180	9	矮小；高大；彪形；耸立
	density|密度	T181	8	稀松；细密；疏松；密密麻麻
	intensity|强度	T182	6	揪心；高强度；沉重；微弱
	concentration|浓度	T183	7	稀薄；清淡；淡薄；浓烈；厚重

一级类	评价对象义原	编码	词数	评价词举例
客观属性	tightness|松紧	T184	7	严密；滴水不漏；松弛；紧实
	fineness|粗细	T185	5	纤；细；粗壮
	sequence|次序	T186	6	秩序井然；背靠背；接踵；依次
	depth|深度	T187	4	深不可测；深邃；浅
	distance|距离	T188	6	天南海北；疏远；遥远；近距离
	rate|比率	T189	4	比例好；比例恰当；好比例
	slope|坡度	T190	4	陡峭；险峻；峭直；平坦
	thickness|厚度	T191	4	单薄；厚实
	weight|重量	T192	4	超重；轻巧；轻快
	appearance|外观	T193	14	板正；方方正正；无吸引力
	range|幅度	T194	19	从头到尾；全面；片面；周全
	speed|速度	T195	16	慢吞吞；缓慢；飞快；迅速
	hue|浓淡	T196	8	凝重；淡淡；浓重
	attachment|归属	T197	6	来路不明；宿命；专属
	attribute|属性	T198	7	可靠性；实用性；成效；限度
	expenditure|费用	T199	4	罚单；罚金；代价；费用大
	time|时间	T200	14	不巧；恰巧；时机；好半天
动词名词义原	342个	VB	1583	保护；帮助；加害；违背；奖励
	35个	NN		火灾；洪水；毒品；监狱；肿瘤

10 520个评价词均通过如上所述的四元组进行表示，包含了词语的词性、评价属性类型、评价结果、极性强度等信息。这些标识是句子情感计算的基础。

3.2 基于待分析微博语料的情感词扩展

将提取出来的大量网络文本作为研究的语料，此时的文本是用户用自然语言来表达的，例如"这款手机的屏幕很好""这个手机一点都不好用"等，这种表达对于人类来说是直观的、容易理解的，但是对于计算机而言，这样的表达没有规律可言，计算机无法识别这种表达，所以在进行研究之前必须对提取出的语料进行预处理，将这种自然语言表达的文本转换成机器能够识别的能够用于计算机自动处理的格式。

3.2.1 分词技术

分词，顾名思义就是将一整段文本分为一个一个能表达具体意思的词，第2章提到过，词语的分析是观点挖掘的基础，这里就是要将文本分成单个的词来进行研究。中文文本和英文文本最大的不同就是，英文文本的表达中使用空格将每个单词分开，而中文文本的短句之内没有明显的分隔符号，同时中文文本表达本身的复杂性和多样性使得中文文本的分词也成为一个难题。目前中文分词技术已经取得了较显著的成果。

目前最常用的两种分词方法是基于字符串匹配和基于统计的方法。

1. 基于字符串匹配分词

这种方法需要一个比较完备的词典，在分词时，将待分词文本与词典中的词进行匹配，如果能够匹配成功，则该词被识别出来。按照匹配长度的不同，可以分为最短匹配分词和最长匹配分词，最短匹配分词即将词典中最短的词语长度作为匹配单元长度，一旦匹配成功一个词语，则视为该词被识别出来，如"葡萄牙"按照最短匹配，识别出"葡萄"，而最长匹配则是按照词典中最长的词语长度作为匹配单元长度，如"葡萄牙"可以匹配为"葡萄牙"。按照扫描方向的不同可以分为正向最大匹配和反向最大匹配。正向最大匹配就是最大长度匹配时，如果没有匹配成功，则去掉尾部的字符继续匹配，直到成功或字符串为零；反向最大匹配即最大长度匹配没有成功，去掉头部字符继续匹配，直到匹配成功或字符串长度为零。

2. 基于统计分词

这种方法基于这样一种假设——"如果相邻的若干字共同出现的次数越多，那么它们就越有可能构成一个词"。汉字共同出现的次数体现了汉字之间联系的紧密程度。通过对文本中共同出现的汉字组合的频度进行统计，可以计算出它们的共现频度。当共现频度高于设定的阈值时，就判定这些汉字构成了一个词。这种方法的优点是实现简单，不需要复杂的语言知识和词典，但是这种方法仅仅使用了统计信息，有一定的局限性，抽取出来的很多都是共现度高的字组而不是常用词语。基于统计的方法最经典的算法是 N-Gram 算法，这种算法的基本思想是将文本的内容利用大小为 N 的字节流进行滑动操作，形成了若干个长度为 N 的字节片段，每个字节片段称为一个 Gram。对分割出的所有的 Gram 进行频度统计，按照预设的阈值过滤，得到关键 Gram 表。于津凯等人对 N-Gram 算法进行改进，对字符流进行分割的时候不仅仅记录分割的 Gram，还使用关联矩阵记录该 Gram 的前一个和后一个 Gram，同时统计 Gram 接续出现的频度，如果超过阈值，则将两个 Gram 合并，作为一个特征，这种方法对于多字词的识别效果很好[107]。

目前也有很多自动分词工具，如 Stanford 汉语分词工具、中科院的 ICTCLAS(Institute of Computing Technology, Chinese Lexical Analysis System)庖丁解牛阈分词、盘古分词等，其中在研究中使用最多的是中科院的 ICTCLAS。ICTCLAS 是中国科学院计算技术研究所在多年研究工作积累的基础上研制出的汉语词法分析系统，主要功能包括中文分词、词性标注、命名实体识别、新词识别，同时支持用户词典，目前最新版本为 3.0，分词速度单机为 996 KB/s，分词精度为 98.45%，API 不超过 200 KB，各种词典数据压缩后不到 3 MB。

3.2.2　停用词过滤

在文本中，有一些未能表达实际意义的词即停用词，又叫做功能词。停用词一般多为数词、量词、介词、连词等，这些词在文本中出现的频度很高，它们对倾向度分析没有任何实际意义，但是如果不处理这些词，会大大增加文本处理工作的工作量，使用机器学习方法的时候也会大大增加向量空间的维度。目前对于停用词的处理方法主要为采用停用词典，停用词典收录了人工搜集的大量停用词，在文本分词之后，根据停用词典来将文本中的停用词过滤掉。王素格等构造了五种不同的停用词表，对汽车领域进行分析，结果表明使用除了副词、形容词、动词的停用词表和完全不使用停用词表这两种情况分类结果较好。

3.2.3　词性标注

词性标注顾名思义就是给文本中划分的每个词标注它的词性，词性大致可以分为名词、动词、连词、形容词等，经过标注之后的文本是特征提取的基础，现有的中文分词软件通常都包含分词和词性标注两种基本功能。上文提到的 ICTCLAS 可以将词语标注成名词(n)、动词(v)、形容词(adj)、代词(r)、副词(d)、介词(p)等 20 种细分的词性。

3.2.4　文本表示方法

使用自然语言表达的文本对于人类本身来说是易于理解和分类的，但是情感分析是使用计算机来分析处理海量数据，计算机并不具有人类的能力，计算机处理的是类似于数据库中的数据或者 XML 这种结构化的数据，所以在使用基于机器学习的方法对文本进行分类之前，必须要使用适当的文本表示模型来表示文本。将文本从无结构的自然语言表达转化为计算机能够理解并且操作的结构化形式。目前主要的文本表示模型有向量空间模型、布尔模型、LDA 模型等。

1. 向量空间模型

向量空间模型(Vector Space Model，VSM)是由 Salton 等人于 20 世纪 70 年代提出的，并成功应用于著名的 SMART 文本检索系统。它是用一个向量表示一篇文档，该向量的长度等于特征数(特征通常指的是对文本类别判断有帮助的字词或者短语)，向量的每个分量对应某个特征，不过不是记录特征的文本内容，而是特征的权值，这样表示之后，每个文本 d 就可以表示成(w_1，w_2，…，w_n)，而整个文本集可以看作一个 n 维空间，每个文档就对应这个文档空间中的一个点，(w_1，w_2，…，w_n)就是该文本的坐标值，通过这种方法把文本表示成向量空间模型，方便计算机的处理。文本中各个元素与向量空间模型中元素的对应关系如图 3－2 所示。"词"对应"向量空间的一个维度"，"词的权值"对应"对应维度的坐标值"，"文档"对应"向量空间的一个点"，"文档集合"对应"对应维度的坐标值"。

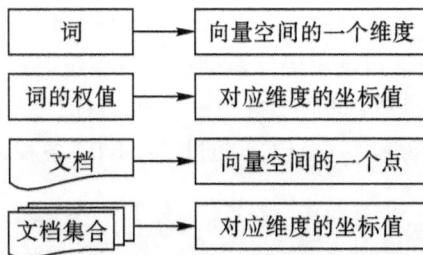

图 3－2　向量空间模型各元素的对应关系

2. 布尔模型

布尔模型是一种非常简单的模型，与向量空间模型原理一样，但是文档中每个分量不是记录特征的权重，而是记录该特征是否出现，出现则为 1 否则为 0。

3. LDA 模型

LDA 模型是 Blei 等人在 2003 年提出的，这种模型是一个三层贝叶斯模型。假设文本集包含若干个主题，每个文档可以属于任意一个主题，则文档有一个关于主题的概率分布。LDA 定义了如下生成过程：对每一篇文档，从主题分布中抽取一个主题；从上述被抽到的主题所对应的单词分布中抽取一个单词；重复上述过程直至遍历文档中的所有单词。语料库中的每一篇文档与事先给定的 N 个主题的一个多项分布相对应。

3.2.5　特征提取

用各种模型表示文本的时候，需要考虑特征提取，经过分词和词性标注的文本是一个一个的片段，例如"超市还是比较大的，产品种类丰富，日用品优惠活动比较多"这句话经过分词和词性标注之后就是"/wj 超市/n 还是/c 比较/d 大/a 的/udel，/wd 产品种类/n 丰富/a，/wd 日用品/n 优惠/vn 活动/vn 比较/d 多/a"，这样的文本是无结构的，如果将停用词过滤之后的每一个片段都作为特征项来构造向量空间模型，那么构造的向量空间的维数很大，并导致文本向量的稀疏性，这对分类算法的效率和精度有很大的影响。而特征提取并没有改变原来的文本空间的性质，经过特征提取之后的文本空间可以看成原来特征空间的一个子集，并且提取出来的特征项都是对文本贡献度大的特征，所以采用适当的方法来对特征进行选择以便降低文本向量空间的维度，排除对文本不重要的信息，提取最能代表该类文本的特征是有必要的。目前常用的特征选择方法主要有信息增益、文档频率、互信息和 TF-IDF 算法等。

1. 信息增益

信息增益（Information Gain，又称为 Information Divergence），它是指某一个特定的特征 T，在文本中出现或者不出现的情况下对于文本分类所带来的信息量的大小。这里用到了信息论中熵的概念，由香农提出，信息增益可以用不考虑特定特征 T 与考虑特定特征 T 的熵的差值来计算，具体如下所示：

$$\mathrm{IG}(t_i) = -\sum_{j=1}^{|c|} P(c_j) \times \log P(c_j) + P(t_i) \times \left(\sum_{j=1}^{|c|} P(c_j \mid t_i) \times \log P(c_j \mid t_i) \right) +$$
$$P(\overline{t_i}) \times \left(\sum_{j=1}^{|c|} P(c_j \mid \overline{t_i}) \times \log P(c_j \mid \overline{t_i}) \right) \tag{3-1}$$

其中，$P(c_j)$ 和 $P(t_i)$ 分别表示 c_j 类文档在训练集中出现的概率和训练文档包含特征项 t_i 的概率，$P(c_j|t_i)$ 表示当训练文档包含特征 t_i 且属于类别 c_j 的条件概率。信息增益越大，说明该特征越重要，对分类的帮助越大。

2. 文档频率

文档频率（Document Frequency）是最简单的特征选择方法，预先给定一个阈值 t，然后计算特征词 w 出现在某个训练集中的数目 n，如果词频 n 大于阈值 t，则保留下来作为特征词，如若词频小于阈值，则删除掉，有时候也会设置另外一个阈值来过滤超高频率的词汇，这种方法能够很快降低文本空间的维度。这种方法只考虑统计学信息、不考虑语义等，所以实现起来最简单，对于大规模的训练语料集来说，这种方法处理效率非常高，但是准确率相比其他方法是最低的。

3. 互信息

互信息（Mutual Information）是信息论中的一个信息度量，表示一个随机变量中包含的关于另外一个随机变量的信息量。在文本分类中可以理解为特征 t 和文本类别的共现关系。它是通过互信息公式计算特征和文本类别的互信息值，互信息值越大说明特征和该类文本的共现度越高，该特征就越重要，互信息计算公式如下所示：

$$\text{MI}(t, c) = \log \frac{P(t \mid c)}{P(t)} \approx \log \frac{K * O}{(K + M)(K + N)} \tag{3-2}$$

其中，$P(t|c)$ 表示特征 t 在类别 c 中出现的概率，$P(t)$ 表示特征 t 出现的概率，K 表示类别 c 中特征 t 出现的文本数目，M 表示类别 c 中特征 t 不出现的文本数目，N 表示在除 c 以外的其他类别中特征 t 出现的文本数目，O 表示所有的文本数目。从上式可以看出，若 MI 的值为 0，则表示特征 t 在类别 c 中出现的概率为 0，那么特征 t 相对于类别 c 来说就是一个不重要的特征，特征 t 就可以舍去。

4. TF-IDF 算法

TF-IDF 算法是一种用于信息检索与信息挖掘的常用加权方法，这种方法的计算结果除了可以用于特征选择，更多的时候是构造文本向量空间时对特征进行加权，以便构造分类器。它是一种基于统计的方法，用来计算一个词对于一个语料集或者文档的重要程度，重要程度随着该词在文档中出现的频率的增加而增加，但是会随着它在语料集中出现的次数的增加而下降。这种方法分为两个部分，TF（特征频率）和 IDF（反文档频率）。TF 的计算公式如下所示：

$$\text{TF} = \frac{n_i}{\sum_k n_k} \tag{3-3}$$

其中 n_i 表示特征词 i 出现的次数，分母表示所有特征词出现的总次数。IDF 的计算公式如式（3-4）所示：

$$\text{IDF} = \log \frac{D}{N_i} \tag{3-4}$$

其中 D 表示语料集中所有的文档数，N_i 表示语料集中包含特征 i 的文档数。这种方法相比于文档频率法，考虑了特征词在文本之间出现的次数对于重要程度的影响，所以 TF-IDF 方法具有很好的类别区分效果，但是统计学的方法都没有考虑语义信息，使得其在处理上的准确率有待提高。

3.3　基于统计的微博表情词典的构建

微博作为一种新兴的社交网络平台，与传统的博客、新闻相比，其具有更加丰富的表达形式，用户在情感表达上具有更大的自主性和随意性，能够通过文本、图片、表情符号、收藏、转发、点赞等多种方式来发布自己的观点和看法。在这些表达方式中，表情符号作为社交网络中的重要元素，已不再是单纯的某个图案，而是代表了用户的情感信息，让人们的对话更加形象和直观。

在 20 世纪八九十年代，表情符号首次在媒体上出现。但是，表情符号最开始是由谁发明使用的，现在还没有确切的结论。有人认为，最早创造表情符号的是美国的凯文·麦肯齐，他在 1979 年首次将一些符号组合成表情符号的样式，并将其用于 E-mail 中，如开心的表情符号"：－D"。而被人们广泛所接受的是，1982 年 9 月，美国卡耐基梅隆大学的斯科特·法尔曼在电子公告板上，第一次输入了一串 ASCII 字符"：-)"，人类第一张表情符号就这样出现了。在此后的 30 多年里，随着互联网的发展，表情符号也以其简单便捷的表达方式得到飞速发展。

针对表情符号在人们日常交流中的重要影响力，一些研究人员从多个领域对其进行分析和研究。叶云等人分析了表情符号的发展趋势、商业价值及其对现在网络亚文化的影响[108]。谭文芳等人利用语言学、社会学和心理学的相关知识，深入分析表情符号的产生原因、表达形式以及对人们心理情绪的影响[109]。在计算机处理方面，文献[110]通过对聊天软件中表情符号和情感词关系的分析，提出了用表情符号来分析用户所表达的情感信息。目前，针对表情符号的研究还处于起步阶段，对表情符号进行自动处理和分析的研究还不是很多，而针对微博语料中的表情符号进行研究，并将表情符号应用到微博的情感倾向性分析中的工作也不是很多。

目前针对微博的倾向性分析方法中仅仅分析了微博中的文本信息，没有分析表情符号中所含有的情感倾向。为了挖掘表情符号在微博情感表达中所起的重要作用，在本节中根据表情符号的相关特征，提出了一种基于统计的表情符号词典构建方法。首先对语料中表情符号进行抽取，构建表情符号集，然后根据表情符号在情感表达上的相关特征，对与其相邻文本进行倾向性分析，从而获取其具有的情感倾向，完成表情符号词典的构建。通过构建的表情符号情感词典，可以将表情符号反作用于倾向性分析中，为微博的倾向性分析提供更好的支持，从而获得更加准确的情感信息。实验结果表明，表情符号词典为倾向性分析提供了较好的支撑，取得了较好的分析效果，证明了表情符号词典的有效性。

3.3.1　表情符号与微博文本的关系

1. 二者的特征介绍

微博中表情符号的表现形式通常是图片动画，较微博文本能够更加直观地表达用户的情感态度，可以弥补通过文字传递情感的局限，因此这种显而易见的形式可以替代本来由多个文字才能表达的情感态度，所以被用户越来越广泛地利用。同时表情符号相较微博中的图片能够更加方便地使用计算机计算其情感值，所以也同微博文本一样，得到一些情感分析研究者的关注。

表情符号的特征主要包括以下三点：

（1）数量与形式丰富。各个微博运营服务商都为用户提供了大量丰富的表情符号，客观上普及了表情符号，同时也提升了微博用户对表情符号的使用频率。

（2）为网络交际提供了真实性保障。表情符号可通过强调态度、表达情感以及仿真的图形使通过文字进行的网络交际变得更加真实。

（3）辅助语言文字进行情感表达。网络社交是对现实社交的模拟，现实社交不仅通过语言文字进行，也包括语气、动作等态势语言，有时通过无表情符号的网络社交对接收的信息较难理解其本意，而通常在附加了表情符号后就能够更加顺利地理解，因此表情符号就相当于现实社交中辅助语言表达情感的态势语言。

微博文本的特征主要包括以下两点：

（1）特定的微博创作方式。微博系统中规定一条微博的所有内容不能超过 140 个字符，在此规模下进行的微博创作方式与一般非结构化文本的创作方式不尽相同。

（2）流畅的阅读体验，由于微博文本的精练，所以微博用户在阅读时可以更快更好地理解微博文本所要表达的内容与情感态度。

2. 二者的关系介绍

通过二者的特征与微博用户的使用情况，可以发现表情符号与微博文本间的关系主要表现为以下三点：

（1）表情符号与微博文本相互提升彼此的丰富性。从微博用户情感表达的角度出发，单一的表情符号无法满足用户日益多样的需求，微博系统为了提升用户体验就需要更新表情符号形式，增加表情符号种类。从表情符号的角度出发，多样的表情符号形式可以避免微博仅由文本构成的单一形式，为用户带来丰富的创作与阅读体验，同时也使微博自身的情感更加丰富。

（2）表情符号使微博文本拥有更强的真实感。微博文本从本质上来说只是在屏幕上显示出的数字文本，与现实生活沟通相去甚远。但由于用户可以根据经验对表情符号进行定性，获得其大致的情感倾向，对并列表情符号的微博文本的情感态度有一个提前的判断，这样不仅可以降低用户的阅读门槛，提升阅读速度，同时也能更加容易地带入用户的情感，使其有身临其境的感觉。

（3）表情符号使微博文本的创作更加简便。由于表情符号自身带有一定的情感倾向，而用户通过微博文本主要也是表达自己的情感态度，所以凭借表情符号可以代替一部分文字的组织，使用户的情感态度表达得更加流畅、直观。

3.3.2 表情符号对文本情感倾向的影响

当一条微博中既包含微博文本又包含表情符号时，其自身的情感倾向就不能仅凭其中某一种情感元素来衡量，而是需要结合二者来判断。表情符号本身具有情感倾向，但由于其情感倾向不能很好地通过经验和观察判断出客观结果，而表情符号的情感值可以通过构建数学模型量化得出比较明确的结果，因此可以通过计算得出的情感值结果来确定表情符号的情感倾向。同样，微博文本也可以通过文本情感分析系统得到精确的情感值来判断其情感倾向。

以往的相关研究基本上都是以微博文本的情感倾向来决定微博的整体情感倾向，而考虑了表情符号情感倾向后的微博整体情感倾向会发生变化，这可视为表情符号对微博文本情感倾向产生了影响，并导致微博整体情感倾向的改变。这种影响包括两种形式：强化影响和弱化影响。

所谓强化影响，即一条微博中表情符号的情感值和微博文本的情感值正负同号，或同为正或同为负，即微博文本的情感值的绝对值在考虑了表情符号对其影响后是增加的，微博整体的情感倾向较原来更加强烈；而弱化影响则相反，表情符号的情感值与微博文本的情感值正负异号，而微博文本的情感值的绝对值在考虑了表情符号对其影响后是减少的，微博整体的情感倾向较原来更加微弱。

无论是表情符号对微博文本产生了强化影响或弱化影响，都会改变仅凭微博文本情感值判定得来的微博整体情感倾向，这两种影响对微博整体情感分析的意义在于以下三点：

（1）重新定义了微博整体情感分析的方式。以往微博的情感值就是其微博文本的情感值，因此只需要计算出微博文本的情感值而不必考虑表情符号带来的影响。但根据表情符号对微博文本情感倾向的两种影响，再进行微博整体情感分析时，就必须考虑表情符号的情感值，所以微博整体情感分析的方式会与以往不同，其步骤将会变得更复杂，但结果则会更准确。

（2）提高了微博整体情感分析的准确性。由于考虑了表情符号对微博文本情感倾向的影响，微博整体情感倾向不再仅由微博文本的情感值独立决定，而是通过微博文本的情感值结合表情符号的情感值一起计算得来，所以针对包含表情符号和微博文本的微博进行情感分析，其分析结果的准确性较之前得到了提升。同时，如果一条包含表情符号的微博中的微博文本经分析后为无情感倾向或仅包含表情符号，通过以往的情感分析方法只能得出其整体的情感倾向为中性，但通过考虑表情符号的情感倾向就能推断出其准确的整体情感倾向。

（3）为基于微博的舆情分析提供指导。微博用户针对某一话题会发表各种言论和意见，而且数量巨大，如果要探明这些微博的情感倾向需要更多的资源作为支持，包括计算机运算能力和时间因素，所以无法在短时间内针对众多微博用户就该话题发出的意见做出反应。而根据表情符号的情感倾向，就能够通过微博用户对表情符号的一般使用习惯估计该话题的微博情感倾向，在第一时间对舆情有大致的判断，有利于后续阶段进行更加精确的情感分析。

3.3.3　表情符号词典构建的算法流程

微博表情符号词典构建的具体算法流程如图 3-3 所示。

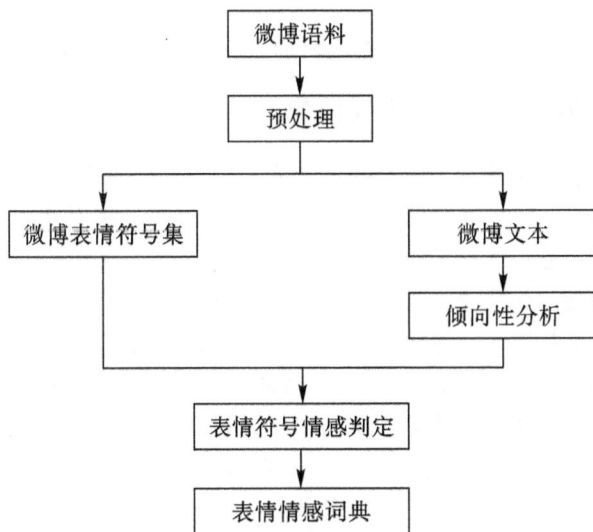

图 3-3　微博表情符号词典构建的算法流程

数据预处理主要是对微博数据去除垃圾字符、分句、分词和剔除停用词等操作。具体流程如下：

（1）对微博数据去噪。去除微博中含有的@用户名、网址链接、♯话题♯等影响倾向性分析的内容。

（2）抽取微博中所包含的表情符号，将微博表示成 mb=(d, ce)，其中 d 为微博 jmb 中的文本，ce 为微博所包含的表情符号。

（3）利用中科院的 ICTCLAS 分词系统来对微博进行处理，主要是对微博中的文本 d 进行分句、分词和剔除停用词等操作，最后得到文本 mb=(d, ce)。

3.3.4　构建微博表情符号集

现在各大微博网站准备了大量的表情符号供用户使用，我们可以在网站直接下载这些表情符号，然而用户除了使用微博网站提供的表情符号之外，还在微博中经常使用一些常见的表情符号进行情感表达。本文以新浪微博提供的表情符号作为基础符号集，并通过对语料的分析和匹配来获得用户常用的表情符号。在新浪微博中，表情符号在文本信息中通常为被中括号括起来的多字词，如"😆😆😆"在文本中就显示为"[嘻嘻]"。设基础表情符号集 BE={ be$_1$, be$_2$, …, be$_n$ }，通过相应的正则表达式 re 抽取微博中的表情符号，主要是被中括号括起来的文本，并统计候选表情集中每个表情出现的频次，组成候选表情集，CE ={⟨ce$_1$, f$_1$⟩, ⟨ce$_2$, f$_2$⟩, …, ⟨ce$_n$, f$_n$⟩}，其中 ce 为候选表情，f 为 ce 出现的频率。设置阈值 γ，分析阈值 γ 变化时对候选表情集的影响，通过与基础表情符号的比较，从而计算出阈值 γ 变化时对候选集查准率的影响。当查准率为 1 时，把候选集中表情添加到基础表情集中。具体流程如下：

（1）通过正则表达式 re 抽取出微博中的表情符号，主要是被中括号括起来的文本，从而构建候选表情符号集 CE={ce$_1$, ce$_2$, …, ce$_n$}；

（2）统计候选表情符号出现的频率，形成候选表情集列表 CE={⟨ce$_1$, f$_1$⟩, ⟨ce$_2$, f$_2$⟩, …, ⟨ce$_n$, f$_n$⟩}；

（3）对于满足 f>γ 且 ce∉BE 的候选表情加入到基础表情集 BE={be$_1$, be$_2$, …, be$_n$}。

3.3.5　表情符号情感判定及词典的构建

为获取微博表情符号的情感倾向，我们首先对数据进行预处理，然后根据表情符号在情感表达上的相关特征，对与其相邻文本进行倾向性分析，从而获取其具有的情感倾向，完成表情符号词典的构建。

本章采用基于情绪知识的方法对微博文本进行倾向性分析。使用传统的 HowNet 情感词典作为基础情感词，并加入一些网络词汇，主要是搜狗的互联网词库，同时针对程度副词构建了程度副词词表，以此来构建新的情感词典。针对程度副词，我们通过人工收集，并分析其在微博语料中出现的频次，共发现和收集到 58 个程度副词，然后根据它们的语气强度，将其分为 6 个等级，强度取值区间为 0～2，表示为(adv, level)，其中 adv 表示程度副词词汇，level 表示其具有的语气强度，具体分布如表 3-13 所示。

对语料中的数据以句子 s 为单位对其进行倾向性分析，对于句子中包含的情感词 w，其情感倾向性是 t，若 w 包含在正面情感词表中，则 t=1；反之若其包含在负面情感词表中，则 t=-1。如果在句子中情感词前面有 k 个程度副词 adv，则根据已构建的程度副词表来获得其语气强度 level，那么情感词 w 的情感倾向 O$_w$ 如下所示：

表 3 - 13　程度副词词表

程度副词	强度词
最、最为、顶	2.0
极、极其、极端、极度、极为、分外、忒、尽、太、特、特别、尤其、尤为	1.8
很、蛮、非常、十分、十足、更、更加、更其、越、越发、越加、过于、完全、甚为	1.5
颇、挺、还、相当、愈、愈加、愈来愈、越来越、进一步、一点也、一点都	1.2
稍、稍微、略微、稍为、稍加、略、多少、几乎	0.8
点、有点、微乎其微、些许、较、比较、较为、半点	0.5

$$O_w = \sum_{i=1}^{k} \mathrm{leveladv}_i \times T_w \qquad (3-5)$$

如果 s 中包含多个情感词 $w_1, w_2, \cdots, w_i$，那么 s 情感值 O_s 采用下式进行计算：

$$O_s = \sum_i O_{w_i} \qquad (3-6)$$

如果 d' 中包含多个句子 $s_1, s_2, \cdots, s_i$，那么 d' 的情感值 E_d 采用下式进行计算：

$$E_d = \sum_i O_{s_i} \qquad (3-7)$$

根据计算的微博文本的情感值 E_d，对包含表情 ce 的 k 个微博 $d'_1 \sim d'_k$ 进行情感倾向分析，分别计算表情 ce 的正负情感总值 $F_{ce_i}^+$、$F_{ce_i}^-$。

$$F_{ce_i}^- = \frac{\sum_{i=1}^{k} E_{d_i} = -1}{\sum_{i=1}^{k} |E_{d_i}|} \qquad (3-8)$$

$$F_{ce_i}^+ = \frac{\sum_{i=1}^{k} E_{d_i}^+ = 1}{\sum_{i=1}^{k} |E_{d_i}|} \qquad (3-9)$$

3.4　单条微博文本情感计算

以上情感词的可视化和词语类型的统计均属于词语级的情感分析和统计。词语级的分析是通过用户的用词分析整体事件中用户的情感。句子级的情感分析是用于判断整个句子的情感极性或类型。由于单条微博的长度较短，不超过 140 个字符，所以对单条微博的情感进行计算通常与句子级的情感计算类似。单条微博的情感极性代表了所发表微博的用户的情感极性。通过对单位时间内所有微博的极性进行统计可以了解用户情感随时间的变化情况。本节采用词语极性强度加总的方法进行单条微博的情感计算，在计算时考虑否定词、表情和句型等特征。

3.4.1　微博文本情感计算规则

在否定词、程度词和句型三个特征中，否定词对情感计算的结果影响最大，是否考虑否定词可能会计算出两种相反的句子极性。对句子情感计算影响较大的是句型，疑问句和假设句可以极大地弱化情感强度，例如"她很漂亮。""她很漂亮吗？"和"假设她很漂亮。"这三个句子如果单纯通过情感词的提取来判断的话结果都为积极的，但实际上所表达的情感极性强度大不相同，所以通过情感词的汇总对句子进行情感判断以后，还需考虑句子的句型。程度词对句子情感极性的影响较小，程度词的加入仅可能改变情感的强度，对极性的正负影响不大，而且情感词本身强度的确定也是模糊的，所以本文在进行最终的句子情感计算时没有加入程度词。下面主要介绍考虑否定词和句型的情感计算规则。

1. 词语情感配价规则

目前句子情感计算中否定词的配价规则有多种。第一种方法是以整个句子作为计算单位，先通过句子中的情感词计算整个句子的情感极性，再计算整个句子的否定词的个数，如果否定词的个数为奇数，则整个句子的情感极性乘以－1，如果为偶数，则乘以1。第二种方法是以单个情感词为计算单位，考虑与情感词相邻或相近的词中是否含有否定词，如果含有，则所判断的情感词的极性发生相应变化，然后通过变化后的情感词极性再计算整个句子的极性。显然第二种方法比第一种方法更加科学一些，因为基于情感词典进行情感计算很难保证词典的完全全面，所以一句话中所有情感词也不一定能全部识别出来，如果将整个句子中的全部否定词均考虑进来就会降低准确率。所以本文主要采用第二种方法，判断情感词相邻或相近的词中是否含有否定词，如果含有则与情感词进行合并，且对单个情感词进行重新配价。在判断情感词相邻或相近的词时，本文仅考虑与情感词的距离为1或2的词，即与情感词相邻或隔一个词的词是否为否定词，且首先判断相邻的词，如果相邻的词不含有情感词则不继续考虑其他相隔的词。单个情感词的否定配价详细规则如下：

设情感词 W_a 的极性强度为 $F(W_a)$，以编码{NO}表示表 3-12 中 231 个否定词，首先判断与情感词 W_a 在文本中距离为 1 的词，即与 a 相邻的词中是否含有{NO}，若不含有{NO}，则 $F(W_a)$ 不发生变化，结束算法；若含有{NO}且个数为 N{NO}，则将{NO}与词 W_a 合并为新词 W_{an}，且新词 W_{an} 的极性强度为 $F(W_{an})=F(W_a)\times(-1)\times N\{NO\}$，N{NO}＝1 或2；然后继续判断合并后的 an 相邻的词中是否含有{NO}，如果不含有，则 $F(W_{an})$ 不发生变化，如果含有{NO}且个数为 $N'\{NO\}$，则将{NO}与词 W_{an} 合并为新词 W_{ann}，且 W_{ann} 的极性强度为 $F(W_{ann})=F(W_{an})\times(-1)\times N'\{NO\}$，$N'\{NO\}$＝1 或 2，算法结束。

2. 句子情感极性计算

句子情感极性的计算过程为首先在进行情感词否定配价的基础上计算句子中所有情感词极性强度的加和，然后再加入句型规则确定整个句子的极性值。

设 $F(S_i)$ 为考虑句型前时的句子情感极性值，则

$$F(S_i) = \sum SM + \sum F(W)$$

其中，$\sum SM$ 为句子中所有表情符号极性强度的加和，$\sum F(W)$ 为句子中所有配价后的情感词的极性强度的加和。下面在 $F(S_i)$ 值的基础上考虑句型规则对句子情感极性的影响。根据反问句、疑问句、感叹句和假设句的判断规则，主要是通过句型来判断用户的情感，例如，疑问句本身表达了用户对事件存在疑问或怀疑。这一部分将通过句型的判断来改变句子的情感极性。设 $F'(S_i)$ 为考虑句型特征后的句子情感值，表 3-14 为四种句型的句子情感极性配价规则。

表 3 - 14　句子情感极性强度句型配价规则

句型	IF $SP_1 =$	$F'(S_i)$
反问句	SPFW	$F(S_i) \times (-0.6) + (-0.05)$
疑问句	SPYW	$F(S_i) \times (-0.2) + (-0.05)$
感叹句	SPGT	$F(S_i) \times (1.5)$
假设句	SPJS	$F(S_i) \times (-0.2)$

表 3 - 14 中第一列为句型类型，第二列为上一部分提取出来的句子句型编码，第三列为各句型的配价。由于反问和疑问句本身会表达出一种负面的疑惑情绪，尤其在面对热点事件时，问句所表达出的负面情感会比日常交流中问句表达的情感更负面。热点事件下句子情感判断时，问句一方面改变极性的方向，一方面增加了负面的情绪，如果为反问句，则原句子情感极性强度值乘以－0.6，同时再加上－0.5 的负面强度值；疑问句乘以－0.2，同时加上－0.5 的负面强度；感叹句乘以 1.5，增强了原有极性强度；假设句乘以－0.2，改变了原有极性方向，同时弱化了原有强度。反问句、疑问句和假设句都会改变句子的极性，但是强度会比完全相反的极性弱一些，感叹句不会改变句子极性，但会加强情感的强度。

3. 单条微博文本的情感值

设单条微博 S_{ij} 的情感值为 $F(S_{ij})$，则

$$F(S_{ij}) = \sum_{k=i}^{j} F'(Sk)$$

即单条微博的情感值等于其中每个分句情感值的和。

3.4.2　微博文本情感计算效果实验

上一部分单条微博文本的计算中考虑了情感词、表情符号、句型语句等情感特征，配价规则中考虑了句型、否定词特征。而文本情感判断的准确性直接影响进一步研究的准确性和科学性，所以需要对各情感特征的计算效果进行判断。目前，自然语言处理中验证算法准确性的方法通常为选取部分测试集，通过人工等方法标注测试集样本中的值，然后比较算法计算结果与人工标注的结果的差异。情感分析效果的判断中选择测试集也要对正面情感文本和负面情感文本分别选取进行测试。而本文研究热点事件下的微博情感分析，通常在热点事件情境下，用户的情感受事件的类型主导，如"和颐酒店女生遇袭"事件本身是一个负面事件，可以预见在事件的发展过程中，负面情感会占据绝大部分，无法合理测试正面文本的准确性。本文的情感分类词表也是基于热点事件进行扩展的，所以无法选用现有与事件无关的文本作为测试集。

在情感分类的训练集和测试集中，表情符号通常起到了情感判断的标志性作用，有许多研究用表情特征来训练分类模型或用表情特征来检验分类的准确性。本书也利用表情符号来选取测试集，通过表情特征来标注测试集样本中文本的极性。对文本进行浏览时发现在负面事件发生时，正面表情所在文本的极性未必也是正面的，但负面表情所在文本极性基本也为负面的，所以本书仅对负面文本的极性判断结果进行检验。本书选择既含有文字又含有表情符号的微博广播，主要通过表情符号来标注文本极性，用以测试本文构建的情

绪词表和评价词表对单条微博文本极性判断效果。

　　表情符号和情绪词可以很清晰地了解文本中用户的情绪表达。而评价词的类型较复杂，在句子整体情感的判断时，评价词会更多地受到上下文、评价对象和主题的影响，而情绪的表达很少受上下文句法的影响。单纯利用评价词进行情感计算的准确率和召回率都不如情绪词。将情绪词表和评价词表结合使用时，虽然正确率比单利用情绪词时稍低，但召回率会得到明显提升，两个词表同时使用的 F 值最高。本书选择的测试集为带有表情符号的微博文本，因为带有表情符号的微博内容相对单纯利用文字表达的微博会较短，这也是造成计算效果中召回率较低的原因之一。

3.4.3　微博文本级情感计算统计结果

　　对收集的"和颐酒店女生遇袭"事件、"成都女司机被打"事件和"罗一笑"事件三个事件的微博文本进行情感计算，计算时考虑情绪词、评价词、表情符号、否定词、句型等特征，通过本节第一部分中单条微博文本的计算规则对两个事件的微博文本的情感值进行计算。最后，以单条微博文本为单位对三个事件的微博文本极性强度进行统计。表 3-15 为两个事件不同情感极性的文本数量统计。

表 3-15　三个事件正负极性文本条数统计

	负面微博数（比例）	正面微博数（比例）
"和颐酒店女生遇袭"事件	47 085（41.13%）	67 393（58.87%）
"成都女司机被打"事件	8663（58.99%）	6023（41.01%）
"罗一笑"事件	17 661（26.86%）	48 093（73.14%）

　　从表 3-15 可以看出，"和颐酒店女生遇袭"事件中 41.13% 的文本为负面文本，"成都女司机被打"事件中有高达 58.99% 的文本为负面文本，"罗一笑"事件中有 26.86% 的文本为负面文本。三个事件对比来说，"成都女司机被打"事件更能引起公众的负面情感。负面情感对于事件的发展和事件主体是非常不利的，所以对事件中负面微博的关注尤为重要。

第 4 章　基于社会热点事件的用户情感挖掘与传播研究

4.1　基于社会热点事件的情感生成与传播理论

从现有的研究综述可以看出,微博环境下存在大量用户生成的情感内容,用户不仅能够通过发布文本内容来表达自身情感,还可以通过情感的表达与微博社区中的其他用户进行交流。用户所表达出的情感对于信息的传播速度也有影响。当用户获取并发布热点事件信息时,有时会加入自身的情绪或评价。用户也会出于不同的动因发布相关内容,当将这些内容发布到微博社区时,可以与社区中的其他用户进行实时交流,并可能在整个社交网络中传播开来。本节将通过分析用户情感传播中的理论问题揭示用户在面对热点事件时的情感生成、表达与传播机制。图4-1为热点事件情境下微博用户情感生成与传播过程及各过程涉及的理论。

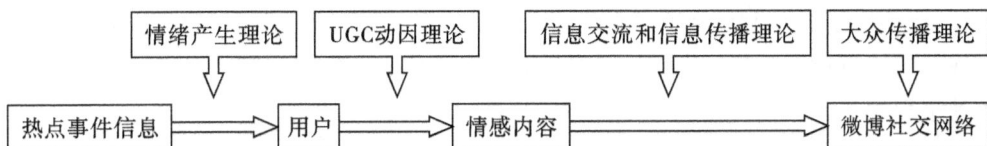

图 4-1　热点事件情境下微博用户情感生成与传播过程及相关理论

图4-1中列出了情感传播过程的四个主要相关理论,其中包括用户在面对事件时的情绪产生理论,解释了用户情绪的产生和表达机制;微博用户情感内容的发布会受许多动因的影响,用户生成内容的相关 UGC 动因理论研究可以解释用户生成情感内容的影响因素;信息交流和信息传播相关理论可以解释微博社区中用户的情感互动过程;大众传播理论有助于人们了解事件信息和情感信息在微博中广泛传播的机制。

本文根据情绪产生理论将微博用户的情感分为情绪和评价两个方面,情绪是用户面对热点事件时的内心体验,而评价是指向客观事件或事物的,反映了用户对客观事件的主观认知。同时情绪和认知也是相辅相成的。情绪产生的相关理论可以解释微博用户在热点事件下所表现出的情绪反应。心理学家把情绪(emotion)看做是由许多关键成分所组成的复杂心理现象,通常包括主观情绪体验、生理唤醒、面部表情及情绪行为等多种成分[111]。早期心理学对情绪的理论研究主要关注情绪的生理反应,如 20 世纪末美国先驱心理学家詹姆斯(Willian James)与丹麦生理学家兰格(Carl Lange)推出的著名的詹姆斯兰格情绪理论(James-Lange theory of emotion)指出生理唤醒(如心跳加速)并非如常识一样,产生在情绪体验及情绪行为之后。相反,在情绪活动中,常常是先出现肌体唤醒,后出现情绪行为。随后,美国心理学家 Walter Cannon 及其追随者 Phillip Bard 提出"丘脑在情绪形成中起重要作用，情绪体验及生理唤醒均是由大脑组织的"这一主张，这便是著名的坎农巴德情绪理论(Cannon-Bard theory of emotion)。

20世纪70年代，心理学家认识到，认知因素参与了情绪过程并对情绪过程具有显著影响。美国心理学家沙赫特(Stanley Schachter)提出著名的情绪认知理论(Cognition Theory of Emotion)。该理论认为，情绪是在对生理唤起进行认知评价与解释后产生的。现代心理学家伊扎德(Carrol Izard)提出了面部表情反馈假说(Facial Feedback Hypothesis)，该假说认为不仅情绪体验影响着面部表情，面部表情也显著影响着情绪体验。

随着时间推移，研究者们愈来愈认识到认知评价(Cognitive evaluation)因素极大地影响着人们对给定情景的情绪反应。当代情绪理论模型[112]指出，对情绪情景的认知评价导致生理唤醒(如自主神经系统的激活：心率变化、皮肤温度变化等)、情绪行为(如战斗或逃跑)、面部表情(如恐惧表情)及情绪体验(如恐惧感)。而生理唤醒、情绪行为、面部表情及情绪体验将反馈并调节"认知评价"，以增强或减弱各情绪反应成分。各情绪反应成分的改变将进一步提供反馈并改变个体的情绪认知评价过程。

在线社交网络中用户的情绪很难通过生理唤醒、面部表情来判断和传播，往往是通过视频、发帖、评论等形式来反映用户的各种情绪。上述心理学中的情绪研究理论为认识微博用户情绪产生过程提供了理论基础。热点事件下微博用户情绪产生过程如图4-2所示。当用户面对突发事件时，首先会对这一事件进行认知评价，也就是根据经验、态度、心智模式等认知因素对事件进行评价，进而产生恐惧、愤怒、高兴、愉悦等生理唤醒，随后产生情绪体验，情绪体验会促使用户产生发帖、评论、回复等行为。同时用户也会受到网络上已存在的情绪情景以及其他人情绪的影响，这些情景也会唤醒他们的情绪生理反应，进而产生情绪行为。

图4-2　热点事件情境下微博用户情绪产生机理

4.1.1　UGC动因理论

动因理论热点事件下，用户发布的带有情感内容的微博广播文本属于UGC的一种类型。UGC(User Generated Content)即用户生成内容，泛指以任何形式在网络上发表的由用户创作的文字、图片、音频、视频等内容，是Web2.0环境下一种新兴的网络信息资源创作与组织模式。它的发布平台包括微博、博客、视频分享网站、维基、在线问答、SNS等社会化媒体。赵宇翔和朱庆华对Web2.0环境下用户生成内容动因的相关理论进行了探讨，从社会驱动、技术驱动和个体驱动三个维度构建了用户生成行为动因的整合模型[113]。Daugherty等的实证研究结果表明自我保护和社会功能显著地影响了UGC的创造，尤其是自我保护功能，这一功能能够保护人们避免内部的不安全和外部的威胁，UGC的创造能使消费者的自我怀疑最小化并能体验到社区的安全感；社会功能有助于消费者知道一些重要的人的行为，通过创造UGC用户还能与其他人互动，感受到自我的重要性[114]。Balasubramaniam总结了导致 UGC 产生的四个驱动因素，分别为技术驱动、社会驱动、经济驱动、机构和立法驱动[115]。

虽然用户发布的有关热点事件的情感内容是 UGC 的一种，但是热点事件中用户发布的情感内容和其他 UGC 类型有所区别。有关 UGC 生成动机的研究有助于了解影响用户发布情感内容的影响因素，如个体驱动，包括自我安全感的需要、自我情绪发泄的需要和自我的责任感也有可能促使用户表达对热点事件的情感倾向；社会驱动，如社会认同感、社交互动、社会价值规范等对用户情感的表达也会有驱动作用；经济驱动、技术驱动或其他可能的驱动因素是否会对用户的情感表达产生影响还需进一步的验证。所以，UGC 动因理论的研究对本研究了解用户生成情感内容的因素提供了部分可参考的理论依据。

4.1.2 信息交流和信息传播理论

1959 年，美国社会科学家门泽尔（Menzel）提出了交流的"正式过程"和"非正式过程"。前苏联情报学家米哈依诺夫对此进行了完善，将科学交流过程分为"正式交流"和"非正式交流"，两种交流方式的划分依据为是否依靠科学文献进行交流，依靠科学文献进行的交流为"正式交流"，而信息发布人员和接收人员面对面的交流为"非正式交流"。随着网络技术的发展，尤其是 Web2.0 技术的发展，人们的交流环境发生了重大的变化。网络环境下的交流已经脱离了传统的面对面交流和依靠文献交流两种交流模式。黄水清和王超指出可将有无专职信息人员参与作为网络环境下正式交流与非正式交流的分界[116]。在线社交网络，尤其是微博社区环境下用户之间的交流多为非正式交流。在微博环境中信息发布者发布的信息通常直接被信息接收者接收，不需要信息专职人员的参与。严怡民介绍了信息栈理论，指出信息栈是信息从生产者向使用者流动过程中所经过的中间环节，并将信息交流分为零栈交流和栈交流。微博环境下的非正式交流大多属于零栈交流，用户与用户之间的交流较直接，信息发布者可得到信息接收者的实时反馈。

Web2.0 环境下的非正式交流模式也影响着信息的传播模式。李河指出 Web2.0 交流研究的理论基础有"六度分割理论"和"长尾理论"，Web2.0 环境下的弱关系使人与人之间的距离变得更近，也提高了用户的参与性，用户产生的大量微内容聚集起来就会产生巨大的价值[117]。微博社区中每一个用户都处在一个充满了大量弱关系的网络中，微博中的信息传播表现出了复杂网络所具备的"小世界特性"[118]。在线社交网络具有较高的连通性，在信息传播的过程中会出现具有较大影响力的用户，信息源的影响力越大，信息就越容易在网络中迅速传播。通过上述信息交流和传播理论可以了解微博环境下用户的信息交流模式和信息传播的特性，为本研究的实施提供了一定的理论支持。

4.1.3 大众传播理论

事件信息在线下往往通过新闻媒体向大众进行传播，大众传播学经过长时间的发展，形成了许多大众传播理论，如沉默的螺旋、把关人理论、议程设置等。沉默的螺旋理论研究的是舆论对公众意见表达的影响，这一理论认为人们都有害怕被孤立的特点，所以在表达对事件的看法时，如果发现大部分人持有的观点与自己相反，就会更趋向于保持沉默，如果发现大部分人持有的观点与自己相同，就更愿意积极地站出来表达自己的观点。把关人理论指的是新闻媒体在进行信息的发布与传播之前，会对信息进行筛选和编辑，对信息进行把关。议程设置指的是大众传播具有引导公众舆论的功能，能够为公众设置议事日程。

　　与线下大众传播相比，微博环境下信息传播的模式发生了变化，信息的接收者不是大众，而是用户。而且微博用户既可以是信息的接收者，也可以是信息的发布者。田维钢和付晓光分析了大众传播理论在微博环境下的有限性和有效性，认为沉默的螺旋理论、议程设置理论和把关人理论在微博环境下均被弱化了，但是这些理论在微博环境下并没有消失[119]。胡辰和李丹超认为微博传播结合了人际传播与大众传播的特性，是多点对多点的多元互动的传播，微博用户可以为自己设置议程，也可以选择关注的对象，通过关注和被关注，微博上就形成了一个个舆论网络群体，由群体中的意见领袖引导群体议程[120]。

　　虽然微博环境下的信息传播模式发生了变化，但是传统大众传播理论对于解释信息在微博中的传播仍然具备有效性。对于沉默的螺旋理论来说，虽然用户在微博环境下可以匿名发表评论和观点，用户害怕被孤立的心态被削弱了，但是用户从众的心态在微博环境中却越来越明显，由于微博用户处于一个网络群体中，相比于线下传播来说，他们可以非常迅速且便利地了解到"周围"用户的观点，也可以实时对其他用户的观点进行评论。从微博舆论更容易出现群体极化现象就可以看出，不仅沉默的用户不再沉默，主导舆论的一方也更加极化。对于议程设置理论来说，虽然微博环境中各网络群体的"议题"往往由意见领袖主导，微博中的意见领袖不仅仅是新闻媒体，还可能是有影响力的"草根"用户，但是由于新闻媒体在实际生活中具有获取信息的能力和渠道，所以他们在微博中同样也受到了广泛的关注，微博中的热点事件信息，更多的时候也来源于新闻媒体用户。本文也将选取热点事件进行相关关键用户的识别。对于把关人理论来说，虽然"草根"用户的把关不如新闻媒体专业，但是他们依然具有一定的把关能力，而且为了避免各种谣言和恶意信息对微博用户的误导，有必要制订相关政策法规或其他有利方式培养和管理微博用户的把关能力，提高每一位微博用户的信息素质。

4.2　微博语言的特点分析

　　微博是网络语言的一种，它虽具有网络语言的共性，但在音位、词汇、句法、字位上，与传统语言又有很多不同。网络语言包含的范围极为广泛，它不仅包含网络中使用的自然语言，还包括网友自创的语言，在网络上走红的段子或者是短语，甚至是特殊的标点使用也属于这个范畴。微博在继承发扬网络语言的特点上，也有自己特有的风格。微博包含一般微博和话题型微博，其中话题型微博较为特殊，通常以"话题名称"的形式出现，以下的微博语料中会出现较多。

4.2.1　句子简短且单句较多

　　微博的字数限制在140字以内，140个字虽然不多，但是也能写上一两段。但是大家发布的微博普遍字数较少，发布的内容有的是几个表情，有的甚至是几个符号，但更多的还是有些许文字。随意、即兴的文字，三言两语最能真实地表达内心感受。微博上发布的内容通常以单句居多，而且由于微博只是个人发布情感的一个渠道，不需要使用较为正式的语言，人们更愿意用更加随意的、口语化的方式表达自己。如下所示：

＃旅行在外最喜爱的食物＃沙姆沙伊赫有家很有名的海鲜店，价格便宜又新鲜，嗨死了……

我在＃三国来了＃中天天虐 Boss，这腰也不酸了，背也不疼了，一虐顶过去被虐！

＃宠物私语＃调头调得太快了……主银你怎么不抓牢呢，我的错我的错

＃小勤章，玩转大淘宝＃哈哈，我已成功升级为"特邀评论员 Lv4"啦，已是名副其实的意见领袖！内牛满面啊！

嫩个样的情况，哪还有心思去钱柜 K 歌？[衰]

一个午觉睡的我迷迷糊糊的，才睡醒就发现股票跌了，我这是睡了多久啊？

晚上在俏江南酒店嗨皮！[good][馋嘴][馋嘴][馋嘴][馋嘴]味道灰常棒！

其中的"嗨死了、被虐、主银、内牛满面、嫩个样、灰常"都口语色彩浓重，简洁而明确地表达了说话人的观点。

4.2.2　模式化句式或短语大面积流行

微博体是一种句子模板化样式，它是随着微博的走红而逐渐兴起的，即俗称的"造句"，和以前常说的仿写有异曲同工之妙，是指根据内容表达的需要，依据微博体已有的固定句式，再重新写一个与原句式结构相仿、表达意义类似的句子。微博体不只是简单的调侃，更多的是表达一种发自心底的共鸣，从而能引起全民的热捧，如表 4-1 所示。

表 4-1　常见微博体实例

类　别	体　式
社会事件	航母 style、撑腰体
人物名称	甄嬛体、元芳体、包大人很忙、杜甫体
关键字体	见或不见体、扫地老太太体、小明体
创造者体	丹丹体、德纲体、梨花体

之前大热的"甄嬛体"是随着电视剧《后宫甄嬛传》的热播而兴起，剧中言必称"本宫、臣妾、嫔妾、朕、哀家、孤"；描述事物用双字"方才、想来、极好、左右、罢了"，因其台词古色古香，文艺调十足，引起网友的效仿。现在网上关于"甄嬛体"的仿写达到了几百上千个版本。

而"撑腰体"在现代社会关系逐渐冷漠的大背景下出现，老人当众摔倒了，众人担心被讹，无人上前搀扶。随着北大副校长的一条微博：你是北大人，看到老人摔倒了你就去扶。他要是讹你，北大法律系给你提供法律援助，要是败诉了，北大替你赔偿。"撑腰体"迅速成为微博最热的句式。随后网络上涌现出了各种版本，以国内各大高校校长、各地域代表的口吻表明了对于此举的支持。"撑腰体"的走红表明其实公众都害怕冷漠，都在呼唤社会中的人情，反映了公众的希望和良心。

4.2.3　方言语法及外语语法的使用

由于互联网的受众遍布世界各地，大家来自不同国家、不同地区，每个地区都会有自

己的语言习惯，所以在发布微博时可能会将习惯带入。经统计发现，在带有方言的微博中，东北方言使用频率最高，究其原因是东北的喜剧演员较多，如赵本山领导的赵家班，并且一些较有影响的小品皆出自此地。在外文的使用中，英语使用频率最高，很多微博都是中英文的杂交体。如下所示：

> 爱羽毛球，爱猫咪——每天 mi 一点，come on -/看不出不敏，不敏爱不够，爱不够，细细爱
>
> 我刚在"百思不得姐"里看到了个很有意思的内容：SB 了吧
>
> telephone no call baby please me 10 after @YABURB[爱你]

以上的四条微博中都含有外文，第一句和第二句中包含的英文量较少，微博所包含的情感也较为明显，而第三句主体由英文构成，因为本研究针对的是中文微博，所以含有英义较多的微博就不在研究范围之内。

> 俺们东北有句话，癞蛤蟆上脚面，它不咬人却硌应人。

"硌应"是讨厌一词的含蓄讲法，它比讨厌的程度轻，表达的却也是一种负面情感。

> 你扯呢，中大奖你还不请客？装啥 NB，走，旁边粥铺先给我整个芹菜炒粉条吧！

"中大奖"意味着发达成为有钱人，有钱人不忘兄弟，请兄弟上街下馆子，致富还惦记着乡亲，大家就都赞美他办事"贼敞亮"；敞亮形容某人大方，也用来表示自己心情愉快。

> 自己能力高而没被提干，憋屈；自己贡献不小而没房子，憋屈；自己资格老而下岗，更憋屈……

"憋屈"对东北人来说恐怕是最不妙的心理体验，所以这句话实际上含有消极的情感倾向。

4.2.4　标点符号的不规范使用

标点符号是辅助文字记录语言的符号，是书面语的组成部分，用来表示停顿、语气以及词语的性质和作用，常常作为表达情感的一种方式。但是在微博中输入的无门槛性，导致标点符号的不规范使用，智能输入法的发展也加剧了这一现象。

> 办公室的同志们空调开了制冷……宿舍的同志空调还开 30 度制热……这是个什么样的节奏啊……
>
> 有网友在新浪微博上提问："有没有人能帮我获取 root 权限？？？？……

4.2.5　句子成分省略化

较为口语化的微博无法同正规的书面语相提并论，微博语言是在轻松、随意的状态下发布出来的，它不需要像书面语一样斟词酌句，因此也会被指责语法混乱。但是在研究中，

必须正视微博中存在的问题。为了使表达更为简洁，微博语言通常是成分残缺的，其中多包含省略句。省略句通常会省略句子的主语或者宾语，通常最为常见的是主语的省略。

经过不断检查、修改，检查、修改……终于把你们的材料弄好了！脑细胞牺牲了好多啊@杨超不会飞@莉华在地球

♯让红包飞♯准备好心情，过大年

上面的两条微博中，前面一句缺少宾语，"检查、修改"的对象是"你们的材料"。后面一句缺少主语，主语应为"我"，句子成分残缺不全。

4.2.6　图片、链接、@功能较多

由于自媒体的发展，微博提供的服务越来越多，微博输入的也不仅仅只是文字，还可以上传图片、视频，同时受到微博 140 字字数的限制，有的消息不能叙述完全，因此会将详细讲述的地址附在微博上。为了加强博友之间的互动，微博提供了@功能，@的意思是"向某某人说"，对方能看到你说的话，并能够回复，实现一对一的沟通，能够实现增进交流的目的。

【农夫山泉避无可避的八大质疑】然而，遗憾的是，以农夫山泉董事长为首的高管在回答媒体提问时，仍然回避了诸多关键问题。京华时报将当时现场农夫山泉董事长未能回答的诸多质疑再次抛出，继续追问农夫山泉董事长。http：//t. cn/BFIfP9y

♯寻缘农夫山泉之旅♯京华时报之前跟海尔大战，后来跟农夫山泉大战。后来指着李子说人家张家口的污染严重，苹果都发黑了。智商真的让人捉急。让我这研究过水质监测的人去千岛湖看看吧。@农夫山泉官方微博@悲剧的小 CiCi@萌 77 胡了@Pan 小鹏

4.2.7　特有的表情符号

在网络世界中，表情符号一直是用户比较青睐的一种符号，也是微博自上线以来一直保留的特色之一。随着技术的发展，微博表情的种类越来越多，在新浪微博平台上有近百上千种表情符号可供大家使用。因表情形象可爱、逼真，人们常将其作为表达自身感情的一种手段，它能够较为直接、形象地表达人们的想法，所以在对微博进行情感分类时，可将表情符号作为一个重要的参考因素。

虽然微博中的常用表情和魔法表情有几百上千种之多，但是使用频率最高的还是常用表情中的默认系列，共 102 个表情，情感倾向十分明显，如图 4-3 所示。表情在语料和微博上的表现形式不一样，在微博语料中表情符号以[ ]内接相应表情描述来表示，而在微博上是以图片的形式存在的，具体差别见下列例子：

怡梦葳蕤：啊哈哈，竟然无意瞧见上个年级毕业纪念册的评语😊😊😊

哈哈，原来是这样，我就喜欢听好话，典型吃软不吃硬的类型啊😄😄😄

饭团喜欢小柴豆：京华时报是不是黑农夫山泉那个报纸？//@胡杨林717：😒上帝说，要走光，于是就走了光。

图 4 - 3　微博常用表情——默认系列截图(部分)

4.3　基于社会热点事件的数据收集与分析

4.3.1　原始数据采集

本节的数据来源于新浪微博。微博中的用户通过收听、好友、转播和评论等关系相互连接,当用户 A 对某一事件进行广播后,收听用户 A 的其他用户会看到这一广播并可能对这一广播进行评论或转播,如果收听用户 A 的用户 B 对这一广播进行了转播或评论,收听B 的其他用户就会看到这一广播,依次将这一广播的信息传播开来。信息在微博中的传播速度可能非常快,一个敏感的事件信息可能在数小时内就扩散至整个社交网络。所以本文选择微博这一社交媒体进行用户在热点事件情境下的情感传播研究。

本文选择了三个事件案例进行数据的收集和分析,这三个事件分别为"和颐酒店女生遇袭"事件、"成都女司机被打"事件和"罗一笑"事件,下面对这三个事件进行简要回顾。

"和颐酒店女生遇袭"事件回顾:2016 年 4 月 5 日,一则"女孩酒店遇袭"的视频和帖子在网上引起公众关注。网名为弯弯的女孩自称,4 月 3 日晚近 11 点,她在北京望京 798 和颐酒店四层楼道里,遭陌生男子袭击,对方试图将她强行拖走,见围观房客后对方走楼梯逃离。弯弯在微博上称,没有任何安保人员、酒店管理人员搭救。微博还配发一段时长 5 分钟左右的视频。4 月 5 日,记者联系上弯弯,当时她已回到杭州。弯弯说,她在杭州工作,3 月 30 日来京办事,顺便旅游。她通过携程网预订位于望京的 798 和颐酒店,4 月 1 日入住，打算住到 4 月 4 日，结果 4 月 3 日晚上出事了。据弯弯描述，当晚，她和朋友吃完饭后打车回酒店，10 点 50 分左右，她乘电梯回酒店 4 层，准备进房间时，与她同乘电梯到 4 层的黑衣男子上前问她住哪个房间。弯弯对男子说："我又不认识你，干嘛告诉你？"此后，男子采取揪头发、拉拽等方式，想强行将她带走。她蹲在地上报警，男子也在打电话，说的好像是什么"张哥你过来"之类的话。弯弯称，一名酒店人员上前劝阻，但不积极，未奏效。她不停呼救，引起路过房客注意，一名女房客还上前帮忙劝阻。陌生男子见状逃走。对方身上没有酒气。事后，和颐酒店相关负责人在发布会上宣读声明并鞠躬致歉，但未对媒体提问作答。弯弯事后发微博称"太失望"。

"成都女司机被打"事件回顾：2015 年 5 月 3 日下午，网络中一段 35 秒的视频被快速疯传并引发了强烈的舆论。视频中，一位男司机将一女司机逼停后进行殴打，拳打脚踢时间长达 20 秒，这就是引起全国强烈反响的成都女司机被打事件。视频被传到网络上后，网友纷纷愤然，当天有无数粉丝在网络上转发此消息。国内外各种媒体对这个事件密切关注，并跟进报道，网民的高活跃度促使事件不断向前发展，舆论迅速发酵。网友一致对男司机进行指责，这位打人的男司机也因涉嫌寻衅滋事罪被成都警方刑事拘留。让人没想到的是，在 5 月 4 日晚四川新闻网曝光男司机的行车记录仪后，视频显示是由于女司机曾两次突然变道险些造成事故才导致被打，于是更进一步了解事件具体细节的网民开始将矛头指向女司机，纷纷指责女司机的行为，认为其该打，并进行"人肉搜索"，发现其 4 年前就有交通违规行为，甚至曝光了其开房记录。此次事件从 5 月 3 日视频被上传到网络到 5 月 11 日女司机道歉为止，"剧情"多次反转，从指责男司机路怒症，对女司机表示同情到支持两方的人数持平，再到一致认为主要过错方是女司机。

"罗一笑"事件回顾：2016 年 11 月底，一篇父亲（罗尔）写给患白血病五岁女儿（罗一笑）的信件《罗一笑，你给我站住》刷爆朋友圈，阅读量瞬间突破 10w＋，博得广大网民的祝福、转发以及捐款。文中声明，该文每被转发一次，小铜人公司将增加 1 元对罗一笑的治疗筹款。11 月 30 日，罗尔的个人财产状况被曝光（三房两车），且被指出罗一笑的实际治疗花费并不像原文中所说的那么高额，善款早已集齐。甚至有人指出，"罗一笑事件"实际上是一起营销炒作事件，是一场"骗局"，该言论一出后引起了网络上的轩然大波，并引来了社会各界的广泛关注与热议，一方面网民对年幼便遭遇不幸的罗一笑表达了关爱并进行帮助，另一方面，网民对罗尔借女儿病重进行营销炒作的行为表示严厉谴责与批判。

本节以新浪微博为数据采集对象，以"新浪微博搜索"为检索工具，以"和颐酒店遇袭"作为"和颐酒店女生遇袭"事件相关广播的检索词；以"成都女司机"或"女司机被打"作为"成都女司机被打"事件相关广播的检索词；以"罗一笑"作为"罗一笑"事件相关广播的检索词。"和颐酒店女生遇袭"事件的采集时间为 2016 年 4 月 3 日 0 时至 2016 年 4 月 30 日 24 时；"成都女司机被打"事件的采集时间为 2015 年 5 月 3 日 0 时至 2015 年 5 月 25 日 24 时；"罗一笑"事件的采集时间为 2016 年 11 月 29 日 0 时至 2016 年 12 月 31 日 24 时，以"原创微博"作为限定条件，将这三个事件在新浪微博平台进行搜索并保存对应结果网址 URL，使用八爪鱼采集器对 URL 网页数据进行采集，抓取发布时间、用户 UID、用户昵称、发布正文、转发数、评论数、转发 URL、发布方式、用户主页 URL 等字段，如图 4-4 所示，再将采集结果导出至 Excel 表格。同样地，将采集到的"转发 URL"作为采集网址利用八爪鱼采集转发微博，直至所有微博数据采集完成，再利用 Excel 进行去重、去空处理，并删除大量的广告、垃圾内容等无用信息，最终得到有效数据和微博用户，再以"用户主页 URL"作为采集网址，利用八爪鱼采集微博用户数据，包括用户昵称、性别、年龄、学历等基本信息。

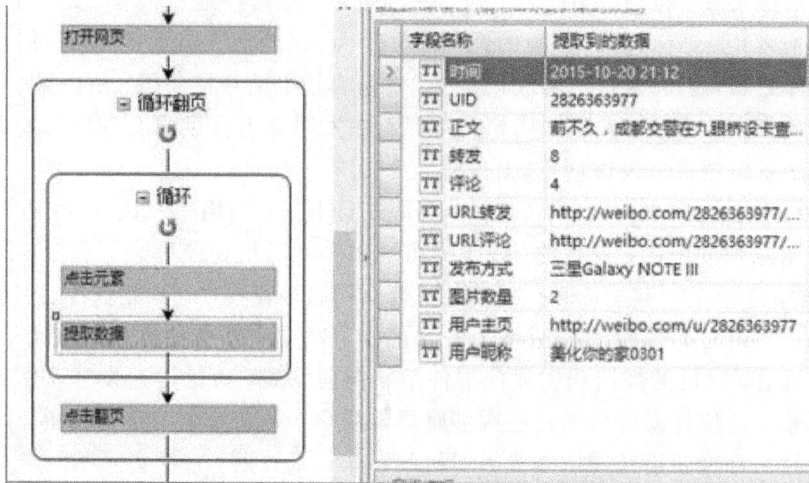

图 4 - 4　利用八爪鱼采集微博数据

在"和颐酒店女生遇袭"事件中，共采集了 14 个字段，如表 4 - 2 所示，主要涉及微博发布的用户信息及内容信息等，用来进行社会网络分析、时间序列分析、情感倾向分析和传播影响因素分析，数据采集结果存入 Excel 中，如图 4 - 5 所示。

表 4 - 2　微博文本采集内容 1

采集字段分类	内容	用途	值类型
微博发布用户信息	用户名	社会网络分析	String
	用户 UID	社会网络分析	String
	用户是否认证	社会网络分析	Bool
	用户主页	其他	String
	用户粉丝数	传播影响因素分析	Double
	用户关注数	传播影响因素分析	Double
	用户微博数	传播影响因素分析	Double
微博发布内容信息	发布时间	时间序列分析	DateTime
	发布方式	其他	String
	发布内容	情感倾向分析	String
	发布网址	其他	String
	微博点赞数	传播影响因素分析	Double
	微博转发数	传播影响因素分析	Double
	微博评论数	传播影响因素分析	Double

	A	B	C	D	E	F	G	H	I
1	用户名	用户Uid	是否认证	用户主页	粉丝数	关注数	微博数	发布时间	发布方式
2	BYS韩	2546731371	否	http://weibo.com/2546731371	697	2673	417	10月10日 18:16	微博视频
3	Terence孫	aysiterence	是	http://weibo.com/aysiterence	1234	638	2532	10月10日 18:42	秒拍网页版
4	清緋半夏	2987842784	是	http://weibo.com/2987842784	440	2485	1644	10月10日 18:46	iPhone 6s Plus
5	爱上小米粥xf	3187208080	否	http://weibo.com/3187208080	109	191	515	10月10日 19:42	三星android智能手机
6	陈家小六子cccl	3596599054	否	http://weibo.com/3596599054	115	63	328	10月11日 20:26	封禅子的Android
7	陈家小六子cccl	3596599054	否	http://weibo.com/3596599054	115	63	328	10月11日 22:55	魅族 MX4 Pro
8	CM不只是一种单位	2134954087	是	http://weibo.com/2134954087	156	135	71	10月11日 22:55	红米4G
9	陈家小六子cccl	3596599054	否	http://weibo.com/3596599054	115	63	328	10月11日 22:58	iPhone 6 Plus
10	陈家小六子cccl	3596599054	否	http://weibo.com/3596599054	115	63	328	10月11日 22:58	iPhone 6
11	CM不只是一种单位	2134954087	是	http://weibo.com/2134954087	156	135	71	10月11日 22:58	iPhone 6s
12	Monsieur-Hanber	2409143225	否	http://weibo.com/2409143225	469	439	461	10月1日 02:03	荣耀6 Plus
13	陈陈昊昊昊	2364104644	是	http://weibo.com/2364104644	527	493	1846	10月1日 02:14	红米Note 3
14	Monsieur-Hanber	2409143225	否	http://weibo.com/2409143225	469	439	461	10月1日 06:18	新浪博客
15	拉普拉斯的小白羊	2442431515	否	http://weibo.com/2442431515	179	208	131	10月1日 09:37	华为荣耀畅玩4X
16	金发怪力非萝莉小	1801361085	否	http://weibo.com/1801361085	738	348	2628	10月1日 10:32	iPhone 6s
17	金发怪力非萝莉小	1801361085	否	http://weibo.com/1801361085	738	348	2628	10月1日 10:34	微话题-弯弯_2016...

(a)

	H	I	J	K	L	M	N
1	发布时间	发布方式	发布内容	发布网址	点赞数	转发数	评论数
2	10月10日 18:16	微博视频	嗯，是的	http://weibo.com/3187208080/E6fACFgFS	117	70	212
3	10月10日 18:42	秒拍网页版	不说脏话不开心 i查看图片	http://weibo.com/2975804700/DpUgdazlj	10	12	6
4	10月10日 18:46	iPhone 6s Plus	不解释。。。。	http://weibo.com/2975804700/DpUgdazlj	0	1	1
5	10月10日 19:42	三星android智能手机	这些年，电视剧没教会大家什么有价值的东西，倒是	http://weibo.com/3187208080/E6fACFgFS	0	0	1
6	10月11日 20:26	封禅子的Android	你的号为什么没有被封我在张靓颖微博下评论了揭穿	http://weibo.com/2134954087/DpG67sBdK	3	32	14
7	10月11日 22:55	魅族 MX4 Pro	哼，幸灾乐祸，我默默心塞中	http://weibo.com/2134954087/DpG67sBdK	2	0	6
8	10月11日 22:55	红米4G	这我就尴尬了。。不造啊！	http://weibo.com/2134954087/DpG67sBdK	2	4	8
9	10月11日 22:58	iPhone 6 Plus	北京和颐酒店经理谈女子酒店遇袭时称弯弯是在炒作	http://weibo.com/2134954087/DpG67sBdK	6	1	11
10	10月11日 22:58	iPhone 6	回复@CM不只是一种单位:咧咧咧，气死我的节奏	http://weibo.com/2134954087/DpG67sBdK	4	2	18
11	10月11日 22:58	iPhone 6s	【没想到！和颐刘经理这样说】和颐酒店刘经理:“我	http://weibo.com/2134954087/DpG67sBdK	0	1	14
12	10月1日 02:03	荣耀6 Plus	【和颐酒店经理：弯弯是炒作 没死人没着火没强奸】	http://weibo.com/1851231782/DpKMX09ns	9	6	7
13	10月1日 02:14	红米Note 3	回复@Monsieur-Hanber:有新的故事发生吗？	http://weibo.com/1851231782/DpKMX09ns	1	7	7
14	10月1日 06:18	新浪博客	女生非得被强奸，非得死人，才能说不是炒作吗？如	http://weibo.com/1851231782/DpKMX09ns	0	45	1
15	10月1日 09:37	华为荣耀畅玩4X	#我一句#有北京望京798和颐酒店这样的流氓经理，	http://weibo.com/1942987032/Ea4KOboUc	16	40	307
16	10月1日 10:32	iPhone 6s	到现在为止嫌疑人的身份呢？？？？都忙什么去了？	http://weibo.com/2656274875/DpP2Utl7t	3	1	91
17	10月1日 10:34	微话题-弯弯_2016...	穿的时髦一点就觉得身份有问题？？呵呵！这是什么	http://weibo.com/2656274875/DpP2Utl7t	47	32	234

(b)

图 4-5　微博数据存储界面 1

在“成都女司机被打”事件中，共采集了 11 个字段，如表 4-3 所示，主要涉及微博发布的用户信息及内容信息等，用来进行社会网络分析、演化分析、情感倾向分析和传播效果分析，数据采集结果存入 Excel 中，如图 4-6 所示。

表 4-3　微博文本采集内容 2

<table>
<tr><th>采集字段分类</th><th>采集字段</th><th>用途</th><th>数据类型</th></tr>
<tr><td rowspan="5">微博发布
用户信息</td><td>用户名</td><td>社会网络分析</td><td>String</td></tr>
<tr><td>用户 UID</td><td>社会网络分析</td><td>String</td></tr>
<tr><td>用户主页</td><td>其他</td><td>String</td></tr>
<tr><td>发布时间</td><td>演化分析</td><td>DateTime</td></tr>
<tr><td>发布位置</td><td>社会网络分析</td><td>String</td></tr>
<tr><td rowspan="6">微博发布
内容信息</td><td>发布方式</td><td>其他</td><td>String</td></tr>
<tr><td>发布内容</td><td>情感倾向分析</td><td>String</td></tr>
<tr><td>图片数量</td><td>情感倾向分析</td><td>String</td></tr>
<tr><td>被转发内容详情</td><td>情感倾向分析</td><td>String</td></tr>
<tr><td>转发数量</td><td>传播效果分析</td><td>Double</td></tr>
<tr><td>评论数量</td><td>传播效果分析</td><td>Double</td></tr>
</table>

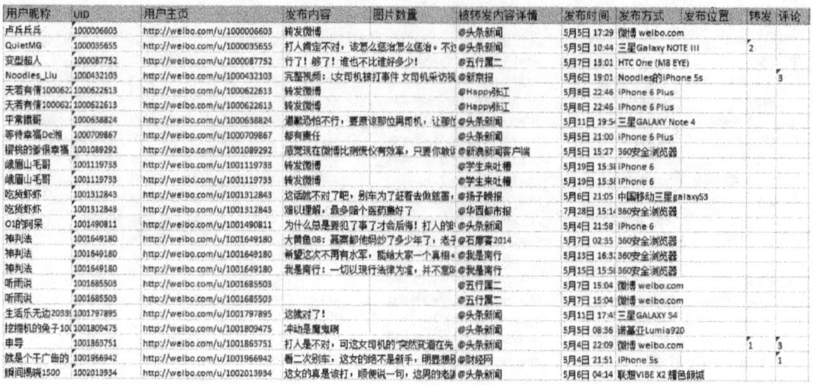

用户昵称	UID	用户主页	发布内容	图片数量	被转发内容详情	发布时间	发布方式	发布位置	转发	评论
卢兵兵兵	1000006603	http://weibo.com/u/1000006603	转发微博		@头条新闻	5月5日 17:29	微博 weibo.com			
QuietMG	1000035655	http://weibo.com/u/1000035655	打人肯定不对，该怎么惩治怎么惩治。不过		@头条新闻	5月5日 10:44	三星Galaxy NOTE III		2	
变型超人	1000087752	http://weibo.com/u/1000087752	行了！够了！谁也不比谁好多少！		@五行属二	5月7日 13:01	HTC One (M8 EYE)			
Noodles_Liu	1000432103	http://weibo.com/u/1000432103	完整视频：L女司机被打事件 女司机采访视		@新京报	5月6日 19:01	Noodles的iPhone 5s			3
天若有情100062	1000622613	http://weibo.com/u/1000622613	转发微博		@Happy张江	5月8日 22:46	iPhone 6 Plus			
天若有情100062	1000622613	http://weibo.com/u/1000622613	转发微博		@Happy张江	5月8日 22:46	iPhone 6 Plus			
平常腊哥	1000638824	http://weibo.com/u/1000638824	道歉恐怕不行，要原谅那位男司机，让那位		@头条新闻	5月11日 19:5	三星GALAXY Note 4			
等待幸福De湘	1000709867	http://weibo.com/u/1000709867	都有责任		@头条新闻	5月5日 21:00	iPhone 6 Plus			
樱桃的爹很幸福	1001089292	http://weibo.com/u/1001089292	感觉现在微博比测谎仪有效率，只要你敢说		@新浪新闻客户端	5月5日 15:27	360安全浏览器			
峨眉山毛哥	1001119733	http://weibo.com/u/1001119733	转发微博		@学生来吐槽	5月19日 15:3	iPhone 6			
峨眉山毛哥	1001119733	http://weibo.com/u/1001119733	转发微博		@学生来吐槽	5月19日 15:3	iPhone 6			
吃货虾虾	1001312843	http://weibo.com/u/1001312843	这话就不对了吧，别车为了赶着去做慈善，		@扬子晚报	5月6日 21:05	中国移动三星galaxyS3			
吃货虾虾	1001312843	http://weibo.com/u/1001312843	难以理解，最多赔个医药费好了		@华西都市报	7月28日 15:1	360安全浏览器			
O1的阿呆	1001490811	http://weibo.com/u/1001490811	为什么总是要犯了事了才会后悔！打人的男		@头条新闻	5月4日 21:58	iPhone 6			
神判法	1001649180	http://weibo.com/u/1001649180	大黄鱼08：聂聂都他妈炒了多少年了，老子		@石扉客2014	5月7日 02:35	360安全浏览器			
神判法	1001649180	http://weibo.com/u/1001649180	希望这次不再有水军，能给大家一个真相。		@我是南行	5月13日 16:3	360安全浏览器			
神判法	1001649180	http://weibo.com/u/1001649180	我是南行：一切以现行法律为准，并不意味		@我是南行	5月15日 15:5	360安全浏览器			
听雨说	1001685503	http://weibo.com/u/1001685503			@五行属二	5月7日 15:04	微博 weibo.com			
听雨说	1001685503	http://weibo.com/u/1001685503			@五行属二	5月7日 15:04	微博 weibo.com			
生活乐无边2033	1001797895	http://weibo.com/u/1001797895	这就对了！		@头条新闻	5月11日 17:4	三星GALAXY S4			
挖掘机的兔子10	1001809475	http://weibo.com/u/1001809475	冲动是魔鬼啊		@头条新闻	5月5日 08:36	诺基亚Lumia920			
申导	1001863751	http://weibo.com/u/1001863751	打人是不对，可这女司机的"突然变道在先		@头条新闻	5月4日 22:09	微博 weibo.com		1	3
就是个干广告的	1001966942	http://weibo.com/u/1001966942	看二次别车，这女的绝不是新手，明显想别		@财经网	5月4日 21:51	iPhone 5s			1
瞬间揭晓1500	1002013934	http://weibo.com/u/1002013934	这女的真是该打，顺便说一句，这男的老婆		@头条新闻	5月6日 04:14	联想VIBE X2 耀色倾城			

(a)

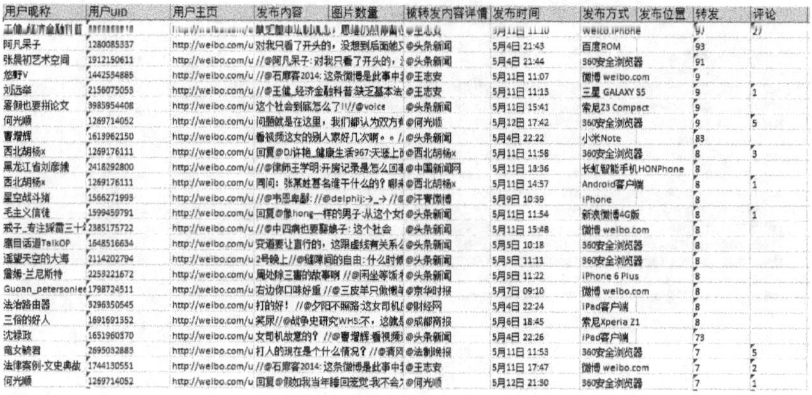

用户昵称	用户UID	用户主页	发布内容	图片数量	被转发内容详情	发布时间	发布方式	发布位置	转发	评论
[illegible]	[illegible]	[illegible]	[illegible]		[illegible]	[illegible]	[illegible]		[illegible]	[illegible]
阿凡呆子	1280085337	http://weibo.com/u	对我只看了开头的，没想到后面她又		@头条新闻	5月4日 21:43	百度ROM		93	
张晨初艺术空间	1912150611	http://weibo.com/u	//@阿凡呆子：对我只看了开头的，		@头条新闻	5月4日 21:44	360安全浏览器		91	
悠野V	1442534885	http://weibo.com/u	//@石扉客2014：这条微博是此事中		@王志安	5月11日 11:07	微博 weibo.com		9	
刘远举	2156075053	http://weibo.com/u	//@王健_经济金融科普：缺乏基本法		@王志安	5月11日 11:13	三星 GALAXY S5		9	1
暑假也要拼论文	3985954408	http://weibo.com/u	这个社会到底怎么了!!//@voice		@头条新闻	5月11日 15:41	索尼Z3 Compact		9	
何光顺	1269714052	http://weibo.com/u	问题就是在这里，我们都认为双方有		@何光顺	5月12日 17:42	360安全浏览器		9	5
曹增辉	1613962150	http://weibo.com/u	看视频这女的别人家好几次啊。。/		@头条新闻	5月4日 22:22	小米Note		83	
西北胡杨x	1269176111	http://weibo.com/u	回复@DJ许艳_健康生活967:天逐上		@西北胡杨x	5月11日 11:58	360安全浏览器		8	3
黑龙江省刘彦博	2418292800	http://weibo.com/u	//@律师王学明:开房记录是怎么回事		@中国新闻网	5月11日 13:36	长虹智能手机HONPhone		8	
西北胡杨x	1269176111	http://weibo.com/u	简问：张某姓甚名谁干什么的？哪来		@西北胡杨x	5月11日 14:57	Android客户端		8	1
星空战斗猪	1566271993	http://weibo.com/u	//@韦思卑鄙: //@delphij:→_→ //@		@汗青微博	5月9日 10:39	iPhone		8	
毛主义信徒	1599459791	http://weibo.com/u	回复@像hong一样的男子:从这个女		@头条新闻	5月11日 11:54	新浪微博4G版		8	1
戒子_专注踩雷三十	2385175722	http://weibo.com/u	//@中四病也要娶娘子: 这个社会		@头条新闻	5月11日 15:48	微博 weibo.com		8	
愿目话道TalkOP	1648516634	http://weibo.com/u	变道要让直行的，这跟虚线有关系么		@头条新闻	5月5日 10:18	360安全浏览器		8	
遥望天空的大海	2114202794	http://weibo.com/u	2号晚上//@缝隙间的自由：什么时候		@头条新闻	5月5日 11:11	360安全浏览器		8	
詹姆-兰尼斯特	2253221672	http://weibo.com/u	周处除三害的故事啊 //@闲坐等饭		@头条新闻	5月5日 11:22	iPhone 6 Plus		8	
Guoan_petersonlee	1798724511	http://weibo.com/u	右边你口味好重 //@三皮羊只做懒		@京华时报	5月7日 09:10	微博 weibo.com		8	
法治路由器	3296350545	http://weibo.com/u	打的好！ //@夕阳不照路:这女司机		@财经网	5月4日 22:24	iPad客户端		8	
三俗的好人	1691691352	http://weibo.com/u	笑尿//@战争史研究WHS:不，这就		@成都商报	5月6日 18:45	索尼Xperia Z1		8	
沈禄政	1651960370	http://weibo.com/u	女司机故意的？ //@曹增辉:看视频		@头条新闻	5月4日 22:26	iPad客户端		73	
龟女毓君	2695032883	http://weibo.com/u	打人的现在是个什么情况？//@清风		@法制晚报	5月11日 11:53	360安全浏览器		7	5
法律案例-文史典故	1744130551	http://weibo.com/u	//@石扉客2014: 这条微博是此事中		@王志安	5月11日 17:47	微博 weibo.com		7	2
何光顺	1269714052	http://weibo.com/u	回复@假如我当年睡回笼觉:我不会		@何光顺	5月12日 21:30	360安全浏览器		7	1

(b)

图 4-6　微博数据存储界面 2

在"罗一笑"事件中，共采集了 10 个字段，如表 4-4 所示，主要涉及微博发布的用户信息及内容信息等，用来进行社会网络分析、演化分析、情感倾向分析和传播效果分析，数据采集结果存入 Excel 中，如图 4-7 所示。

表 4-4　微博文本采集内容 3

采集字段分类	采集字段	用途	数据类型
微博发布用户信息	用户名	社会网络分析	String
	用户 UID	社会网络分析	String
	用户主页	其他	String
	发布时间	演化分析	DateTime
微博发布内容信息	发布方式	其他	String
	发布内容	情感倾向分析	String
	发布网址	其他	String
	点赞数量	传播效果分析	Double
	转发数量	传播效果分析	Double
	评论数量	传播效果分析	Double

用户名	用户主页	发布时间及方式	发布内容	转发	评论	点赞	发布网址	发布位置	发布方式	发布时间
新浪新闻	http://weibo.com/	11月30日 09:50 来自 微博 weibc	【深圳女童患病父	8391	16685	32841	http://weibo.com/		微博 weibo.com	11月30日 09:50
马远cheng007	http://weibo.com/	11月30日 10:59 来自 iPhone 6	早上起床朋友圈被		7	9	http://weibo.com/		iPhone 6	11月30日 10:59
萌萌萌萌萌睿	http://weibo.com/	11月30日 10:59 来自 iPhone 6s	感觉想把转发罗一		7	3	http://weibo.com/		iPhone 6s Plus	11月30日 10:59
温祺墨狐	http://weibo.com/	11月30日 10:59 来自 HUAWEI M	朋友圈被刷屏了，	2	2	1	http://weibo.com/		HUAWEI Mate S	11月30日 10:59
†长†网	http://weibo.com/	11月30日 10:59 来自 微博 weibc	只愿大家的善意能			8	http://weibo.com/	#罗一笑,你给我站	微博 weibo.com	11月30日 10:59
小贵Ben	http://weibo.com/	11月30日 10:59 来自 荣耀6 Plus	#罗一笑,你给我站				http://weibo.com/		荣耀6 Plus	11月30日 10:59
是Cinderella吗	http://weibo.com/	11月30日 10:59 来自 过期的iPho	我也就近两个小时				http://weibo.com/		过期的iPhone 7 Pl	11月30日 10:59
撮步人生路	http://weibo.com/	11月30日 10:59 来自 iPhone 6	早上被《罗一笑，	2	1	6	http://weibo.com/		iPhone 6	11月30日 10:59
小精君Tang	http://weibo.com/	11月30日 10:59 来自 iPhone 6	大清早，满屏的罗	1		6	http://weibo.com/		iPhone 6	11月30日 10:59
新锐电商冯华	http://weibo.com/	11月30日 10:59 来自 iPhone客户	#罗一笑,你给我站	2	4	50	http://weibo.com/		iPhone客户端	11月30日 10:59
没有子弹	http://weibo.com/	11月30日 10:59 来自 微博 weibc	一转眼，朋友圈就	12	25	96	http://weibo.com/		微博 weibo.com	11月30日 10:59
软软糯糯青团子	http://weibo.com/	11月30日 10:59 来自 小米手机4c	想了想，还是不要		1	1	http://weibo.com/		小米手机4c	11月30日 10:59
md!不是袁当芳	http://weibo.com/	11月30日 10:59 来自 华为P9手机	一大早醒来，朋友		1	1	http://weibo.com/		华为P9手机摄影再	11月30日 10:59
WPP安雅	http://weibo.com/	11月30日 10:59 来自 iPhone 6s	关于罗一笑的转发	1	1		http://weibo.com/		iPhone 6s	11月30日 10:59
初恋啊__	http://weibo.com/	11月30日 10:59 来自 iPhone 6 Pl	昨夜朋友圈天南地				http://weibo.com/		iPhone 6 Plus	11月30日 10:59
noodv苗苗	http://weibo.com/	11月30日 10:59 来自 iPhone 6 Pl	微信朋友圈被罗一				http://weibo.com/		iPhone 6 Plus	11月30日 10:59
蔚wimwim	http://weibo.com/	11月30日 10:59 来自 iPhone 6s	一打开微信全是罗			1	http://weibo.com/		iPhone 6s Plus	11月30日 10:59
观察电商	http://weibo.com/	11月30日 10:59 来自 微博电商人	罗一笑，你给我站		2	5	http://weibo.com/		微博电商人Androi	11月30日 10:59
川Violin	http://weibo.com/	11月30日 10:59	关于这两天朋友圈	2	1	2	http://weibo.com/			11月30日 10:59
vain是一个大写的	http://weibo.com/	11月30日 10:59 来自 iPhone 6	被"罗一笑"刷屏。2			1	http://weibo.com/		iPhone 6	11月30日 10:59

(a)

转发用户名	转发用户主页	转发内容	转发时间	原微博发布	原微博发布时间	原微博发布内容	原微博发布用户主页	原微博被	原微博发布网址
Hayden_tang	http://weibo.com/tanggou		11月30日 10:14	依萍日记	11月30日 10:11	你们的朋友圈，一定	http://weibo.com/yipingriji	95	http://weibo.com/268
世界很美我不能	http://weibo.com/xiaotingling	转发微博	12月10日 17:22	依萍日记	11月30日 10:11	你们的朋友圈，一定	http://weibo.com/yipingriji	95	http://weibo.com/268
公馆雏田	http://weibo.com/2805223260	转发微博	12月1日 10:26	依萍日记	11月30日 10:11	你们的朋友圈，一定	http://weibo.com/yipingriji	95	http://weibo.com/268
每天一个荷包蛋	http://weibo.com/2287825042	刚上课的时候看到转发但是我懒啊	11月30日 23:39	依萍日记	11月30日 10:11	你们的朋友圈，一定	http://weibo.com/yipingriji	95	http://weibo.com/268
Cinky小浅	http://weibo.com/1743078903	真的，被刷了一天。。。//@世界	11月30日 21:22	依萍日记	11月30日 10:11	你们的朋友圈，一定	http://weibo.com/yipingriji	95	http://weibo.com/268
Kim_Tien	http://weibo.com/kim1124	三条但我看到的时候已经开始辟谣	11月30日 21:18	依萍日记	11月30日 10:11	你们的朋友圈，一定	http://weibo.com/yipingriji	95	http://weibo.com/268
世界和平兔	http://weibo.com/tohebe	最神奇的是之前朋友圈并没有刷	11月30日 20:59	依萍日记	11月30日 10:11	你们的朋友圈，一定	http://weibo.com/yipingriji	95	http://weibo.com/268
从没想过再遇见	http://weibo.com/3846132986	//@爪不是爪_爱吃爱曲艺爱糖爱	11月30日 15:44	依萍日记	11月30日 10:11	你们的朋友圈，一定	http://weibo.com/yipingriji	95	http://weibo.com/268
豹米花儿	http://weibo.com/sheenababy	又是一次朋友圈智商分组测验。	11月30日 13:58	依萍日记	11月30日 10:11	你们的朋友圈，一定	http://weibo.com/yipingriji	95	http://weibo.com/268
爪不是爪_爱吃	http://weibo.com/lovewdeh	因为没钱所以我加入了辟谣组 //@	11月30日 13:48	依萍日记	11月30日 10:11	你们的朋友圈，一定	http://weibo.com/yipingriji	95	http://weibo.com/268
被雨伤透啦	http://weibo.com/2738327785	//@遇见你一只柠檬:hhhhh还好本	11月30日 13:26	依萍日记	11月30日 10:11	你们的朋友圈，一定	http://weibo.com/yipingriji	95	http://weibo.com/268

(b)

图 4－7　微博数据存储界面 3

4.3.2　数据预处理

1. 数据预处理简介

数据预处理(Data Preprocessing)是指在处理主要的数据以前对数据进行的一些处理。系统的原始数据中存在着一些问题，导致获取的数据大体上都是不完整、不一致的脏数据，无法直接进行数据挖掘，或挖掘结果差强人意。为了提高数据挖掘的质量，产生了数据预处理技术。下面将介绍系统的原始数据中存在的问题。

(1) 杂乱性，原始数据是从各个实际应用系统中获取的，由于各应用系统的数据缺乏统一标准的定义，数据结构也有较大的差异，因此各系统间的数据存在较大的不一致性，往往不能直接拿来使用。

(2) 重复性，是指对于同一个客观事物在数据库中存在两个或两个以上完全相同的物理描述。这是应用系统实际使用过程中普遍存在的问题，几乎所有应用系统中都存在数据的重复和信息的冗余现象。

(3) 不完整性，由于实际系统设计时存在的缺陷以及一些使用过程中人为因素所造成的数据记录中可能会出现某些数据属性的值丢失或不确定的情况，还可能因缺失必需的数据而造成数据不完整。实际使用的系统中，存在大量的模糊信息，有些数据甚至还具有一定的随机性质。

因此，利用数据预处理技术对爬取的数据进行数据清洗是十分有必要的。一个完整的数据挖掘系统必须包括数据预处理模块。它以发现任务作为目标，以领域知识作为指导，用全新的“业务模型”来组织原来的业务数据，摒弃一些与挖掘目标不相关的属性，为数据挖掘内核算法提供干净、准确、更有针对性的数据，从而减少挖掘内核的数据处理量，提高挖掘效率，提高知识发现的起点和知识的准确度。数据预处理是数据挖掘前的数据准备工作，一方面保证挖掘数据的正确性和有效性，另一方面通过对数据格式和内容的调整，使数据更符合挖掘的需要。其目的在于把一些与数据分析、挖掘无关的项清除掉，从而给挖掘算法提供更高质量的数据。

目前进行的关于数据挖掘的研究工作，大多着眼于数据挖掘算法的探讨，而忽视了对数据预处理的研究。但是一些比较成熟的算法对要处理的数据集合一般都有一定的要求，比如数据的完整性要好、数据的冗余少、属性之间的相关性小。然而，实际系统中的数据一般都具有不完整性、冗余性和模糊性，很少能直接满足数据挖掘算法的要求。另外，海量的实际数据中无意义的成分很多，严重影响了数据挖掘算法的执行效率，而且由于其中的噪音干扰还会造成挖掘结果的偏差。因此，对不理想的原始数据进行有效的归纳分析和预处理，已经成为数据挖掘系统实现过程中必须面对的问题。

数据预处理的主要方法有基于粗糙集理论的简约方法、基于概念树的数据浓缩方法、信息论思想和知识发现、基于统计分析的属性选取方法、遗传算法。而常见的数据预处理方法有数据清洗、数据集成、数据变换和数据简化。

（1）数据集成（Data Integration）：将多文件或多数据库运行环境中的异构数据进行合并处理，解决语义的模糊性。该部分主要涉及数据的选择、数据的冲突问题以及不一致数据的处理问题。

（2）数据清洗（Data Cleaning）：数据清洗不只是要消除错误、冗余和数据噪音，其目的是要将按不同的、不兼容的规则所得的各种数据集统一起来。

（3）数据变换（Data Transformation）：找到数据的特征表示，用维变换或转换来减少有效变量的数目或找到数据的不变式，包括规格化、规约、切换和投影等操作。

（4）数据简化（Data Reduction）：在对发现任务和数据本身内容理解的基础上，寻找依赖于发现目标的表达数据的有用特征，以缩减数据模型，从而在尽可能保持数据原貌的前提下最大限度地精简数据量。其主要有属性选择和数据抽样两个途径，分别针对数据库中的属性进行记录。

2. 数据预处理方法

数据预处理方法可分为四种：

（1）手工实现，通过人工检查，只要投入足够的人力、物力、财力，也能发现所有的错误，但效率低下。在数据量大的情况下，几乎是不可能的。

（2）通过专门编写程序实现，这种方法能解决某个特定的问题，但不够灵活，特别是在清洗过程需要反复进行（一般来说，数据清洗一遍就达到要求的很少）时，导致程序复杂，清洗过程变化时，工作量大。而且这种方法也没有充分利用目前数据库提供的强大数据处理能力。

（3）解决某类特定应用域的问题，如根据概率统计学原理查找数值的记录，对姓名、地址、邮政编码等进行清洗，这是目前研究得较多的领域，也是应用最成功的一类。如商用系统 Trillinm Software System、Match Makert 等。

（4）与特定应用领域无关的数据清洗，这一部分的研究主要集中在清洗重复的记录上，如 Data Cleaner、Data Blade Module、Integrity 系统等。

这四种实现方法中，后两种具有某种通用性、较大的实用性，因此引起了越来越多的注意。但是不管哪种方法，其工作过程大致都由以下三个阶段组成：

(1) 数据分析、定义错误类型；

(2) 搜索、识别错误记录；

(3) 修正错误。

数据预处理系统经过了以下发展阶段：

第一阶段，尽管已有一些数据分析工具，但仍以人工分析为主。

第二阶段，有两种基本的思路用于识别错误：一种是发掘数据中存在的模式，然后利用这些模式清理数据；另一种是基于数据的、根据预定的清理规则，查找不匹配的记录。后者用得更多。

第三阶段，某些特定领域能够根据发现的错误模式，编制程序或借助于外部标准文件、数据字典，在一定程度上修正错误；对数值字段，有时能根据数理统计知识自动修正，但通常须编制复杂的程序或借助于人工干预完成。

绝大部分数据预处理方案提供接口用于数据挖掘系统。它们一般来说包括很多耗时的排序、比较、匹配过程，且这些过程多次重复，用户必须等待较长时间。

下面介绍一个交互式的数据清洗方案：系统将错误检测与清洗紧密结合起来，用户能通过直观的图形界面一步步地指定清洗操作，且能立即看到此时的清洗结果（因为仅仅在所见的数据上进行清洗所以速度很快），不满意清洗效果时还能撤销上一步的操作，最后将所有清洗操作编译执行。这种方案对清洗循环错误非常有效[121]。许多数据预处理工具提供了描述性语言解决用户友好性，降低用户编程复杂度。数据预处理属于一个较新的研究领域，直接针对这方面的研究并不多，中文数据清洗系统更少。现在的研究主要为解决两个问题：发现异常、清理重复记录。

所有记录中如果一个或几个字段间绝大部分遵循某种模式，其他不遵循该模式的记录就可以认为是异常的。例如，如果一个整型字段 99% 的值在某一范围内（如 0～1），则剩下的1% 的记录（该字段 >1 或 <0）可认为是异常的。最容易发现的是数值异常（特别是单一字段的数值异常），可用数理统计的方法（如平均值、值域、信任区间等）来发现数值异常。Maletic 和Marcus 将人工智能的方法（如聚类、基于模式的方法、关联规则）引入到数据清洗中，并做了一些实验测试其效果。尽管这些方法在其他领域（如数据仓库、决策支持系统）中能较好地使用，但在用于发现异常时，却达不到预期的目的。下面介绍几种发现异常的方法：

(1) 基于契比雪夫定理的统计学方法。这种方法可以随机选取样本数据进行分析，加快了检测速度，但是这是以牺牲准确性为代价的。

(2) 模式识别的方法。基于数据挖掘和机器学习算法来查找异常数据，主要牵涉关联规则算法。

(3) 基于距离的聚类方法。聚类分析是一种新兴的多元统计方法，是当代分类学与多元分析的结合。聚类分析是将分类对象置于一个多维空间中，按照其空间关系的亲疏程度进行分类。通俗地讲，聚类分析就是根据事物彼此不同的属性进行辨认，将具有相似属性的事物聚为一类，使得同一类的事物具有高度的相似性。基于距离的聚类方法也是数据挖掘中的算法，重点在于它的类的评测标准为 Edit 距离，以此来发现数据集中的重复记录。

(4) 增量式的方法。如果数据源允许，可以采取随机的方法获取元组。这允许给异常检测算法一个随机元组流的输入。一些异常检测算法对这种输入可使用增量、统计学方式，能发现更多的异常。增量式的方法从数据源中获得元组，转换之后作为异常检测算法的输入。

异常的清洗过程主要分为以下六个步骤：

（1）元素化（elementizing），将非标准的数据统一格式化成结构数据。

（2）标准化（standardizing），将元素标准化，根据字典消除不一致的缩写等。

（3）校验（verifying），对标准化的元素进行一致性校验，即在内容上修改错误。

（4）匹配（matching），在其他记录中寻找相似的记录，发现重复异常。

（5）消除重复记录（de-duplicating），根据匹配结果进行处理，可以删除部分记录或者将多个记录合并为一个更完整信息的记录。

（6）档案化（documenting），将前五个步骤的结果写入元数据存储中心。这样可以更好地进行后续的清理过程，使得用户更容易理解数据库以及更好地进行切片、切块等操作。

由于各种原因，数据中可能包含重复的记录，它们（主要指字符串）的表示形式可能不同，但指的是同一对象实体。例如，两条记录除了日期字段不同（分别为 2006/05/20，20006/05/20）其他都相同，我们有理由相信 20006 就是 2006，两记录应该是重复记录。检测这种语义相同而表现形式不同的记录是数据预处理的一项重要任务，也是目前研究最多的内容。检测出的重复记录可用两种方法处理：把一种作为正确的，删除其他重复的记录；或者综合所有的重复记录，从而得到更完整的信息。

标准地检测完全相同记录（两个字符串——对应）的方法是先将数据库中的所有记录排序，然后看邻近的记录是否相同。在数据预处理中必须将其扩展到能识别的大致相同的记录，但即使如此，由于时间复杂性太大（检测所有重复记录时，需比较 $N(n-1)/2$ 次，其中 N 为总的记录数），为了提高匹配效率，有一种基本邻近排序方法（the Basic Sorted_Neighborhood Method），其主要思想为：先选定某一个字段或根据已有字段生成一个新字段作为关键字，然后按照此关键字排序，将一个固定长度为 W 的窗口中的最后记录与前面的 $W-1$ 条记录相比较。每次将窗口中最前面的一条记录作为下一轮比较对象，这种方法相对提高了识别速度，只要进行 WN 次比较（其中 N 为总记录数）。但其仍存在一些缺陷，例如，关键字的选取非常重要，选取不当时容易造成识别遗漏，从而增加识别次数，这极大地影响了识别效率。但并没有一种明确的方案作为选取关键字的标准，人们提出了各种改进方法：多次选取不同字段作为关键字；将每次识别出的记录合并作为所有重复记录；也可将基本邻近排序法做改进（将排序的记录分成两个列表：一个重复表，一个非重复表，在这两种不同类型的表上操作），但基本邻近排序法的缺陷仍存在。这几种方法都没有避免这样一个问题：为了识别更多的重复记录（高精确度）必须增加检测次数（效率低），而效率高必然降低检索精度。

在记录排序后，将比较邻近记录的各对应字段，计算其相似度，如果两记录的相似度超过了某一阈值，则记为两条记录是相同的，否则，认为是指向不同实体的记录，其中计算字段相似度是其核心，目前常用的算法有如下两种。

（1）基本字段匹配算法。其思想为：将待比较的两个字符串划分为最小的子串（不包括无意义的字符串）将其排序，比较一个字符串是否与另一字符串子串相同或为其前缀。相似度为 $K/((|A|+|B|)/2)$，其中 $|A|$、$|B|$ 分别为两个字符串的子串数，K 为所有匹配的子串数的和。该算法的缺点为：子串匹配没有考虑非前缀缩写的情况。

（2）递归字段匹配算法。考虑了几个缩写情况（包括其前缀、前缀后缀混合、首字母缩写、前缀序列）。其思想为：如果两字符串匹配，其相似度为 1，否则为 0。字段相似为字符串 A 中所有子串与字符串 B 中具有最大匹配的子串的相似度的和的平均值。其缺点为具有二次时间复杂度等。

3. 实现数据预处理的框架及流程

系统的实现采用灵活的处理流程，预处理过程首先接受已经选好的数据样本，然后根据情况进行有选择的预处理工作。在进行数据预处理过程中，可以执行违规、聚集、过滤异常值或删除重复记录中的一项或几项功能，但一般是要先进行违规、聚集后再进行过滤异常值或删除重复记录处理。当然也可以根据需要直接进行过滤异常值或删除重复记录处理，而不经过违规、聚集等环节。系统的框架及流程如图 4-8 所示。

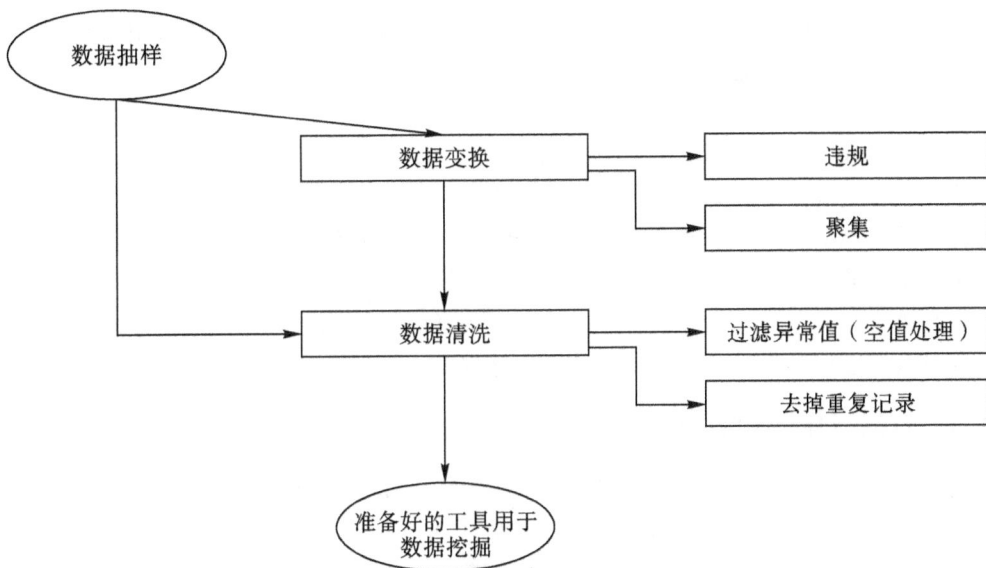

图 4-8　系统的框架及流程图

1）数据选取

数据选取是从用户的原始数据库中由用户指定选出用户感兴趣的与知识发现任务相关的数据表项，用户在选择过程中可以通过查看所选数据表的记录数据，来作出进一步的选择判断。通常用户都是对数据库中的数据包含的某个主题感兴趣，希望通过数据挖掘工具对相关数据的操作来发现该主题下一些隐含的规律，从而对所从事的行业行为有所指导。而数据库中的数据数量巨大，涵盖范围也相对比较广泛，有些数据表格中的数据根本是没有联系的，如果不对数据库进行简单筛选，则会使无用数据参与挖掘过程，造成各种资源的浪费。更为严重的问题是，由于一般挖掘算法仅对抽象的数据进行操作，即使完全不相关的数据也会挖掘出规律，这种规律可以说毫无实际意义，仅是数据海量造成的结果。考虑到数据量的巨大，如果完全由人来进行选取是不现实的。一般我们采取人机结合的方式由人来选择较高概念层次上的数据类别，通过预先编制好的程序来选择数据库中具体的数据表格。如果数据挖掘在数据仓库的基础上进行，那么操作起来会方便一些。如果没有建立数据仓库，在数据表选取的时候会遇到所谓实体识别问题，即同一实体在不同数据表中由不同的属性来表示，通常我们可以通过元数据的查询来解决这一问题，实体识别问题在数据表属性一致化中将得到根本解决。

2）数据表属性一致化

当待挖掘的数据表已经选取完毕时，开始对这些数据表中的数据进行挖掘前的预处理。首先，在数据表的属性这一层次上进行统一，主要解决前面提到的实体识别问题。具体来说，在商品销售数据库中，商品名称字段在一个数据表中可能记为"商品名称"，而在另一个数据表中可能以拼音来描述，如"spmc"。作为挖掘前的准备，需要根据数据字典对同一实体的不同命名来进行一致化，得到一个统一的、清晰的数据表示。具体实现方法可以以其中的某一个表示方式为准，更改其他的表示方式，或者重新定义一个表示。需要注意的是，有时候同一属性的属性值有可能采用不同的度量单位，如商品质量等级有的表示为一等、二等、三等，有的表示为优质、中等、一般等，我们可以根据需要来确定一个标准，并且规定一个转换方式，将非标准表示转换为标准表示。所有的更改需要记录下来，以备将来查阅或者数据更新时需要。

3）数据预处理

数据预处理方法应根据不同的数据情况有选择地选取，比如对于商店销售记录来说，一般应先进行违规操作，去掉操作员、商品描述信息、备注等字段，因为这些信息可能对数据挖掘没有意义，但对于商品销售信息聚集却有着十分重要的意义。如果希望能挖掘出关于不同季度的商品销售的有关知识，就应该对数据进行按时间、地域等方面的聚集。原来的商品销售是按天的明细，这样可以计算出按月的累计情况再进行数据挖掘。选取适当的角度对数据进行聚集对数据挖掘的结果十分重要。

4.3.3 数据时序变化收集

通过八爪鱼采集器对数据进行统计，其中"和颐酒店女生遇袭"事件的微博数据共171 415条，以小时为统计最小时间窗进行广播数统计。首先删除采集错误的微博数据，即删除空数据或残缺数据；其次删除微博广告数据，即删除借由"和颐酒店女生遇袭"事件热度加入话题而发布的广告微博，实际上这些微博内容与话题不相关，对本文的情感分析并无意义；最后通过反复浏览，完成数据清洗工作。最终得到"和颐酒店女生遇袭"事件有效微博数据 164 907 条，"成都女司机被打"事件有效数据 43 586 条，"罗一笑"事件相关的有效微博数据共 74 025 条。

时间序列分析方法最早起源于 1927 年数学家 Yule 提出的建立自回归模型（AR 模型）来预测市场变化的规律。时间序列分析是按照时间顺序排列所得到的数据，并通过曲线拟合和参数估计来建立数学模型的理论和方法。该方法不仅可以从数量上揭示某一现象的发展变化规律或从动态的角度刻画某一现象与其他现象之间的内在数量关系及其变化规律，还可以对某一现象的未来行为进行预测和控制。如 Mitrović 等针对 BBC 博客社交网络中的情感分布进行研究，并监测了由受关注度较高的博文而引发的在线用户评论的情感随时间变化情况[122]。本章利用 Matlab 软件对网络舆情的时间序列进行建模分析。Matlab 是美国 MathWorks 公司开发的一种集数学计算、图形处理和应用程序于一身的功能强大的专业数学软件。在利用基于语义词典的情感分析方法得到不同类型的态度统计值序列后，利用 Matlab 读入这些序列值，然后利用自相关函数和偏相关函数对数据进行建模和分析，最后输出用户态度随时间变化的曲线图。

　　本章采用基于语义词典的情感分析法,利用八爪鱼采集软件和 MATLAB 软件对海量微博数据进行采集和时间序列分析,对社交网络用户对某一事件的态度和情感进行判断和分类,并对不同类型的态度演化过程进行描述,情感分析框架如图 4-9 所示。通过时间序列分析,可以更直观地了解事件的发生、发展和演化过程。

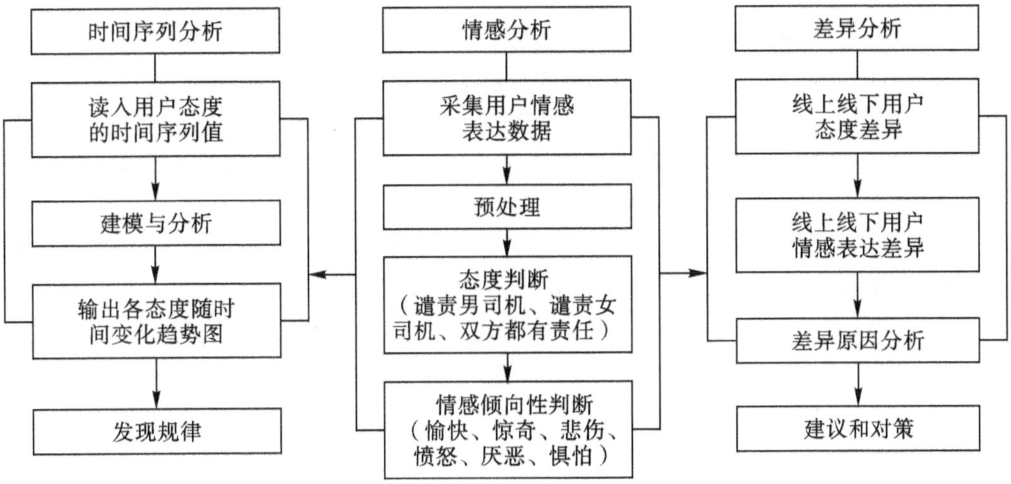

图 4-9　社交网络用户情感分析框架

1. "和颐酒店女生遇袭"事件的演化阶段

　　在"和颐酒店女生遇袭"事件中,相关微博有效数据共 164 907 条,经分析发现,"和颐酒店女生遇袭"事件发生于 4 月 3 日晚,但微博上有关该事件的微博始于 4 月 5 日 22 点(共 1385 条相关微博),考虑到事件发生前期和后期微博数量极少,因此以"小时"为单位对 4 月 6 日至 4 月 15 日的"和颐酒店女生遇袭"相关微博数据进行统计,得到微博发布数随时间变化情况,如图 4-10 所示。结合该事件发生和发展全过程,可以将"和颐酒店女生遇袭"事件划分为以下几个发展演化阶段。

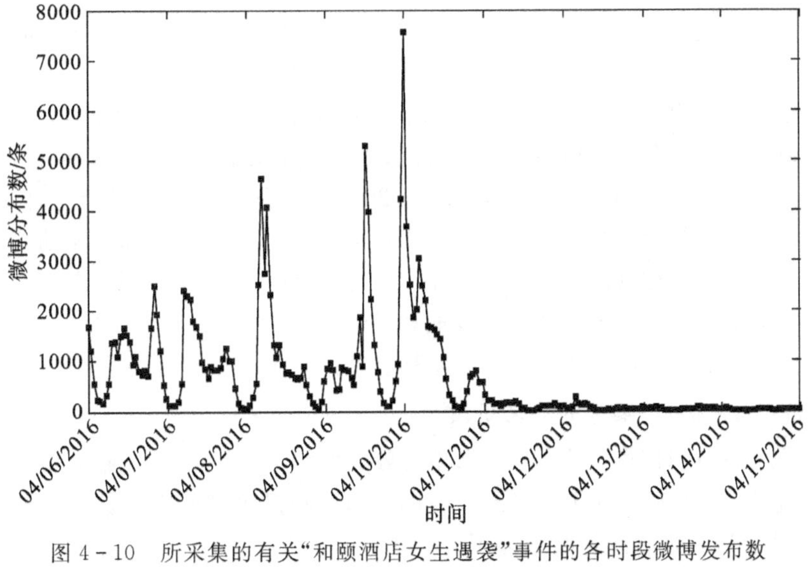

图 4-10　所采集的有关"和颐酒店女生遇袭"事件的各时段微博发布数

1) 启动阶段(4月3日至4日)

4月3日晚,弯弯在和颐酒店遇袭,事后报警、投诉酒店未果后,于4月5日凌晨在优酷上发布视频,题为"20160403北京望京798和颐酒店女生遇袭",时长3分38秒,并多次发布微博分段陈述其在和颐酒店遇袭、报案及投诉的经过,但此时尚未引起网民的广泛关注,发声者多为弯弯的亲朋好友。

2) 扩散阶段(4月5日)

4月5日晚,弯弯重新发布微博,将视频链接配上长微博,并在原话题"♯和颐酒店女生遇袭♯"后新加一个引人注意的话题"♯卖淫窝点案底酒店♯"。该微博发布后引起了全网的广泛关注,并有多个粉丝超过百万的微博大V用户转发,该事件迅速扩散至全网。

3) 爆发阶段(4月6日至7日)

4月6日,"和颐酒店女生遇袭"事件一跃成为网络热门话题,拥有巨大粉丝量的微博大V们纷纷站出来表态,呼吁维护女性安全。这些正能量的评论获得了网民们的赞同和支持,使整个网络舆论场形成共振,不仅带来了93.7万转发、28.3万条评论和1.68亿次阅读,更使和颐酒店、如家集团、警方等责任单位和机构在网络舆论的影响下不得不重视该事件的影响。4月6日下午,如家集团首次回应女子遇袭事件,并召开新闻发布会向当事人及社会公众致歉。

4) 发酵阶段(4月8日至9日)

4月7日晚,"和颐酒店女生遇袭"事件中的涉案男子李某被北京警方抓获,并交代事件经过,承认其与他人结成同伙从事卖淫违法活动。据李某交代,事发当日李某误以为弯弯是"同行",为避免弯弯对其活动造成影响,才对其施暴。

5) 二次爆发(4月10日)

4月10日,一段北京望京798和颐酒店经理接受记者采访的视频在网络上流传开来,视频中,刘经理评价和颐酒店女生遇袭事件既没有死人、着火,也没有发生强奸案,不足以引起如此广泛的关注。该段酒店经理的"三无评论"立刻在网上引起了轩然大波,网络上充斥着对和颐酒店的谩骂和指责,网友纷纷表示和颐酒店的态度已让人无力吐槽。

6) 衰退阶段(4月11日之后)

和颐酒店经理的"三无评论"引发了网络舆论的二次爆发,但持续时间极短,第二天(4月11日)后事件相关微博数量急剧下降,并逐渐退出网络舆论场地。

为进一步跟踪该事件的新闻媒体报道,本文采用百度搜索工具对"和颐酒店女生遇袭"事件的相关新闻进行采集,采集内容包括时间、标题、摘要、内容、发布网址和来源等,对采集的数据进行删除重复项、空项后最终得到2016年4月3日至2016年4月29日的相关新闻报道共736条,以"小时"为单位对4月6日至4月15日的新闻报道数进行统计,结果如图4-11所示。可以发现,4月6日,在该事件首次引起全网沸腾时,媒体新闻发布量多且集中,新闻发布主要集中于事件的爆发期和发酵期(即4月6日至4月9日),随着嫌疑人被捕,事件脉络逐渐清晰,媒体关注量逐渐减少。

2."成都女司机被打"事件的演化阶段

在"成都女司机被打"事件中,相关微博有效数据共43 586条,对网上43 586条微博内容进行情感统计分析,得到线上用户对"成都女司机被打"事件的态度数据统计结果,如图4-12所示,线上用户情感统计结果如图4-13所示。

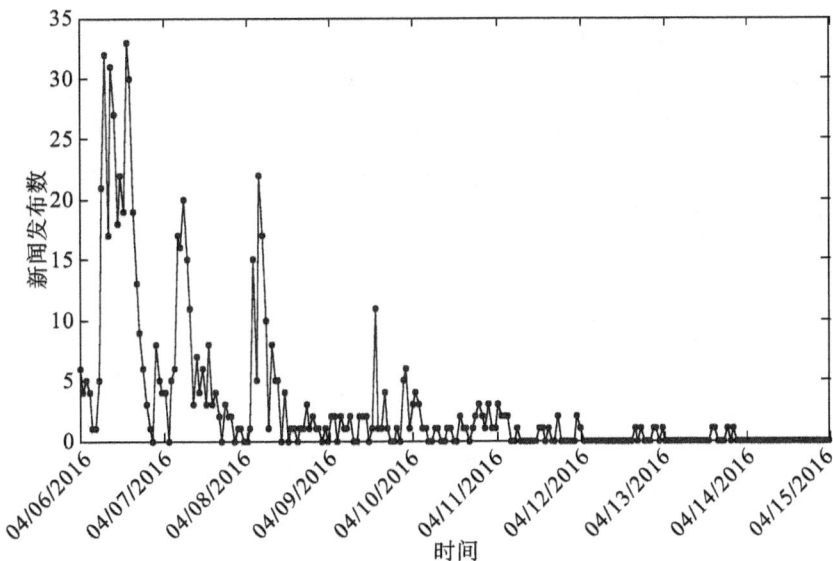

图 4-11　各时段新闻发布数(百度搜索平台)

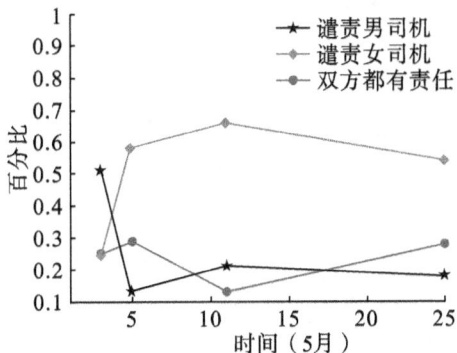

图 4-12　线上用户态度统计

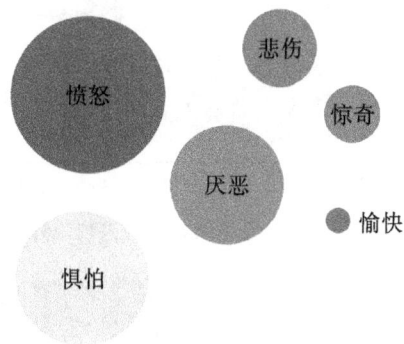

图 4-13　线上用户情感统计

结合图 4-14,可以将"成都女司机被打"事件的线上情感演化过程分为四个阶段。

1) 蔓延阶段

5 月 3 日 17 时,成都商报官微最先报道"成都女司机被打"一事,而后一段男司机将女司机逼停后当街暴打的 35 秒视频在网上流传开来,转发次数逾百万次,有关"成都女司机被打"的讨论瞬间成为各个社交网络平台的头条,对"路怒族"的批判声此起彼伏,统计显示,51%的网友坚持认为男司机是过错方,并要求对其严惩。第二日清晨,男司机被警察局刑事拘留。

2) 反转阶段

5 月 4 日 20 时 22 分,华西都市报官微公布男司机车内关于事发前后的行车记录仪视频,视频显示,女司机多次故意占道、别车,致使男司机车上一行人险些受伤造成车祸。随着事件真相的进一步披露,几乎尘埃落定的事实再次掀起舆论的高潮,舆论迅速反转,认为女司机变道不对的网民不断增多。

3）发酵阶段

随着事态的发展和媒体的跟进，继男司机行车记录仪视频曝光后，网民的参与度迅速提升，并纷纷将矛头指向女司机，认为女司机活该被打，甚至对其进行人肉搜索。5月5日11时，女司机的个人隐私被曝光，包括身份证信息、开豪车多次违章，甚至频繁的开房记录等，抨击女司机的舆论急剧上升，58％的网友认为女司机在此事件中要负主要责任，而先前谴责男司机的网友比例由51％骤降至13％。

4）反思阶段

5月11日，《南方都市报》发表女司机独家授权的公开致歉信引发关注，信中女司机称深陷舆论漩涡给自己的生活带来了巨大的冲击，并恳请网民停止人肉搜索。截至当天24时，"谴责女司机"的线上用户已达66.3％，直到事件过后22天，仍有大部分用户认为女司机自食其果。但与此同时，认为"双方都有责任"的比例上升明显，舆论渐渐平息，并由此引发了对当下社会戾气和个人极端暴力事件频发的理性思考。

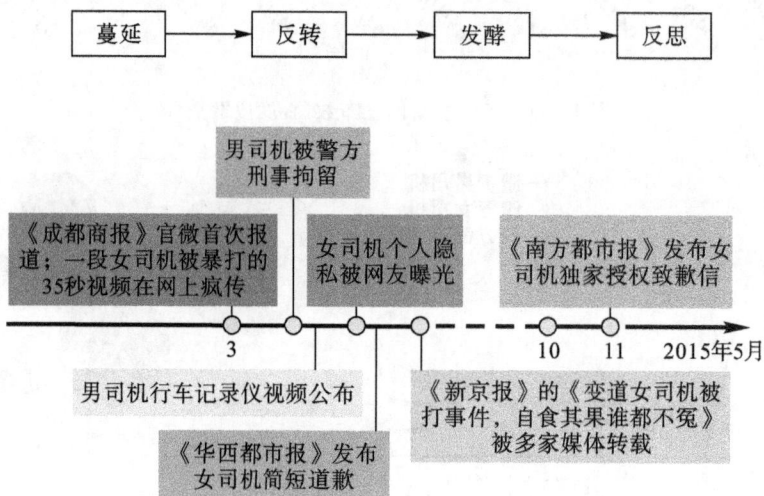

图4-14　"成都女司机被打"事件时间轴

3."罗一笑"事件的深化阶段

在"罗一笑"事件中，以"小时"为单位，对采集到的74 025条"罗一笑"事件相关微博数据进行统计，得到微博发布数随时间变化情况，如图4-15所示。可以发现，11月30日对"罗一笑事件"的激烈讨论瞬间爆发，当天微博发布数快速增至43 373条，评论转发数量多且集中。此后，网民对事件的关注度急剧下降，并且单日微博的发布数量也一直呈下降趋势。可以看出，12月1日相比前一天（11月30日）微博发布数量锐减了大半，数量为17 476条；12月2日发布数量继续减少，当天发布的数量已骤减到3414条，且从12月3日开始，往后每天的博文发布数量均很少，并低于1000条。直到12月24日罗一笑去世的消息传来，引起了网络上的第二轮小波动，当日微博数量达到3364条，但这一轮并没有在网上引起轰动，而是事件跟着时间推进逐渐走出公众的视野，最终完全消逝。根据"罗一笑"事件的微博发布时序变化情况，可以将该事件的舆情演化过程分为开始期、爆发期、发酵期、消解期和反思期五个阶段。

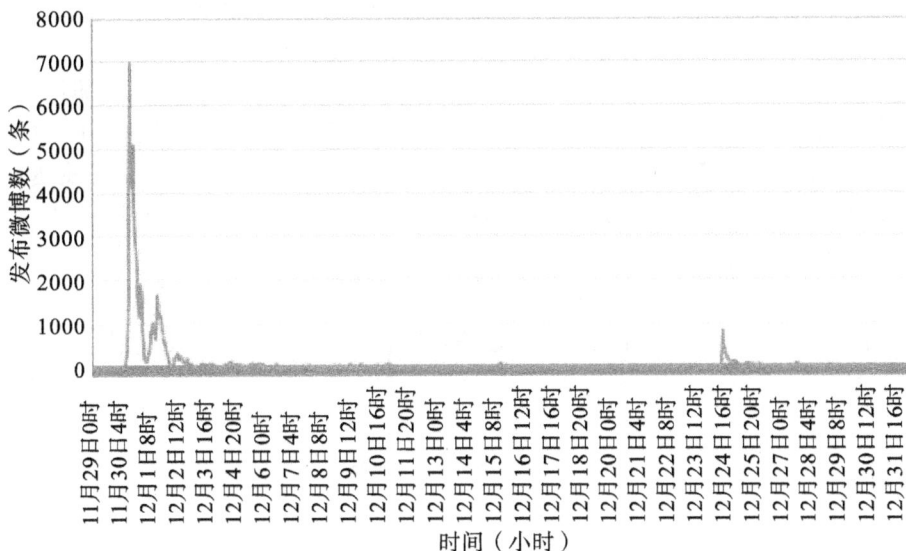

图 4-15　"罗一笑"事件微博发布数量的时序变化图

1）开始期（2016 年 11 月 30 日之前）

11 月 29 日，由深圳本土作家罗尔写给白血病女儿的《罗一笑，你给我站住》一文裹挟着慈善逐渐刷爆微信朋友圈，数以万计的人们通过各种方式为罹患白血病的小女孩罗一笑进行捐赠。但此时在新浪微博上并没有多少关于该事件的博文。最先发博文的是深圳新闻网，话题为"♯深圳城话♯"，该条博文仅转发 12 次、评论 18 次、点赞 6 次，此时，罗一笑事件尚未引起网民的广泛关注。

2）爆发期（2016 年 11 月 30 日）

11 月 30 日凌晨，仅在腾讯平台开通的捐款渠道就已收到网友的捐赠款 200 余万元，阅读量近亿。按照之前承诺的，小铜人公司将捐款 50 万元。其后，11 月 30 日 10 时左右，舆论风向开始转变为对整个事件的质疑。有网友匿名曝光罗尔个人拥有深圳自住一套房、东莞两套房，还有两辆汽车和一个广告公司。并且 11 月 30 日 12 时左右一位医疗大 V 发微博称，截至目前罗一笑共住院两次，住院总费用为 80 336.72 元，其中，可报销的费用为 68 703.06 元，自费 11 633.66 元，自费比例仅 14.48%，因此罗一笑住院的医疗费用根本没有罗尔说的那么沉重。罗尔的做法被指"炒作"。消息一经曝出，"罗一笑"事件立刻在网上引起轩然大波，在新浪微博话题榜一跃成为网络热门话题。事件舆论氛围从文章爆红开始的一面倒（对罗一笑的帮助与捐赠）演变成为各方的言论混战。截至 14 时，微博话题♯罗一笑，你给我站住♯阅读量达到 4552 万。当日，微信公众号该文章阅读近亿次，微博发布数达到 4 万多条，评论 9 万多条，点赞 11 万多次。在网络舆论的影响下，11 月 30 日下午，罗尔首次回应善款处理办法并向广大网友致歉，在面对质疑他的媒体镜头前痛哭。

3）发酵期（2016 年 12 月 1 日至 2016 年 12 月 2 日）

12 月 1 日，罗一笑事件在网上再度引发热议，面对舆论的失控，深圳市民政局调查组介入调查。当日上午，罗尔及刘侠风（小铜人创始人）联合发布一份"关于罗一笑事件的联合声明"，称因"罗一笑事件"传播远超预期，带来负面社会影响，作为当事人深表歉意。并表示在经过捐助人同意的情况下，通过微信文章的赞赏功能将收到的网友捐赠的 200 多万元以及小铜人公司捐助的 50 万元全额捐出，成立白血病患儿救助专项基金。

4）消解期（2016 年 12 月 3 日至 2016 年 12 月 23 日）

12 月 3 日，随着赞赏金额如数退还，事件尘埃落定。微博网民探求真相的欲望得到解决，而微博舆情也不会再出现新的刺激信息，一些其他微博用户对于罗一笑事件的质疑和罗一笑的后续治疗也随着事情发展而慢慢消解，其产生的社会影响和网络影响越来越小，罗一笑事件慢慢淡出公众视线，舆情进入消解期。

5）反思期（2016 年 12 月 24 日之后）

12 月 24 日上午 6 时许，该事件主人公罗一笑在深圳市儿童医院去世，其父母希望捐献她的遗体和器官。罗一笑事件到此真正谢幕，留给广大网友更多的是反思。

第 5 章　基于社会热点事件的用户情感挖掘与倾向性分析

5.1　情感可视化

5.1.1　情感可视化的方法与步骤

信息可视化技术能够将数据以直观的形式展示出来，以往的数据可视化主要针对数值型数据，通过曲线或直方图等形式来直观地刻画数据，而现如今的信息可视化技术更加关注抽象数据的可视化，可以将各种二维或三维的属性或数值进行图形描述，更加有利于信息的表示和传达。微博文本是一些非结构化的数据信息，除了可以对其中用户所表达的情感进行强度定义以外，还可对情感词在微博文本中的分布关系进行可视化展示，有利于了解热点事件中人们所持有的具体情感。

情感可视化建立在情感特征识别的基础上。需要对微博文本中的情感词进行提取，然后对情感词在文本中的分布关系进行计算，最后通过特定的算法将这种关系进行可视化展示。

本文所采用的情感可视化的步骤和方法如下。

1. 文本预处理和分词

首先，将文本中表情符号进行特殊标记，然后将无关的 Html 代码去除。其次，有转播的微博广播在数据收集时会将被转播的内容收集为一条文本，广播与被转播文本之间会用"//"符号进行分割，并且"//"符号之后会接被转播的用户名和账号，所以本文根据此特征对有转播的广播与被转播对象进行分割，确保单条微博中的所有内容是单个用户所发布的。此外也对转发性的微博广播进行处理，将用户自身发布的内容和被转播的新闻内容进行分割，分割特征为"//"后面接被转发新闻的网址，确保剩余文本为用户自身观点，避免其他新闻内容对情感词提取和分布可视化结果的影响。最后，对处理后的文本进行分词，本文使用的分词工具为 IK Analyzer 分词器，分词之前将已构建的情感词表加入到分词器的词表中，避免已有情感词被分割。

2. 情感词提取

情感词的提取过程主要利用已构建的情感词表，在文本中对词表中含有的情感词进行查找并加入已定义的情感词编码标签。

3. 统计情感词并定义词语之间的关系

对已标记的情感词进行统计，通过情感词列表和各情感词的词频可看出热点事件情境下用户情感表达所使用的词语，高频情感词通常是整个事件的主导情感，词频极高的情感词通常是某一或某几条关于事件的描述微博被其他用户粘贴到自己的博文中进行转发和评论。词语之间的关系通常是指词语在句子中的位置关系及词语之间的距离，本文所采用的定义词语之间关系的方法为共现方法，主要是以单条微博文本为单位，统计两两情感词在一条文本中出现的次数。两个情感词之间关系的权重为两个情感词之间的共现次数，而没有采用标准化算法对权重进行标准化，因为本文的目的是对词语的出现次数和词语之间的真实关系进行可视化，标准化过程会使词语的总词频这一信息丢失。

4. 情感词可视化

情感词可视化主要是对情感词之间的关系进行可视化，根据词语之间的共现关系权重，采用位置算法，将词语安排在图形中的特定位置，通过图形位置展示词语之间的关联。图形中点的位置展示算法有很多，常用的有多维尺度分析、Fruchterman-Reingold、主成分分析展示、Force Atlas、Yifan Hu 等算法。目前的许多可视化图形软件和统计软件，如 SPSS、Ucinet、Graphviz、Gephi 等都嵌入了上述算法中的一种或几种来进行统计结果的可视化。

上述算法中的多维尺度法可以分析多节点对象之间的整体相似性和差异，利用多维空间图，通过点之间的距离展示点之间的空间分布。Fruchterman-Reingold 是专门用于排列无向关系节点的算法，它能够使节点在空间中分布开来，并使空间中节点之间的连线呈现最少的交叉，以节点之间的相似度排列节点之间的距离并呈现出固有的对称关系[123]。主成分分析算法可以将图形中的点以重要程度分层排列。Force At1aS 算法包含一个线性模型，根据节点之间的权重分配图形距离，并能快速聚合[124]。Yifan Hu 算法使用了多级布局和八叉树模型将相似节点通过八叉树的形式分散展示出来[125]。Noack 提出一种能量布局算法来对网络图节点进行聚类，布局图中并不显示节点之间的关系连线而只显示节点之间的位置，节点的大小直接利用节点的度数进行展示[126]。除上述介绍的情感可视化算法外，还有许多其他算法，进行可视化选取算法时要根据所要研究的问题和目的而定。

5.1.2　情感可视化的结果与发现

针对本书所选取的"和颐酒店女生遇袭""成都女司机被打"和"罗一笑"事件来说，首先分别统计三个事件微博文本中的情感词，所统计的微博文本没有包含评论性广播中的评论对象内容，因为这些评论对象内容主要是新闻媒体对这一事件的重复性新闻发布。结果显示，"和颐酒店女生遇袭"事件共 164 907 条非空微博文本，共包含 8439 个不同的情感词，情感词的词频差距也较大，从 1 次到 5071 次不等；"成都女司机被打"事件共 43 586 条非空微博文本，共包含 14 401 个不同的情感词；"罗一笑"事件共 74 025 条非空微博文本，共包含 6876 个不同的情感词，词频从 1 次到 4405 次不等。可见，每一事件中包含的情感词都相对较多，不可能将所有情感词均可视化展示出来，而将更有代表性意义的情感词进行可视化是非常有必要的。

下面首先对情感词词频分布进行分析，设情感词 W_i 的词频为 r，n 为词频为 r 的情感词个数，图 5-1 和图 5-2 分别为"和颐酒店女生遇袭""成都女司机被打"事件文本中情感词的词频分布情况。横坐标表示 $\log r$，纵坐标表示 $\log n$。结果表明，"和颐酒店女生遇袭"

"成都女司机被打"和"罗一笑"三个事件中微博情感词的分布符合齐普夫分布规律，大部分的情感词出现的次数较少，只有少部分的情感词出现次数较多。

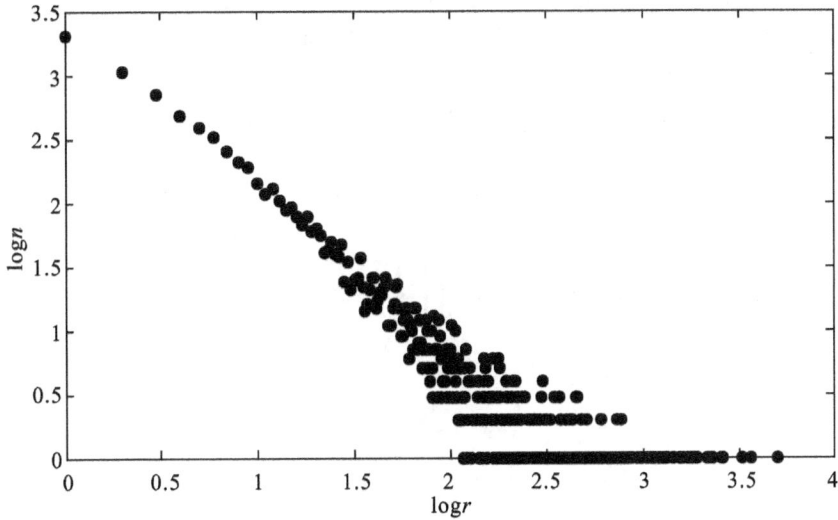

图 5-1　有关"和颐酒店女生遇袭"事件微博文本中的情感词词频分布

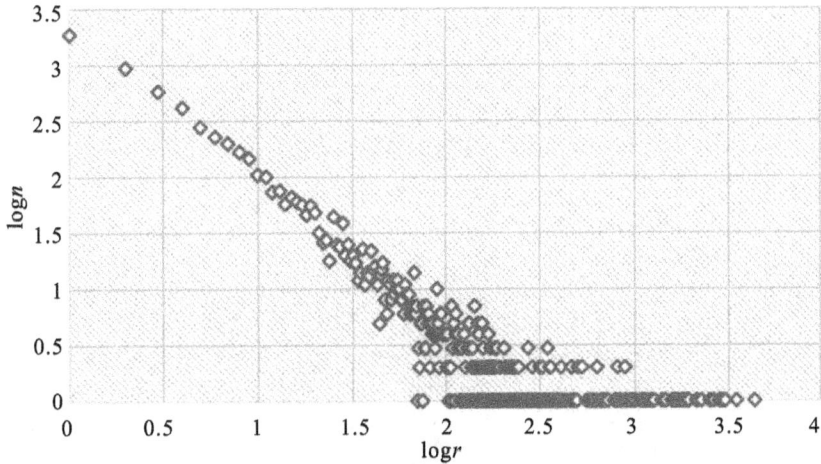

图 5-2　有关"罗一笑"事件网络舆情文本中的情感词词频分布

　　三个事件中包含的情感词较多，难以将所有情感词都用可视化的方式展现出来，但有必要对具有代表性意义的情感词进行展示。本书对情感词词频进行统计后，利用 Tagxedo 可视化工具进行处理，情感词的大小反映了词语出现的频次，字越大表示该情感词出现的频率越高，同时，频次越高的词越趋向于分布在图形的中部。下面首先对三个事件语料中的高频情感词进行可视化。图 5-3 和图 5-4 分别为"和颐酒店女生遇袭"事件、"罗一笑"事件中频次在 200 次以上的情感词的可视化效果。可视化图没有考虑否定词、句型和表情等特征，图形展示仅仅针对微博文本中的情感词。

　　情感词在一定程度上能够反映出事件的发展变化情况，高频词主要来源于对事件的描述性文本或单纯的新闻性广播，以及社交网络中的主要政府官方用户、认证用户等发布的微博，反映了事件的主体情绪类型；而低频词则通常来源于社交网络中的广大普通用户，更能从微观角度体现用户的个人态度。图 5-5、图 5-6 分别为"和颐酒店女生遇袭"事件、"罗一笑"事件中频数在 5～50 的低频情感词可视化图，由这些低频词可见用户自身情感表达用词更加随意，如"麻木不仁""节操""一本正经""好不容易""人人自危"等。低频词更表现出用户的自身感受，如"无能为力""随遇而安""万不得已""果不其然""就事论事"等，这些低频词相比高频词而言更能反映出用户自身的态度以及一些隐藏情绪。

图 5-3　"和颐酒店女生遇袭"事件中频次
在 200 以上的高频情感词可视化图

图 5-4　"罗一笑"事件中频次在 200 以上的
高频情感词可视化图

　　通过上述分析可以发现，社交网络中用户的高频情感词，尤其是处于中心位置的情感词，反映了网络舆情事件的主导情感基调，随着情感词频次的降低，情感词呈现出更加主观的态度或观点，能反映出用户对整个事件的自身真实情绪体验与主观性评价。

图 5-5　"和颐酒店女生遇袭"事件中频次
在 5～50 的低频情感词可视化图

图 5-6　"罗一笑"事件中频次在 5～50 的
低频情感词可视化图

5.2　情感极性强度和类型统计

5.2.1　情感极性强度统计

　　依据第 3 章对单条微博文本情感强度的计算规则，分别对"和颐酒店女生遇袭"事件中

164 907 条微博文本、"成都女司机被打"事件中 43 586 条微博文本和"罗一笑"事件中 74 025条微博文本进行情感值计算，以单条微博文本为单位对文本极性强度进行统计，得到"和颐酒店女生遇袭"事件正面微博(强度＞0)和负面微博(强度＜0)的比例，如图 5－7 所示。可以看出，负面和中性的微博数量相当，均为 4 万多条，正面微博数量最多，为 67 393 条，占微博总数量的 42%。尽管"和颐酒店女生遇袭"事件不是一件令人愉快的事，也产生了一定的负面影响，但是大多数线上用户对该事件的态度较为乐观，情绪较为正面。

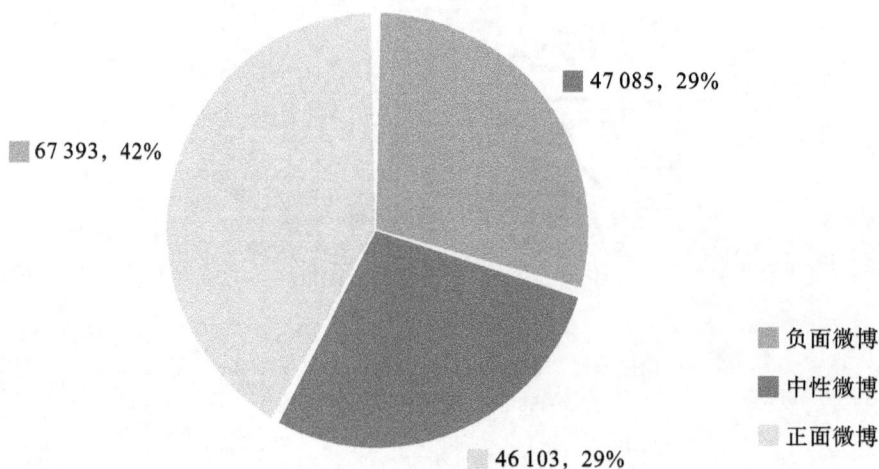

图 5－7 "和颐酒店女生遇袭"事件微博极性统计

"罗一笑"事件正面微博(强度＞0)和负面微博(强度＜0)的比例如图 5－8 所示。在"罗一笑"事件相关微博中，正面微博数量最多，达 48 093 条，占总数量的 65%，甚至超过负面微博(17 661 条)和中性微博(8271 条)总量的一倍。可见，虽然"罗一笑"事件对社会造成了较大的负面影响，但总体来说，网民对该事件的情感较为正面，态度较为积极。

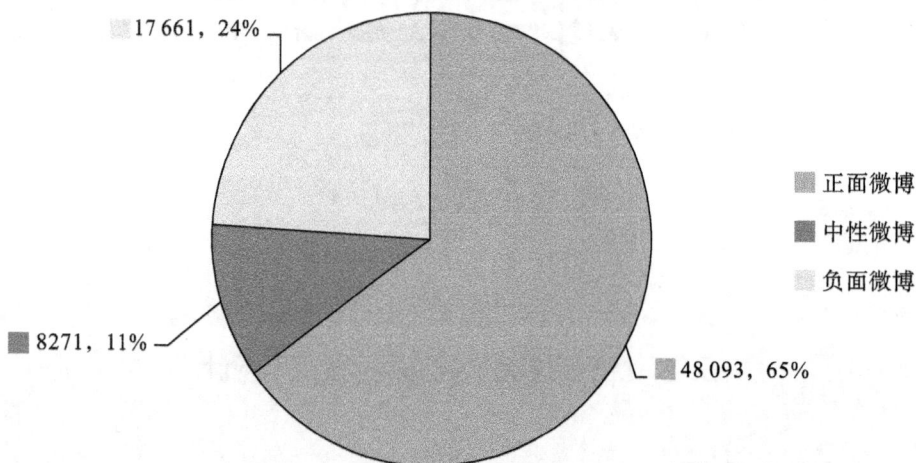

图 5－8 "罗一笑"事件微博极性统计

依据极性强度可以将用户情感分为一般、中度、高度三个不同的程度,对于正面微博,强度 0～10 为一般,10～20 为中度,20 以上为高度;对于负面微博,强度 -10～0 为一般,-20～-10 为中度,-20 以下为高度。在"和颐酒店女生遇袭"事件、"罗一笑"事件中,各程度正面微博和负面微博发布数量分别如图 5-9 和图 5-10 所示。可见,两个事件中"一般"程度微博数量占据极大比例,任一程度的积极情绪微博数量均多于消极情绪微博数量。

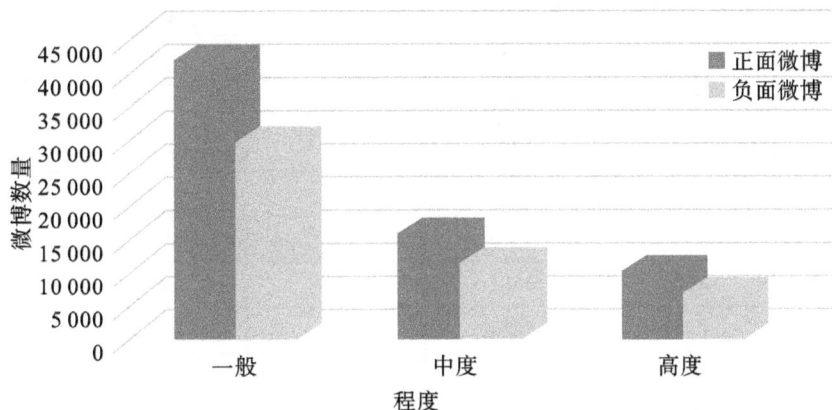

图 5-9　"和颐酒店女生遇袭"事件微博极性强度统计

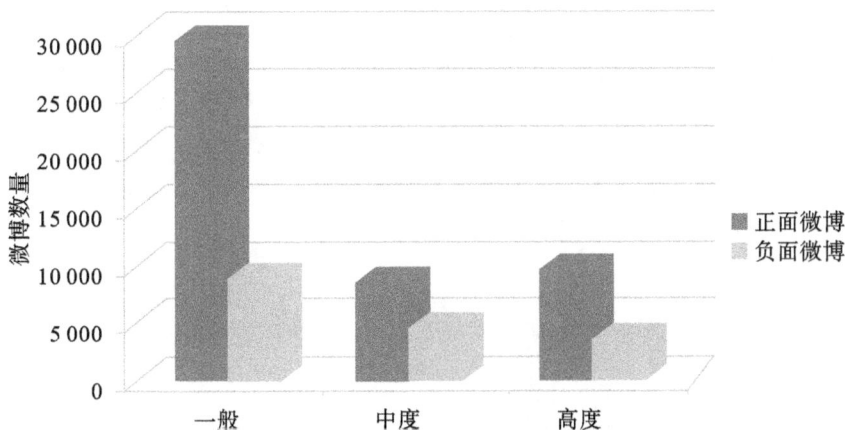

图 5-10　"罗一笑"事件微博极性强度统计

5.2.2　情感类型统计

依据第 3 章对情感词的极性和强度的标记,在"和颐酒店女生遇袭"事件中,对 8439 个情感词的极性强度进行了统计,得到正面情感词 2990 个,负面情感词 3307 个,中性情感词 2142 个。对"和颐酒店女生遇袭"事件微博文本中排名前 30 的情感词进行统计,结果如表 5-1 所示,这些高频情感词可以反映出整个事件中用户的主要情感以及对该事件的主要关注点,由"强奸""安全""犯罪"等高频词可以看出,用户在面对"和颐酒店女生遇袭"这一社会事件时表达最多的情绪是谴责。

表 5-1　"和颐酒店女生遇袭"事件排名前 30 的情感词词频统计

排名	情感词	词频	排名	情感词	词频
1	强奸	5071	16	恐怖	970
2	安全	3685	17	必须	963
3	犯罪	2546	18	相信	929
4	可怕	2305	19	重点	922
5	恶心	2141	20	帮助	839
6	冷漠	1891	21	小心	785
7	坏人	1702	22	重视	779
8	道歉	1590	23	严重	752
9	平安	1338	24	暴力	750
10	朋友	1331	25	后台	745
11	抵制	1284	26	害怕	730
12	好人	1260	27	歧视	665
13	伤害	1217	28	脏话	634
14	背后	1056	29	教育	621
15	团伙	1040	30	感谢	603

　　事件所涉及的情感词数量繁多、分布杂乱，且有些词语呈中性，看不出具体的情感，也有很多词语表达了同种情感。所以本节按照第 3 章建立的情感分类体系对情感类型进行统计和整理，将匹配到的 8439 个情感词划分到相应的情感类别下，最终得到的各类型情感的统计结果如图 5-11 所示。图中，纵坐标为情感类型，横坐标为该类型情感对应的情感

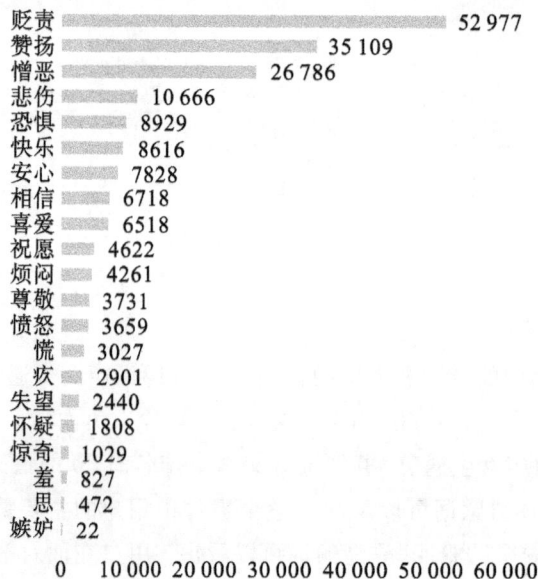

图 5-11　"和颐酒店女生遇袭"事件中二级情感类型所含情感词频次

词总频数。可以看出,"贬责"是该事件文本中所传达的最主要的情感类型,该类型的情感词总频次达到 50 000 次以上;其次是"赞扬"和"憎恶",该类型下的情感词总频次均达到 20 000 次以上;在剩下的频次较少的情感类型中,"悲伤"类型的情感词表现较为突出。

将图 5-11 中的二级情感归类到一级情感类型下,得到的情感类型统计结果如图 5-12所示,在"和颐酒店女生遇袭"事件中,主导情感为"恶"。通过分析微博文本内容可以发现,网络上充斥着对和颐酒店管理层疏于管理的谴责,对涉案男子暴力行为的憎恶,甚至还包括部分用户对围观群众不作为的批评。

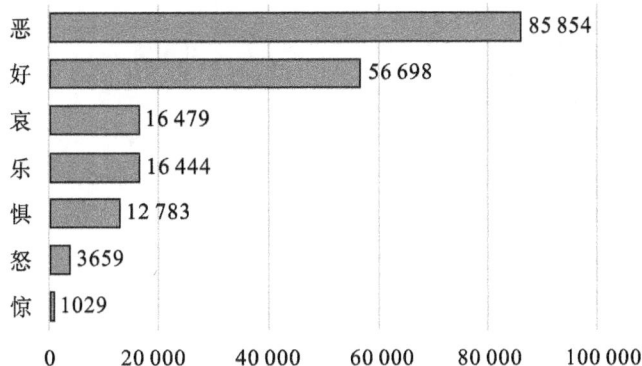

图 5-12　"和颐酒店女生遇袭"事件中一级情感类型所含情感词频次

对"罗一笑"事件微博文本中排名前 30 的情感词进行统计,结果如表 5-2 所示,这些高频情感词可以反映出整个事件中用户的主要情感,并表现了线上用户对该事件的主要关注点,如"爱心""善良""帮助"等,可以看出用户在面对"罗一笑"这一社会事件时表达最多的情绪是关爱。

表 5-2　"罗一笑"事件中排名前 30 的情感词词频统计

排名	情感词	词频	排名	情感词	词频	排名	情感词	词频
1	爱心	4405	11	慈善	2262	21	接受	1802
2	善良	3493	12	不实	2157	22	可怜	1768
3	帮助	3021	13	关心	2116	23	骗子	1714
4	捐赠	2967	14	捐助	1941	24	退回	1662
5	人民	2870	15	善意	1928	25	相信	1641
6	诈骗	2859	16	善心	1923	26	同意	1627
7	救助	2812	17	无辜	1920	27	大众	1574
8	利用	2632	18	赞赏	1914	28	万能	1572
9	事情	2546	19	法律	1901	29	同情心	1465
10	真正	2510	20	信任	1837	30	经济	1455

基于本节建立的情感分类词典对从 74 025 条微博文本中提取到的 6876 个情感词进行分类统计,统计结果如图 5-13 所示,纵坐标为二级情感类型,横坐标为情感类型对应的情感词总频数。可以看出,"赞扬"是该事件文本中所传达的最主要的情感类型,该类型的情感词总频次接近 50 000 次;其次是"贬责",该类型下的情感词总频次达到 30 000 次以

上；剩下的频次较少的情感类型中，"相信"和"悲伤"表现较为突出。可以看出，"罗一笑"事件作为一件令人不快的网络舆情事件受到了网民的普遍谴责，但是罗一笑本人的真实遭遇亦获得了广大网民的关爱与帮助。

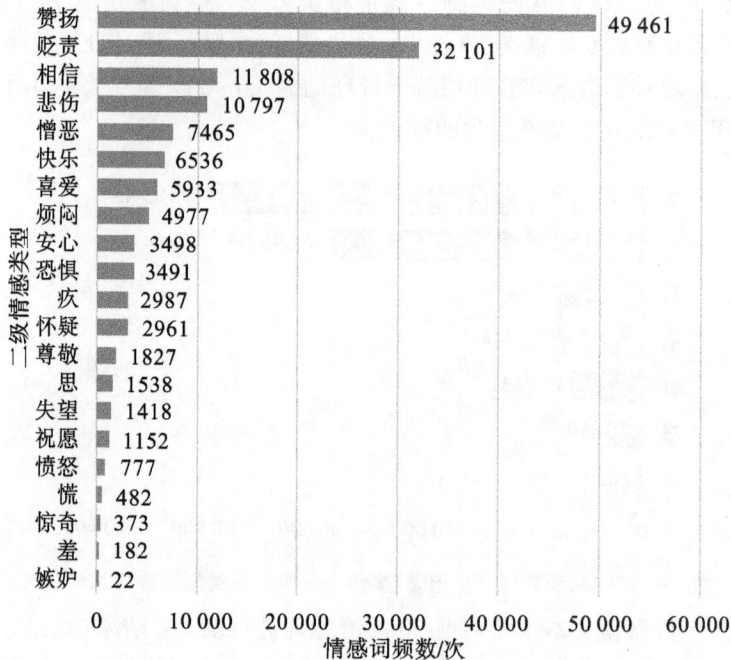

图 5 - 13　"罗一笑"事件情感类型统计（基于 21 小类）

将小类情感合并汇总至大类情感下，得到的情感类型统计结果如图 5 - 14 所示，网民的分布主要集中于"好"和"恶"。通过分析微博文本内容可以发现，大部分网民对遭遇不幸的罗一笑表示支持、关心与帮助，另一方面，多数网民对罗一笑父亲罗尔的不耻行为极其厌恶并给以批判，也有部分网民对"罗一笑"事件表示悲哀和冷漠。

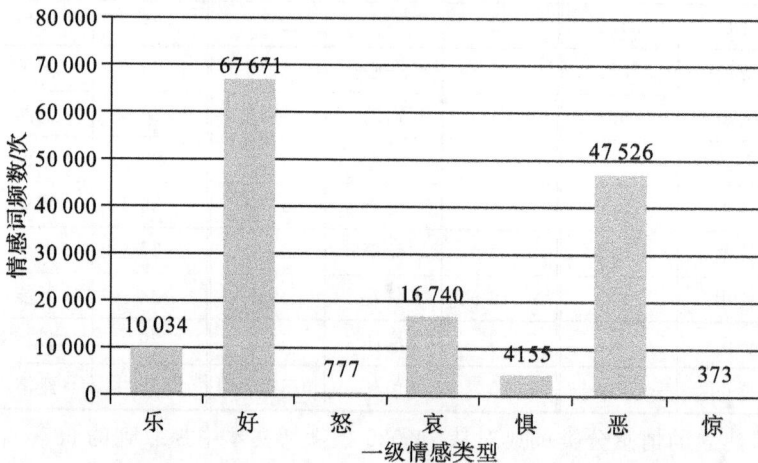

图 5 - 14　"罗一笑"事件中网民情感类型统计（基于 7 大类）

5.3　情感时序变化分析

在"和颐酒店女生遇袭"事件中，以"小时"为单位对 67 393 条正面微博和 47 085 条负面微博的情感极性进行统计，得到正、负面微博发布数量随时间的变化情况，如图 5-15 所示。可见，正、负面微博数量的变化趋势比较一致，负面微博数量基本少于正面微博数量。也可以看出，用户情感在随事件发展态势发生变化的同时，社交网络中会同时存在不同的情绪类别，且正面情绪和负面情绪的占比没有太大差别，这说明"和颐酒店女生遇袭"事件没有出现用户情感的极化现象。

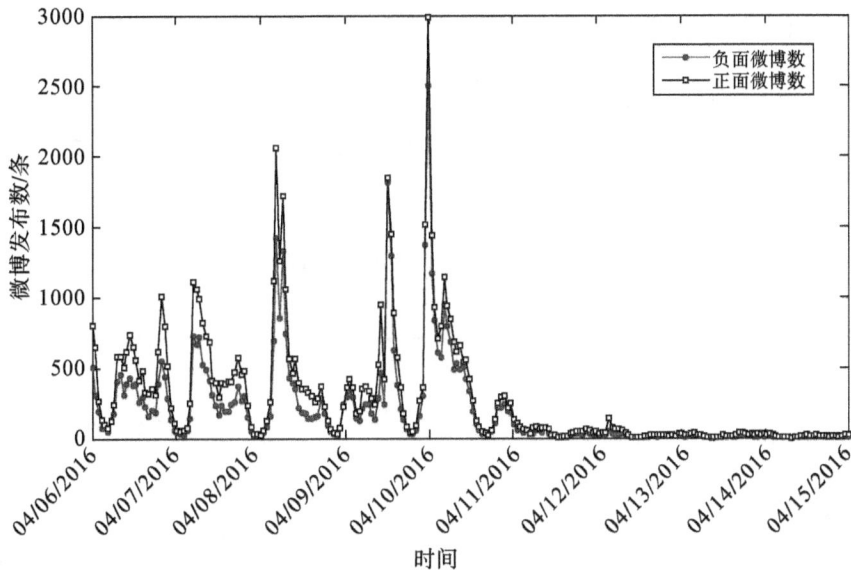

图 5-15　"和颐酒店女生遇袭"事件中情感极性的时序变化

以上从宏观角度统计了"和颐酒店女生遇袭"事件相关微博的正负极性强度，能够体现出用户情感极性强度的总体水平，但难以从微观角度来描述用户情感极性强度的变化情况，因此本节进一步对单条微博文本的极性强度进行分析，以"小时"为单位统计用户平均微博极性强度随时间的变化情况，如图 5-16 所示。可以明显看出，该事件的用户平均情感极性强度主要为正面（平均情感强度＞0），在"和颐酒店女生遇袭"事件发生的前期，用户情感强度变化缓慢，有迹可循；后期则呈现出振荡式变化，正负情感交替频繁出现，一方面是因为后期微博数量较少，用户情感变化较为敏感；另一方面，到了事件发展的后期，用户态度和情感基本确定，难以再改变，这就呈现出持正面情绪和负面情绪两个用户群体之间争夺舆论主导权的现象。

结合图 5-17 所示的平均微博极性强度日时序变化，可以发现，4 月 10 日用户发布的负面微博数量最多，社交网络中的用户情绪最低落，平均微博极性强度最低。经分析发现，4 月 10 日和颐酒店经理受访视频爆发，其"三无评论"（即"一没死人、二没着火、三没强奸"）引起了网络上的轩然大波，一时间网络上充斥着对和颐酒店及该经理的谩骂、愤怒和谴责。

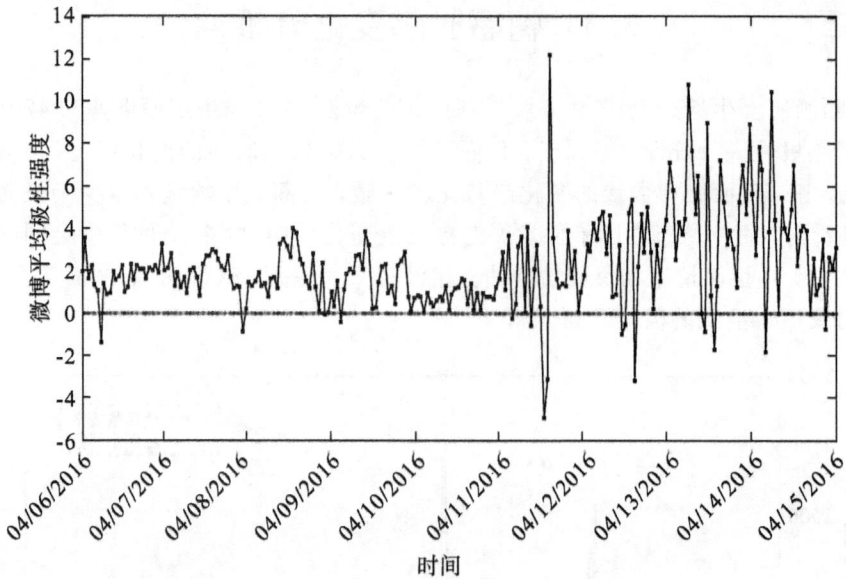

图 5-16　平均微博极性强度时时序变化

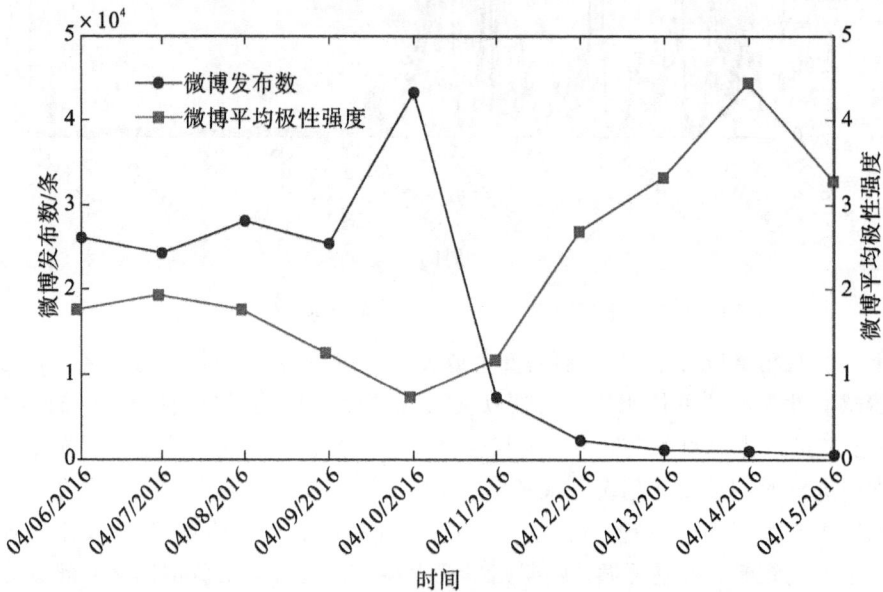

图 5-17　平均微博极性强度日时序变化

　　以"小时"为单位统计正、负面微博的平均情感极性强度，结果如图 5-18 所示，以 $y=0$ 为界，上半部分的浅色曲线表示正面微博的平均情感极性强度随时间变化情况，下半部分的深色曲线表示负面微博的平均情感极性强度随时间变化情况。由图可见，大部分正面微博的平均强度呈"中度"（强度在 10～20），所有负面微博的平均强度为"一般"（强度在 -10～0），可见正面情绪是该事件发展过程中的主体情感。

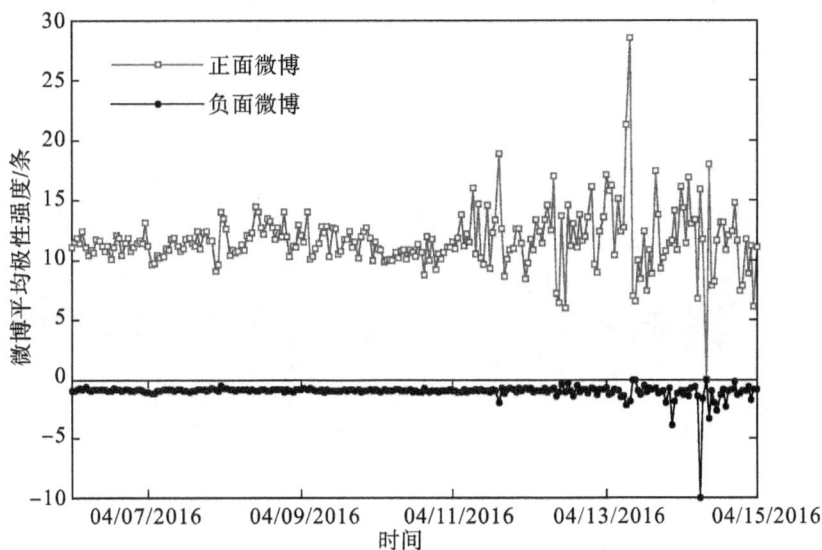

图 5-18　正、负微博极性强度的时序变化

除了对正负面情绪的时间序列进行分析，也有必要对各类型情感进行分析。针对网络中的三大主体情感类型"贬责""憎恶"和"赞扬"，以小时为单位统计各类型情感随时间的变化情况，如图 5-19 所示。

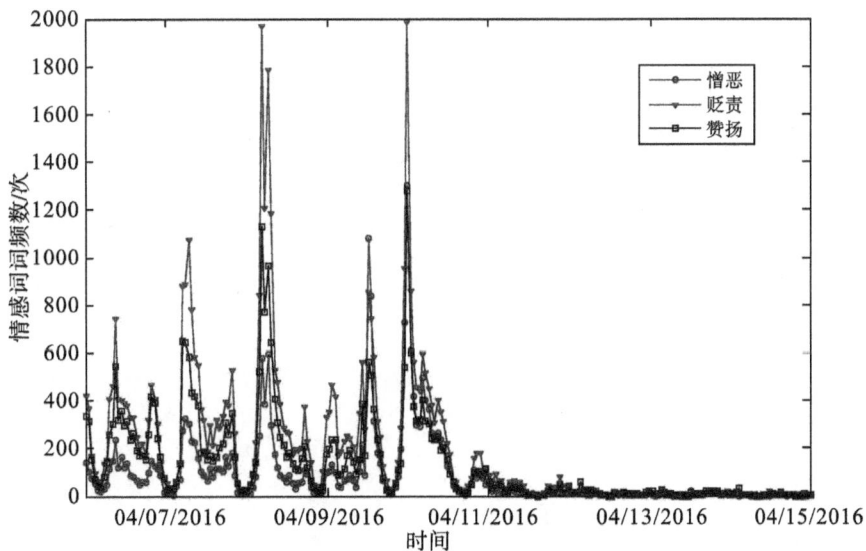

图 5-19　三大主体情感演化过程

可以看出，"贬责"情感上升速度极快，在网络中得到迅速扩散和传播，且一直占据主体情感地位，"憎恶"和"赞扬"情感的扩散幅度则相对较小。事件发展前期，"憎恶"情感较少，随着事件的演变，中后期才大幅上升，对于"赞扬"这种情感，前期所占比例较大，后期则下降明显，基本少于"贬责"和"憎恶"两种情感。

　　从微观角度来描述用户情感极性强度的时序变化情况,如图 5－20 所示。虽然"罗一笑"事件整体以正面情绪为主,但是负面情绪多次冒出,而且呈现出较高强度,有时甚至达到高度负面。

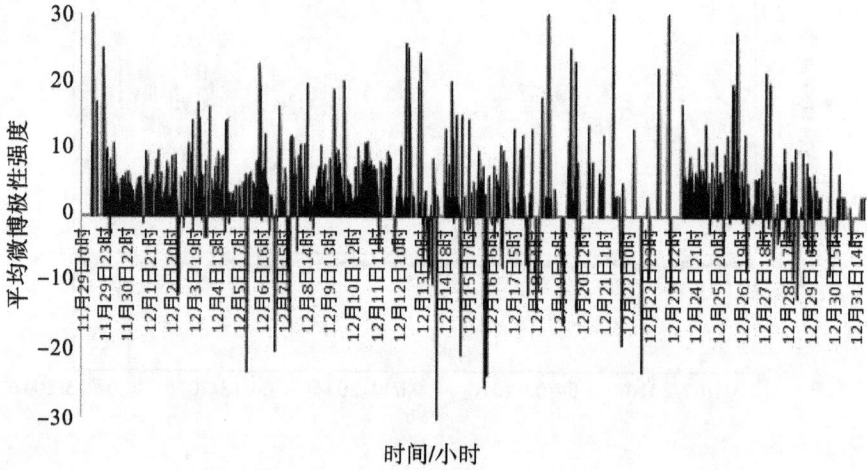

图 5－20　平均极性强度的时序变化图

第6章 结论与展望

6.1 研 究 结 论

本文在国内外情感分析相关研究的基础上,构建了一个较为全面的情感分类词典,并以"和颐酒店女生遇袭"事件、"成都女司机被打"事件和"罗一笑"事件为例,对社交网络中的用户情感进行挖掘与可视化,对事件中的用户情感类型进行判断和统计,并从情感传播环境、情感传播方式、社会网络结构和用户行为模式四个方面入手,探索社交网络中用户情感传播特征,并提出了引导用户情感的相关对策及建议。研究发现:

(1)借助于计算机交流环境,社交网络中用户的情感表达更加自由、开放;

(2)多样化、便捷性的信息传播方式很大程度上扩大了情感传播范围,加快了情感传播速度;

(3)在线社交网络中的关键用户(或意见领袖)具有较高的影响力和广泛的社会网络关系,在一定程度上主导着网络舆论的发展方向;

(4)在线社交网络中的情感聚集将蔓延至现实社会,负面情绪的极化有可能引发线下群体性事件,甚至发生更极端的现象。

6.2 研 究 展 望

本文以社会热点事件为例研究社交网络中用户情感挖掘及传播特征,能够为相关部门引导和控制网络舆情和网民情感提供参考依据,但国内外对情感传播的研究主要集中于理论与模型研究,对情感传播的应用研究较少,再加上笔者的研究水平有限,因此本文具有一定的局限性,未来的研究将从以下几个方面进行:

(1)本文仅以"和颐酒店女生遇袭"事件、"成都女司机被打"事件和"罗一笑"事件为例来研究社交网络中用户情感传播,但社交网络的发展十分迅速,社会事件亦层出不穷,因此有必要对不同类型不同性质的社会事件进行系统研究,使研究成果具有更普遍的意义。

(2)在分析社交网络中用户情感传播特征时,本书主要从四个方面入手进行分析,但在实际生活中,影响用户情感表达及传播的因素并不限于此,所以之后的分析研究将拓宽情感传播的影响因素。

(3)本文的研究数据来源于新浪微博,在如今的大数据时代,数据获取方式变得更加容易,因而更应该注重数据的可信度和应用价值,适当地采集多源数据进行研究,并将研究成果在社会实践中进行验证。

参 考 文 献

[1]　HUIJBOOM N, Van den BROEK T, FRISSEN V, et al. Key areas in the public sector impact of social computing [J]. http://www. tno. nl/downloads/social_computing_impact_2206 09_final_report. pdf. 2011: 4 - 20.

[2]　TRAVERS J, MILGRAM S. An Experimental Study of the Small World Problem [J]. Sociometry, 1969, 32 (4): 425, 443.

[3]　ELLISON N B, STEINFIELD C, LAMPE C. The benefits of Facebook "Friends: " Social capital and college students'use of online social network sites[J]. Journal of Computer-Mediated Communication, 2007, 12(4): 1143 - 1168.

[4]　BOYD D M, ELLISON N B. Social network sites: definition, history, and scholarship [J]. Journal of Computer-Mediated Communication, 2008, 13 (1): 210 - 230.

[5]　CARDONA P W, MARSHALLB B, CHOIC J, et al. Online and offline social ties of social network website users: An exploratory study in eleven societies[J]. Journal of Computer Information Systems, 2009, 50(1): 54 - 64.

[6]　SUBRAMANI M R, RAJAGOPALAN B. Knowledge-sharing and influence in online social networks via viral marketing[J]. Communications of the Association for Computing Machinery, 2003, 46(12): 300 - 307.

[7]　JACKSON P, MOULINIER I. Briefly noted: natural language processing for online applications: Text retrieval, extraction, and categorization [J]. Computational Linguistics, 2003, 29(3): 510 - 511.

[8]　MITKOV R. The Oxford Handbook of Computational Linguistics[M]. Oxford: Oxford University Press, 2003.

[9]　郑宇钧, 林琳. 当校园 SNS 照进现实: 校内网的人际传播模式探讨[J]. 广东技术师范学院学报, 2008, (03): 29 - 35.

[10]　郑百灵. 虚拟的真实: 网络交往与网络社区探析[J]. 佛山科学技术学院学报(社会科学版), 2003, (03): 29 - 31.

[11]　KUMAR R. Mining web logs: applications and challenges [C]. Acm Sigkdd International Conference on Knowledge Discovery & Data Mining. ACM, 2009.

[12]　MISLOVE A, MARCON M, GUMMADI K P, et al. Measurement and analysis of online social networks[A]. Proceeding of the 7th Acm Sigcomm Conference on Internet Measurement[C]. San Diego, California, LSA: ACM, 2007, 71(s1 - 3): 29 - 42.

[13]　CHUN H, KWAK H, EOM Y H, et al. Comparison of Online Social Relations in Terms of Volume vs. Interaction: A Case Study of Cyworld[C]. Proceedings of the 8th ACM SIGCOMM Conference on Internet Measurement 2008. ACM, 2008.

[14]　AHN Y Y, HAN S, KWAK H, et al. Analysis of Topological Characteristics of

Huge Online Social Networking Services[A]. Proceedings of the 16th International Conference on World Wide Web[C]. Banff, Alberta, Canada: International World Wide Web Conference, 2007: 835 – 841.

[15]　MORENO Y, NEKOVEE M, PACHECO A F. Dynamics of rumor spreading in complex networks[J]. Physical Review, 2004, 69(6): 6130(1 – 7).

[16]　ZANETTE D H, MONTEMURRO M A. Dynamics and nonequilibrium states in the Hamiltonian mean-field: A closer look[J]. Physical Review E, 2002, 10.1103/PhysRevE.67.031105.

[17]　倪顺江, 翁文国, 范维澄. 具有局部结构的增长无标度网络中传染病传播机制研究[J]. 物理学报, 2009, (06): 3707 – 3713.

[18]　张立, 刘云. 虚拟社区网络的演化过程研究[J]. 物理学报, 2008, (09): 5419 – 5424.

[19]　张彦超, 刘云, 张海峰, 等. 基于在线社交网络的信息传播模型[J]. 物理学报, 2011, (05): 66 – 72.

[20]　CHAHAL K. Sentiment analysis of data collected from social media for improving health care [EB/OL]. [2015 – 12 – 20]. http://www.sci.tamucc.edu/cams/projects/476.pdf.

[21]　PICARD R W. Affective computing: challenges [J]. International Journal of Human- Computer Studies, 2003, 59(1): 55 – 64.

[22]　EKMAN P, FRIESEN W V, O'SULLIVAN M, et al. Universals and Cultural Differences in the Judgments of Facial Expressions of Emotion[J]. Journal of Personality and Social Psychology, 1987, 53(4): 712 – 717.

[23]　TURNEY P D. Thumbs up or thumbs down? Semantic orientation applied to unsupervised classification of reviews[A]. Proceedings of the 40th Annual Meeting on Association for Computational Linguistics [C]. Stroudsburg, PA, USA: Association for Computational Linguistics, 2002, 417 – 424.

[24]　DAVE K. Mining the Peanut Gallery: Opinion Extraction and Semantic Classification of Product Reviews[J]. International World Wide Web Conference, Budapest, Hungary, 2003: 519 – 528.

[25]　OHANA B, TIERNEY B. Sentiment classification of reviews using SentiWordNet [A]. Proceedings of the 9th IT&T Conference [C]. Dublin, Ireland: Dublin Institute of Technology, 2009.

[26]　ESULI A, SEBASTIANI F. SentiWordNet: A publicly available lexical resource for opinion mining[A]. Proceeding of the 5th International Conference on Language Resources and Evaluation[C]. Genoa, Italy: ELRA, 2006: 417 – 422.

[27]　PANG B, LEE L, VAITHYANATHAN S. Thumbs up? sentiment classification using machine learning techniques[A]. Proceedings of the ACL-02 conference on Empirical methods in natural language processing[C]. Stroudsburg, PA, USA: Association for Computational Linguistics, 2002: 79 – 86.

[28]　GOLDBERG A B, ZHU X. Seeing stars when there aren't many stars: graph-

based semi-supervised learning for sentiment categorization[A]. Proceedings of the First Workshop on GraphBased Methods for Natural Language Processing[C]. Stroudsburg, PA, USA: Association forComputational Linguistics, 2006: 45－52.

[29] LIU S H M, CHEN J H. A multi-label classification based approach for sentiment classification[J]. Expert Systems with Applications, 2015, 42(3): 1083－1093.

[30] DEVI K L, SUBATHRA P, KUMAR P N. Tweet sentiment classification using an ensemble of machine learning supervised classifiers employing statistical feature selection methods[A]. Proceedings of the 5th International Conference on Fuzzy and Neuro Computing (FANCCO － 2015)[C]. Springer, Cham: Advances in Intelligent Systems and Computing, 2015: 1－13.

[31] 刘勇华. 基于朴素贝叶斯的中文段落情感分析[D]. 太原理工大学, 2015.

[32] 缪茹一. 基于文本数据挖掘的微博情感分析与监控系统[D]. 浙江工业大学, 2015.

[33] 唐晓波, 朱娟, 杨丰华. 基于情感本体和 KNN 算法的在线评论情感分类研究[J]. 情报理论与实践, 2016, (06): 110－114.

[34] 杨欢. 基于文本分类的微博情感倾向研究[D]. 重庆师范大学, 2016.

[35] 刘春雨, 朱倩男, 郭满才, 等. 双目标函数支持向量机在情感分析中的应用[J]. 微电子学与计算机, 2016, (01): 127－130.

[36] PANG B, LEE L. Seeing stars: Exploiting class relationships for sentiment categorization with respect to rating scales[A]. Proceedings of the ACL － 05 Association for Computational Linguistics Annual Meeting[C]. Ann Arbor, MI (US): ACL, 2005: 115－124.

[37] MAEDA H, SHIMADA K, ENDO T. Twitter sentiment analysis based on writing style[A]. Proceeding of the 8th International Conference on NLP[C]. Springer Berlin Heidelberg: Advances in Natural Language Processing, 2012: 278－288.

[38] LI S S, LEE S Y M, CHEN Y, et al. Sentiment classification and polarity shifting [A]. Proceeding of the 23rd International Conference on Computational Linguistics [C]. Stroudsburg, PA, USA: Association for Computational Linguistics, 2010: 635－643.

[39] CHOI Y, CARDIE C, RILOFF E, et al. Identifying sources of opinions with conditional random fields and extraction patterns [A]. Proceedings of the Human Language Technology Conference on Empirical Methods in Natural Language Processing (HLT/ EMNLP)[C]. Los Angeles, California, USA: Hlt EMNLP, 2005: 355－362.

[40] IKEDA D, TAKAMURA H, OKUMURA M. Learning to shift the polarity of words for sentiment classification[J]. Transactions of the Japanese Society for Artificial Intelligence, 2010, 25(1): 50－57.

[41] RILOFF E. Automatically generating extraction patterns from untagged text[A]. Proceeding of the 13th National Conference on Artificial Intelligence & 8th Conference on Innovative Applications of Artificial Intelligence [C]. Portland, Oregon, USA: The AAAI Press/MIT Press, 1996: 1044－1049.

［42］ NAKAGAWA T, INUI K, KUROHASHI S. Dependency tree-based sentiment classification using CRFs with hidden variables［A］. Proceeding of the Human Language Technologies Conferenceof the North American Chapter of the Association of Computational Linguistics［C］. Los Angeles, California, USA: DBLP, 2010: 786 - 794.

［43］ MCDONALD R, HANNAN K, NEYLON T, et al. Structured models for fine-to-coarse sentiment analysis［A］. Proceeding of the 45th Annual Meeting of the Association of Computational Linguistics［C］. Prague, Czech Republic: Association for Computational Linguistics, 2007: 432 - 439.

［44］ LI S S, ZONG C Q. A new approach to feature selection for text categorization［A］. Proceeding of the IEEE International Conference on Natural Language Processing and Knowledge Engineering［C］. Wuhan, China: NLP-KE, 2005: 626 - 630.

［45］ 徐琳宏, 林鸿飞, 杨志豪. 基于语义理解的文本倾向性识别机制［J］. 中文信息学报, 2007, (01): 96 - 100.

［46］ 廖祥文, 曹冬林, 方滨兴, 等. 基于概率推理模型的博客倾向性检索研究［J］. 计算机研究与发展, 2009, (09): 1530 - 1536.

［47］ 申莹, 徐东平, 庞俊. 基于概念的中文博客情感极性聚类分析［J］. 计算机系统应用, 2011, (08): 72 - 75, 121.

［48］ 刘志明, 刘鲁. 基于机器学习的中文微博情感分类实证研究［J］. 计算机工程与应用, 2012, (01): 1 - 4.

［49］ HAMDAN H, BELLOT P, BECHET F. Sentiment lexicon-based features for sentiment analysis in short text［A］. Proceeding of the International Conference on Intelligent Text Processing and Computational Linguistics［C］. Springer-Verlag, 2015.

［50］ 谢松县, 赵舒怡. 一种基于混合特征的中文情感词典扩展方法［J］. 计算机工程与科学, 2016, (07): 1502 - 1509.

［51］ 郗亚辉. 产品评论中领域情感词典的构建［J］. 中文信息学报, 2016, (05): 136 - 144.

［52］ SCHNEIDER A, DRAGUT E. Towards debugging sentiment lexicons［A］. Proceedings of the 53rd Annual Meeting of the Association for Computational Linguistics and the 7th International Joint Conference on Natural Language Processing［C］. Beijing, China: Association for Computational Linguistics, 2015: 1024 - 1030.

［53］ SAIAS J. Sentiue: target and aspect based sentiment analysis in SemEval-2015 task 12［A］. Proceeding of the 9th International Workshop on Semantic Evaluation［C］. Denver, Colorado: Association for Computational Linguistics, 2015: 767 - 771.

［54］ 刘玉娇, 琚生根, 伍少梅, 等. 基于情感字典与连词结合的中文文本情感分类［J］. 四川大学学报(自然科学版), 2015, (01): 57 - 62.

［55］ 张克亮, 黄金柱, 曹蓉, 等. 基于 HNC 语境框架和情感词典的文本情感倾向分析［J］. 山东大学学报(理学版), 2016, (07): 1 - 9.

[56] 刘鑫磊，张备，沈建京，等. 用于涉军网络舆情情感分析的情感词典构建[J]. 信息系统工程，2016，(03)：32-34.

[57] 张玉芳，陈文，华林森，等. 基于特征学习和情感词典的跨领域情感分类算法研究[J]. 信息与电脑(理论版)，2016，(03)：80-81.

[58] 施怿. 微博在危机事件中的传播特点和效果研究：以新浪微博为例[D]. 武汉：华中科技大学，2011.

[59] 吴文苑. 微博传播对网络舆论的影响：以"宜黄强拆事件"为例[J]. 新闻世界，2011(6).

[60] 谢耘耕，荣婷. 微博舆论生成演变机制和舆论引导策略[J]. 现代传播，2011(5).

[61] 刘金荣. 危机沟通视角下微博舆情演变路径研究[J]. 情报杂志，2012(7).

[62] 张赛，徐恪，李海涛. 微博类社交网络中信息传播的测量与分析[J]. 西安交通大学学报，2013(2).

[63] 王晶. 基于网络舆情的企业危机管理研究[D]. 南京：南京邮电大学，2012.

[64] 顾明毅，周忍伟. 网络舆情及社会性网络信息传播模式[J]. 新闻与传播研究，2009，16(5).

[65] 曹劲松. 网络舆情的发展规律[J]. 新闻与写作，2010(5).

[66] 李纲，董琦. Web 2.0 环境下企业网络舆情传播过程的研究及实证分析[J]. 情报科学，2011(12).

[67] 董振东. 语义关系的表达和知识系统的建造[J]. 语言文学应用，1998，23(7)：76-82.

[68] 刘群，李素建. 基于《知网》的词汇语义相似度的计算[J]. 中文计算语言学，2002，(7)：59-76.

[69] 王凌. 智能优化算法及其应用[M]. 北京：清华大学出版社，2001.

[70] TISHBY N, PEREIRA F C, BIALEK W. The Information BottlencekMethod[C]. Proceedings of the 37th Allerton Conference on Communicationand Computation. 1999.

[71] COVER T, THOMAS J. Elements of Information Theory[M]. 1 st ed.. New York：Wiley-Interscience，1991.

[72] HERSOVICI M, JACOVI M, MAAREK Y S, et al. The Shark-Search Algorithm：An Application：Tailored Web Site Mapping[C]. Proceedings of the 7th international World Wide Web 7 conference. Brisbane, Australia, 1998.

[73] MCCALLUM A, NIGAM K, RENNIE J, et al. Building domian-specic search engines with machine learning techniques[C]. In：Proceedings AAAI Spring Symposium on Intelligent Agents in Cyberspace, 1999.

[74] DILIGENTI M, COETZEE F, LAWRENCE S, et al. Focused crawling using context graphs. Proceedings of the 26th International Conference on Very Large Database(VLDB2000)，2000：527-534.

[75] AGGARWAL C, AL-GARAWI F, YU P. Intelligent crawling on the World Wide Web with arbitrary predicates[C]. Proc of the 10th International World Wide Web Conference. HongKong：[Sn]，2001.

[76] EHRIG M. On tology-focused crawling of Web documents[C]. Procof ACM

Symposium on Applied Computing, 2003.

[77] CHAKRABARTI S, PUNERA K, SUBRAMANYAM M. Accelerated Focused Crawling through Online Relevance Feedback [C]. Proceedings of the 11th International Conference on World Wide Web, Hawaii, USA, 2002: 148 - 159.

[78] 维克托·迈尔·舍恩伯格, 肯尼思·库克耶. 大数据时代: 生活、工作与思维的大变革[M]. 杭州: 浙江人民出版社, 2012.

[79] 孙立伟, 何国辉, 吴礼发. 网络爬虫技术的研究[J]. 电脑知识与技术, 2010, 6 (15): 4112 - 4115.

[80] 曾伟辉, 李淼. 深层网络爬虫研究综述[J]. 计算机系统应用, 2008, 17(5): 122 - 125.

[81] 高波. Linux 网络编程[M]. 北京: 清华大学出版社. 2000.

[82] 李刚, 周立柱, 郭奇. 领域相关的 Web 网站抓取方法[J]. 计算机科学, 2007(2): 137 -140.

[83] 袁浩, 黄烟波. 网页标题分析对主题爬虫的改进[J]. 计算机技术与发展, 2009, 19 (6): 22 - 28.

[84] 李雄飞, 李军编. 数据挖掘与知识发现[M]. 北京: 高等教育出版社, 2003.

[85] 许洪波, 姚天昉, 黄萱箐, 等. "中文倾向性分析评测技术报告". 第二届中文倾向性分析评测会议(COAE2009)[C]. 北京, 2009.

[86] YU H, HATZIVASSILOGLOU V. Towards Answering Opinion Questions: Separating Facts from Opinions and Identifying the Polarity of Opinion Sen-tences[C]. Proceedings of EMNLP-03, 8th Conference on Empirical Methods in Natural Language Processing. Sapporo: ACL, 2003: 129 - 136.

[87] TUMEY P D . Thumbs up Or Thumbs Down? Semantic Orientation Applied to Unsupervised Classification of Reviews[C]. Proceedings of ACL-02, 40th AnnualMeeting of the Association for Computational Linguistics. Philadelphia: ACL, 2002: 417 - 424.

[88] TUMEY PD, Littman M L. Measuring Praise and Criticism: Inference of Semantic Orientation from Association [J]. ACM Transactions on Information Systems, 2003, 21(4): 315 - 346.

[89] GAMON M, AUE A. Automatic Identification of Sentiment Vocabulary Exploiting Low Association with Known Sentiment Terms[C]. Proceedings of the ACL Workshop on Feature Engineering for Machine Learning in NLP. Ann Arbor: ACL, 2005: 57 - 64.

[90] ANDREEVSKAIA A, BERGLER S. Mining Wordnet for Fuzzy Sentiment: Sentiment TagExtraction from Wordnet Glosses[C]. Proceedings of EACL-06, 11th Conferenceof the European Chapter of the Association for Computational Linguistics. Trento: Morgan Kaufmann Publishers Inc. , 2006.

[91] ZADEH L A. Pruf-a Meaning Representation Language for Natural Languages [M]. John Wiley&Sons, 1987: 499 - 568.

[92] HATZIVASSILOGLOU V, Mc KEOWN K. Predicting the Semantic Orientation of Ad-jectives [C]. Proceedings of ACL-97, 35th Annual Meeting of the

Association for Computational Linguistics. Madrid：ACL，1997：174－181.

[93]　CHOI Y Y, CARDIE C, RILOFF E, et al. Identifying Sources of Opinions with Con-ditional Random Fields and Extraction Patterns[C]. Proceedings of HLT/EMNLP. ACL，2005.

[94]　RILOFF E. An Empirical Study of Automated Dictionary Construction for Information Extraction in Three Domains[J]. Artificial intelligence，1996，85.

[95]　TAN S, WU G, TANG H, et al. A Novel Scheme for Domain-transfer Problem inthe Context of Sentiment Analysis[C]. Proceedings of the sixteenth ACM conference on Conferenceon information and knowledge management. Lisbon：ACM，2007：979－982.

[96]　AUE A, GAMON M. Customizing Sentiment Classifiers to New Domains：A CaseStudy [C]. Proceedings of RANLP2005. Borovets，2005.

[97]　READ J. Using Emoticons to Reduce Dependency in Machine Learning Techniques for Sentiment Classification[C]. ACL student research workshop. Ann Arbor，MI：ACL，2005：43－48.

[98]　叶璐. 微博中的负面情绪传播分析[J]. 今传媒，2012，(02)：54－55.

[99]　知网[EB/OL]. http：//www. keenage. com/zhiwang/e-zhiwang. html.

[100]　YAN J. BRACEWELL D B, REN F, et al. The Creation of a Chinese Emotion Ontology Based on HowNet[J]. Engineering Letters，2008，16I：166－171.

[101]　王振宇，吴泽衡，胡方涛. 基于 HowNet 和 PMI 的词语情感极性计算[J]. 计算机工程，2012，15：187－189，193.

[102]　江敏，肖诗斌，王弘蔚，施水才. 一种改进的基于《知网》的词语语义相似度计算[J]. 中文信息学报，2008，05：84－89.

[103]　RUSSEL J A. A circumplex model of affect[J]. Journal of Personality and Social Psychology. 1980 39(6)：1161－1178.

[104]　索涛，冯廷勇，王会丽，等. 后悔的认知机制和神经基础[J]. 心理科学进展，2009，17(2)：334－340.

[105]　PLUTCHIK R. The multifactor-analytic theory of emotion [J]. Journal of Psychology，1960，50：153－17.

[106]　EKMAN P. Handbook of cognition and emotion[M]. John Wiley&Sons Ltd. 1999：301－320.

[107]　于津凯，王映雪，陈怀楚. 一种基于 N-Gram 改进的文本特征提取算法[J]. 图书情报工作，2004，48(8)：48－50，43.

[108]　叶云. 网络表情符号的流变与延展空间[D]. 上海：上海师范大学，2013.

[109]　谭文芳. 网络表情符号的影响力分析[J]. 求索，2011(10)：202－204.

[110]　ITOU J, OGAKI T, MUNEMORI J. Analysis on Relationship between Smiley and Emotional Word Included in Chat Text[M]. Human Interface and the Management of Information. Interacting with Information. Spring Berlin Heidelberg，2011：141－146.

[111]　黄希庭. 心理学导论[M]. 2 版. 北京：人民教育出版社，2007：459－460.

[112] COON D. Introduction to psychology-Gateways to mind and behavior. Motivation and emotion[M]. Wadsworth：Thomson learning，2000：480 - 493.

[113] 赵宇翔，朱庆华. Web2.0 环境下影响用户生成内容的主要动因研究[J]. 中国图书馆学报，2009，05：107 - 116.

[114] DAUGHERTY T, EASTIN M S. BRIGHT L. Exploring consumer motivations for creating user-generated content[J]. Journal of Interactive Advertising, 2008, 8(2)：16 - 25.

[115] BALASUBRAMANIAM N. User-generated content[J]. Business Aspects of the Internet of Things 2009：28 - 33.

[116] 黄水清，王超. 网络环境下非正式信息交流的概念、类别与特点[J]. 图书馆杂志，2004，06：8 - 11.

[117] 李河. Web2.0 对网络信息交流的影响[J]. 图书情报工作，2007，11：46 - 49，82.

[118] 田占伟，隋玚. 基于复杂网络理论的微博信息传播实证分析[J]. 图书情报工作，2012，08：42 - 46.

[119] 田维钢，付晓光. 大众传播理论在微博环境下的有限性和有效性[J]. 现代传播（中国传媒大学学报），2012，03：141 - 142.

[120] 胡辰，李丹超. 浅谈微博对传统媒体议程设置的影响[J]. 新闻世界，2010，09：153 - 154.

[121] 郝先臣，张德干，高光来，等. 数据挖掘工具和应用中的问题[J]. 东北大学学报（自然科学版），2001(4)22(2)：183 - 187.

[122] MITROVIĆ M；PALTOGLOU G, TADIĆ B. Networks and emotion-driven user communities at popular blogs[J]. The European Physical Journal B-Condensed Matter and Complex Systems, 2010, 77(4)：597 - 609.

[123] FRUCHTERMAN T M J, REINGOLD E M. Graph drawing by force-directed placement[J]. Practice and experience 1991, 21(11)：1129 - 1164.

[124] JACOMY M, HEVMANN S, VENTURINI T, et al. ForceAtlas2, A continuous graph layout algorithm for handy network visualization[J]. Medialab center of research, 2011：1 - 22.

[125] HU Y F. Efficent, high-quality force-directed graph drawing[J]. Mathematica Journal, 2005, 10(1)：37 - 71.

[126] NOACK A. Energy Models for Graph Clustering [J]. Journal of Graph Algorithms and Applications, 2007, 11(2)：453 - 480.